中国江南の古建築をたずねて

日本の寺社建築——禅宗様式と大仏様式の源流

古建築修理技術者の覚え書き

鳴海祥博

第2編 「大仏様」のルーツをたずねて福建省を巡る

はじめに

私は古い社寺建築の保存修理に長らく携わってきた。仕事柄、古い建物を見ると、その建物はいつ、どんな人が建てたのか、そこでどんな生活が営まれ、どのように改造されて今の姿になったのか、そもそも最初に建てられた時にはどんな姿だったのか、など、次々と様々な疑問が湧いてくる。時代を経た古い建物を見ると興味が尽きない。

寺社建築は「様式」という一定のルールで建てられている。それは千四百年以上前に仏教伝来とともに中国・朝鮮から伝わったものだが、何故かそれは今では「和様」と呼ばれている。永い時の経過とともに完全に日本の文化になったということなのだろうか。

その後鎌倉時代には「大仏様」「禅宗様」という二つの新たな様式が中国から伝わったが、これもその後八百年余りを経て、今ではそれらを中国伝来などと意識して見る人はいないだろう。

日本には奈良時代以降の数多くの寺社建築が残っている。それらを細かに見ることによって、建てられた時代や地域性、建てた工匠の系譜、建物を取り巻く社会の状況など様々な情報を知ることができる。しかし海を隔てた中国との関わりとなると、残念ながら詳しいことは必ずしもまだ分かっていない。中国は近くて遠い国のようだ。

かつて日本は中国の文化に憧れ、沢山の文物を取り入れ、日本の文化を育んできた。しかし、二〇世紀には、様々な政治的な思惑と利害の交錯から、戦争という取り返しの付かない悲惨な歴史を刻んでしまった。戦後に生を受けた私にとっても、そのことは真摯に振り返り、これからのあり方を考えなければならない、と思っている。かつて、南京を訪れたとき、日本軍の砲撃によって炎上する、南京城中華門の写真に出合った。中国の貴重な文化遺産の破壊を目の当たりにし、日本人としていたたまれない思いであった。

様々な思いを抱きつつ、日本の建築文化のルーツを求めて、中国江南を巡り歩いた。長らく日本の古建築修理に携わってきた私にとって、それは新たな気づきと感動の連続であった。

今年は日中平和友好条約締結五十年の記念の年ということもあり、これまで中国を巡って得た知見をまとめてみようと思い立ったのである。

第1編

「禅宗様」のルーツをたずねて江南を巡る

「禅宗様」のルーツをたずねて江南を巡る

奈良平安の昔、日本から中国に向かう行き先は「寧波《ニンポー》」という港だった。現在寧波は中国浙江《せっこう》省第二の都市で、杭州湾の南に位置し、数年前に湾を横断する世界一長い海上橋で、対岸の上海と結ばれた。

西暦八〇四年、遣唐使船四隻は寧波を目指した。無事たどり着いたのは一隻だけで、そこには比叡山延暦寺を開いた最澄《さいちょう》が乗船していた。もう一隻は、暴風雨に遭って五〇〇㎞も南の福建《ふっけん》省福州《ふくしゅう》まで流されながらも中国にたどり着いた。その船には後に高野山を開いた三一歳の弘法大師空海がいた。弘法大師が中国から帰る時、三鈷《さんこ》杵《しょ》という法具を投げ、それが高野山の松の枝に掛かっていたと伝えられるが、その伝説の舞台も寧波の港だった。

中国では唐《とう》から宋《そう》、元《げん》、明《みん》、清《しん》と王朝が交代するが、寧波には市舶司《しはくし》という貿易を管轄する役所が置かれ、中国側の正式な窓口はずっと寧波であった。最澄はじめ、重源《ちょうげん》、栄西《ようさい》、道元《どうげん》、心地覚心《しんちかくしん》など、中国を目指した人達の、大陸での第一歩が寧波だったのである。

西暦一四六七年に中国に渡った雪舟《せっしゅう》が描いたとされる、寧波の風景画の模本が伝わっている。そこには町を囲む城壁とその外側に沢山の船の行き交う川が描かれている。城門の外、川のたもとに「日本船津」と記されたところがある。日本からの船が停泊する場所だったのだ。恐らく雪舟が上陸したのもここであったに違いない。それは寧波の中心にある「三江口《さんこうこう》」という場所である。そこで二つの川が合流し一つになって一〇㎞余り下って杭州湾に注ぐ。港湾都市寧波の港は、波の影響を受けない川の合流地点に位置していた。川を遡れば杭州《こうしゅう》に、そして京杭大運河《けいこうだいうんが》で遠く二五〇〇㎞離れた北京にまで繋がる。水上交通と、外洋を結ぶ重要な起点であった。

一二世紀、中国は「南宋」の時代で、その都は杭州であった。鎌倉時代に禅宗とともに伝わった「禅宗様」という建築様式も、この港からもたらされた。そこで、「禅宗様」のルーツをたずねて、この寧波から浙江省を中心に古建築を巡ってみようと思う。

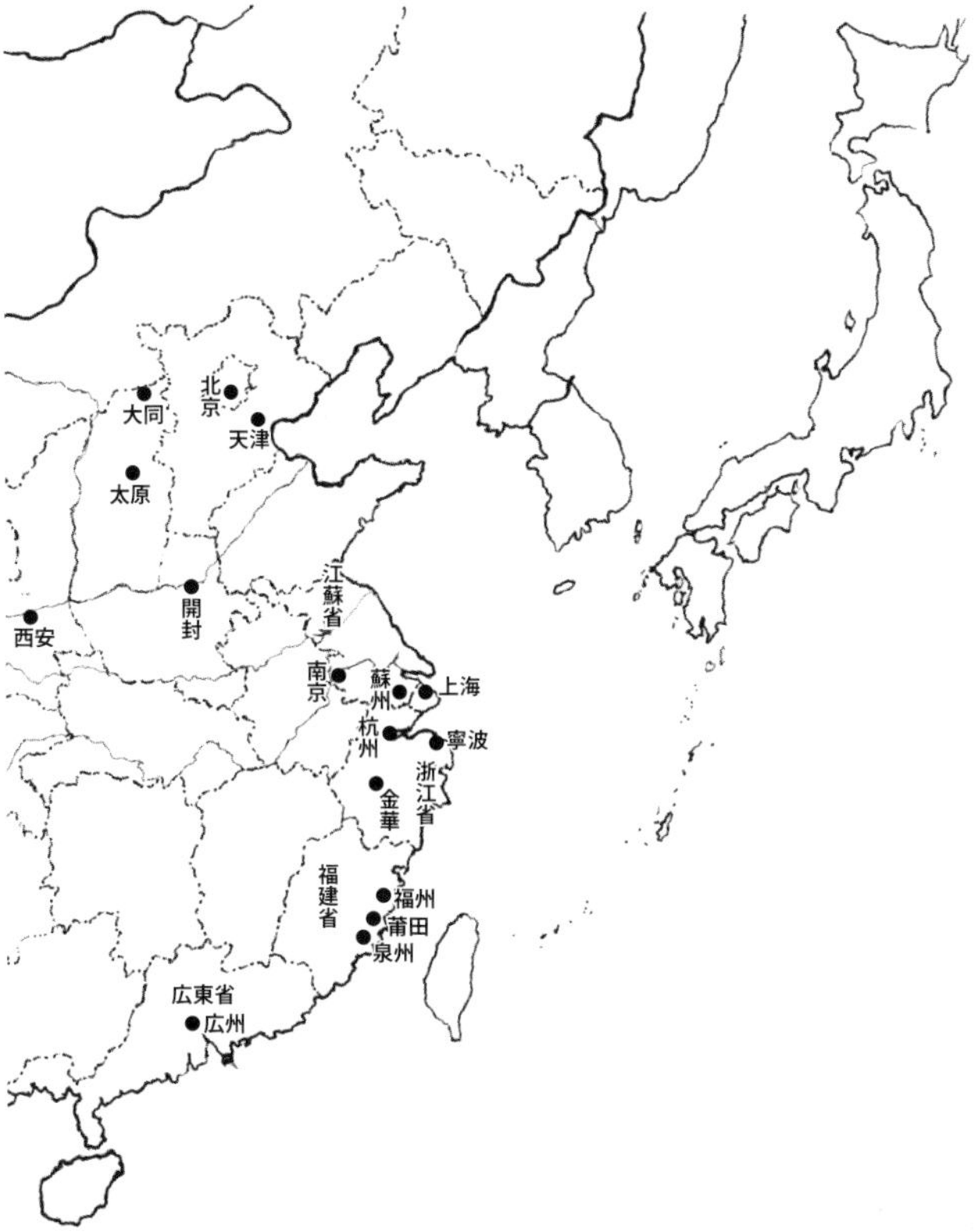

寧波「三江口」の風景　古代から中世にわたって日本からの船が着岸した場所。今は大都会の真っ只中である。(2017.10.13撮影)

1　寧波　天封塔《てんふうとう》　地宮殿《ちきゅうでん》

浙江《せっこう》省の寧波《ニンボー》は、古代から日中交易の中国側の窓口であった。

寧波の中心、二つの河川の合流する「三江口《さんこうこう》」というところに、「天封塔《てんふうとう》」という高さ五〇m余りの六角七重塔が聳えている。一〇世紀に創建され、現在のものは一三三〇年に再建された。大陸に渡った日本人が最初に目にしたはずの塔である。塔身は「磚《せん》」積み、軒や高欄《こうらん》は木造で造られた。木造部分は二〇〇年余り前に火災で失われ、一九八二年に復原修理が行われた。

その修理の際、地下から大きな石の箱が発見された。その石には南宋《なんそう》の紹興《しょうこう》一四年（一一四四）と刻まれており、中には仏像や香炉、貨幣など一〇〇点余りの納入品とともに、銀で作られた「地宮殿《ちきゅうでん》」と六角七重塔の二棟の建築模型が納められていた。それはまさに鎌倉時代に日本に伝わった新しい建築意匠満載の遺品である。

復元された天封塔の高欄は、日本の中世の建物とよく似た姿である。復原にあたっては、この塔の地下で発見された仏殿や塔の模型が参考にされたという。

寧波博物館でその銀製「地宮殿」を見る機会があった。残念ながら展示品はレプリカだったが、実物の写真と

天封塔の遠景　大陸に渡った多くの日本人が仰ぎ見たに違いない700年前の塔が今も残る。相輪の形は日本の塔とは違う。

所在地　浙江省 寧波市 海曙区 大沙泥街二五八号
建立年代　南宋 紹興一四年（一一四四年）

見比べても遜色なく再現されていると感じた。高さは約五〇cm。その正面には額が掲げられ「天封塔地宮殿」とあった。正面三間《ま》、奥行き二間《ま》、入母屋《いりもや》造りで、隅々まで実際の建物の様式が精巧に表現されている。とてもミニチュアとは思えない。

日本では平安時代後期、平家が宋との貿易で勢力を拡大した頃である。それから半世紀後、この「地宮殿」に見られる建築意匠が日本に伝わった。

中国の建築様式を伝えたのは、鎌倉時代の初期、東大寺再建の大勧進を勧めた俊乗房重源《しゅんじょうぼうちょうげん》、臨済禅を伝えた栄西《ようさい》というのが通説だが、寧波を足がかりに大陸に渡った僧侶や商人など多くの人達が関わっていたに違いない。

この「地宮殿」と日本建築との関わりについて考えてみたい。最初は「入母屋」造りという屋根の形についてである。

法隆寺金堂は

天封塔の全景　初重には吹き放しの庇が巡っている。各重の各面が出入り口となっているのは、中国でも珍しい。

天封塔の軸組の詳細　柱が不正形な角柱なのは珍しい。組物は「二手先」だが、日本では見られない木組みとなっている。

「入母屋」、唐招提寺金堂は「寄棟《よせむね》」で、古代に既に異なる二つの屋根形式が伝えられていた。日本では寄棟造りを「東屋《あずまや》」と称し、田舎造りの代名詞とされている。それに対する言葉は「真屋《まや》」で、これは伊勢神宮のような「切妻《きりづま》」屋根である。「入母屋」形式の屋根は「切妻」屋根の発展系とされ、平安時代以降の日本の寺院建築は「入母屋」が圧倒的に多い。

一方中国では北京の故宮《こきゅう》の中心建物、大和殿《たいわでん》が「寄棟」で、これが最高級の形式であった。しかし「地宮殿」は「入母屋」である。中国の揚子江以南の地域「江南《こうなん》」に現存する古建築には「入母屋」が多いようだ。広い中国には黄河流域の「中原《ちゅうげん》」とは異なる文化があったに違いない。それが「寄棟」と「入母屋」という屋根の形式の違いに表れていると思えるのである。

日本で主流となった「入母屋」は決して日本の独自性だけではなく、交流の窓口となった寧波を含む「江南」の文化が大きく影響していると感じるのである。

この「地宮殿」の側面には南宋の紹興一四年（一一四四）の銘が刻まれていて、製作年代が明らかである。地宮殿は柱の上に「桁《けた》」を置き、その上に「垂木《たるき》」と屋根が置かれている。正面の四本の柱の表面には龍、それ以外の柱には蓮の文様が浮き彫りで彫り出されている。柱に彫刻で龍を巻き付ける例は日本では日光東照宮の唐門《からもん》が有名だが、柱に龍の絵を描く装飾法は一四世紀中葉には見られる。その装飾法のルーツはこの地宮殿に求める

天封塔初重の詳細　中国では古代から、地垂木《じだるき》が円形、飛檐垂木《ひえんだるき》が角形の「地円飛角《じえんひかく》」である。頭貫が異常に大きい。

ことができるようだ。

柱の間には貫《ぬき》や組物《くみもの》、扉などを打ち出しで表現した銀製の板が嵌め込まれている。柱の上部に二通りの貫が通り、その間に組物が置かれているが、これは模型での表現で、本来は柱の頂部に渡された頭貫《かしらぬき》と、その上の組物と桁を表していると思われる。そこで目を引くのは、貫の表面に点々と横並びに施された短冊形の文様である。とても不思議な装飾だが、実は日本の建築に二例だけ存在が確認されている。

一つは京都の東福寺仁王門である。これは本来は禅宗寺院「三聖寺《さんしょうじ》」の門で、明徳二年（一三九一）に足利義満が造営したと伝えられる。もう一例は、建久六年（一一九五）に重源の建立した京都の醍醐寺経蔵だが、残念ながら昭和一四年に山火事で焼失し、写真しか残っていない。日本で確認できるわずか二例の短冊形の文様は、間違いなく中国伝来であると、地宮殿を見て得心できるのである。

地宮殿の全景　レプリカだが見応えがある。

地宮殿の側面　写真左側の壁面に、寄進者「趙《ちょう》」一族の名前とともに「紹興十四　二月十五」と1144年の年号が刻まれている。

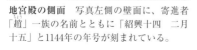

組物は、大斗《だいと》の上に肘木《ひじき》を置き、その上に巻斗《まきと》を三個並べる「平三斗《ひらみつど》」という形式で、柱の位置とその間に置かれている。これは日本では「詰組《つめぐみ》」という禅宗様式の組物配置である。肘木の先端は円弧状で、上端は水平ではなく両端で反り上がりに作られている。これも禅宗様式の特徴である。正面中央間や側面の出入り口の上部は釣り鐘形の曲線となっているが、これも禅宗様式の「火灯窓《かとうまど》」の上部の繰形《くりがた》の祖型を思わせる。

更に組物の大斗をよく見ると、大斗は貫の上にすこし噛み込むような納まりとなっている。これは注目である。

建久三年（一一九二）に重源が建てた兵庫県小野市にある浄土寺浄土堂がこのような納まりとなっている。重源の建てた浄土堂と醍醐寺経蔵はそれまでの日本建築では見られなかった特異な建築で、「大仏様《だいぶつよう》」と称されている。

重源は中国でこの「天封塔地宮殿」のような建物に出会い、その建築技術を持った工匠を日本に呼び寄せ、大仏様式の建物を建てたに違いない、と確信するのである。更にまた、禅宗とともに伝来した禅宗様式のルーツもこの「天封塔地宮殿」に見いだすことができ、興味は尽きない。

正面の両脇間は、亀甲文《きっこうもん》を並べた格子《こうし》窓となっている。これと同じデザインは日本だけではなく中国でも見かけないが、その後の中国や日本では中世以降、扉や欄間に盛んに用いられる「花狭間《はなざま》」というデザインに良く似ている。恐らくそのルーツとなるデザインであろう。

地宮殿の詳細　組物、貫の表面に施された短冊形文様、柱の龍や蓮の彫刻、出入口頂部の火灯形など、見どころ満載だ。

次にこの窓枠に注目したい。縦桟と横桟の交点が矢の先のように「く」の字になっていることから、桟の断面が三角形をしていることが分かる。この断面三角形の桟の扉は中国では浙江省や福建《ふっけん》省の古建築にかなりの事例があり、地域的、時代的な普及の様子をたどることができる。

一方日本では広く普及するまでには至らなかったが、中世の建物にこの断面三角形の桟の扉が少なからず存在している。正治二年（一二〇〇）に重源の建てた東大寺開山堂を初出例として、北は福島県から西は広島県尾道まで広い範囲に点在している。和歌山県にも一例ある。正平一二年（一三五七）建立の道成寺本堂の扉がこの形式である。

そしてこの形式の扉の伝播には奈良東大寺に所属していた工匠が関わっていたのではないかといわれている。そのルーツをたどると、重源を通して遥か遠く中国の寧波にまで行き着くのである。

「天封塔地宮殿」の軒先を見上げ、垂木の配置を見よう。注意したいのは垂木が中央から隅まで平行に配置されていることである。中国の建築は「隅扇垂木《すみおおぎだるき》」という、隅柱から外側の垂木を斜めに配置する方式が常識であり、この地宮殿は極めて異例である。

日本建築では法隆寺がこのように中央から隅の垂木まで平行に配置されている。一方、大阪の四天王寺では、垂木が隅で斜めに配置されていたことが発掘調査で確認されており、七世紀後半には既に中国から扇垂木の技法が伝わっていたことが知られている。

地宮殿正面の詳細　柱には龍の彫刻が施され、両脇間には桟唐戸が入る。軒の垂木が隅まで平行なのは中国では特異である。

しかし日本では、垂木を隅まで平行に配置する方式が、法隆寺以降長い間普遍的に用いられてきた。これは日本の美意識による日本独自のものだと、これまで解釈されてきた。しかしこの「天封塔地宮殿」の存在は、法隆寺式の平行な垂木配置の技法が、古くから中国にも存在し、それを日本が受け入れた、と考えることもできるのである。「天封塔地宮殿」は、これまでの日本建築の歴史解釈に新たな一石を投ずる貴重な存在である。

次に地宮殿の高欄を見よう。高欄の一番上の手摺りの部分は「斗束《とづか》」という部材で支えられているが、その斗束の中間に、雲と太陽のような彫刻が据えられている。とても珍しい装飾だが、これと同じ意匠が日本にも一例だけある。広島市にある不動院金堂で、天文九年（一五四〇）に建てられた禅宗様式の仏殿である。その須弥壇《しゅみだん》の高欄に据えられた雲と太陽の彫刻は、類例のない特異な事例のため、これまで余り深く追求されていなかった。しかし中国に類例があるとなればその存在意義は一段と高まる。それは中国から伝わった建築意匠である事を、この地宮殿が物語っているからである。

地宮殿の高欄の柱の上には蓮の花が飾られている。日本では見られない意匠である。日本ではこの部分は玉葱《たまねぎ》のような「擬宝珠《ぎぼし》」という丸い飾りとなる。擬宝珠は中国ではごく少数の例を除いてほとんど見ることができない。擬宝珠は、地宮殿の丸い蓮のつぼみを簡略化したものなのだろうか。或いは別なルーツがあるのだろうか。

地宮殿の足元　礎石は蓮弁が付いている。日本の中世のいくつかの仏堂にも類似の例がある。

近年修復された天封塔の高欄には日本の擬宝珠と同じような飾りが付いているが、これがどのような根拠に基づいて復原されたのか明らかでなく、残念ながらこれ以上の詮索はできない。

和歌山県にある長保寺多宝塔の須弥壇では、蓮華を上下逆にした「逆《ぎゃく》蓮《れん》」となっている。それが地宮殿の蓮と関連しているのか、興味津々だがこれまた残念ながら確信はない。

高欄両端の柱が四角なことにも注目したい。日本では高欄の柱は丸柱と相場が決まっている。ただ、鎌倉時代以降になると禅宗様式の須弥壇に四角い柱が現れる。長保寺多宝塔もその例である。どうやら高欄に四角な柱を用いる手法は中国伝来のようだ。

高欄の下半分には七宝繋《しっぽうつな》ぎの文様を施した板を入れている。これと同じものは日本では見られないが、長保寺多宝塔ではこの部分に透かし彫りを施した飾り板を入れていて、類似性を思わせる。また長保寺多宝塔では高欄の一番上の手摺りを蓮の葉を模した「握《にぎ》り蓮《はす》」で受ける。これも禅宗様の特徴である。地宮殿は何となく似ているように見えるが、小さくて細かな表現はされていない。

天封塔地宮殿の高欄は、日本に伝わった禅宗様式の造形のルーツを思わせるが、少し隔たりもあるようだ。多くの中国建築を探索してその関係の糸口を見付けたいと思うのである。

次に天封塔地宮殿の屋根に注目しよう。本瓦葺きが表現されている。瓦は中国発祥で、朝鮮半島を経由して六

地宮殿の基壇と高欄　日本では見られない装飾性豊かな基壇と高欄である。

世紀に日本に伝来した。

地宮殿は、日本の瓦屋根とは少し違う表情を見せている。大棟の中央には宝珠が据えられ、棟の両端を魚が大きな口で噛み込んでいる。これらの棟飾りは日本の留学僧たちの目にはどのように映ったのだろう。この棟飾りは中国ではその後様々に変化し、現代に至るまで中国建築の特徴的な装飾に発達する。

一方日本で、棟の中央に宝珠を据えるのは、江戸時代初期に中国僧の隠《いん》元《げん》禅師が伝えた黄檗《おうばく》宗の寺院で用いられただけである。

魚の棟飾りは、一般にはあまり知られていないが、これと同じものが一四世紀から一六世紀にかけて、千葉、神奈川、長野、愛知、愛媛の各県で五例ほど確認されている。いずれも本尊を祀るための、仏堂を模した「厨《ず》子《し》」の屋根を飾っている。どうやら魚形の棟飾りは確実に日本に伝わっていたようだ。鎌倉時代に描かれた絵巻物を見るとお寺の屋根に魚の棟飾りの描かれた例があり、実際の建物にも用いられていたらしい。

地宮殿の屋根　棟飾り、破風板、懸魚など見どころ満載である。日本にもありそうだが、恐らく伝わらなかった意匠である。

この魚のような奇怪な飾りは「鴟吻《しふん》」といい、安土桃山期以降、城郭の屋根を飾った「鯱《しゃち》」の原型とされている。そしてこの「鴟吻」の原型は「鴟尾《しび》」である。日本では発掘調査によって、飛鳥奈良時代の事例が沢山確認されているが、平安期になるとなぜか鴟尾は用いられず、鬼瓦で大棟の端を納める方式が一般化した。

ところで天封塔地宮殿の降《くだ》り棟の先端には人の顔のような「鬼瓦」が据えられている。これは中国建築としては希有の例である。中国では六～七世紀に数例の鬼瓦が確認されているだけで、その後の実態は明らかでないが、わずかに命脈を保っていたのかも知れない。

日本では飛鳥時代以来一貫して鬼瓦が用いられてきた。日本の鬼瓦の祖型は五～六世紀の朝鮮半島に沢山見いだすことができるが、その後は姿を消している。

鬼瓦は日本が育て上げた独自の文化のようである。日本の鬼瓦は鎌倉時代以降、鬼面が立体化し造形的に大きく変化発展する。

しかし今、天封塔地宮殿の立体的な人面のような「鬼瓦」を見ると、そのきっかけが、或いは中国にあったのではないかとさえ思えるのである。

天封塔地宮殿は、文化の伝播と受容についての様々な示唆を与える貴重な存在である。

（見学日・二〇一七年一〇月一四日）

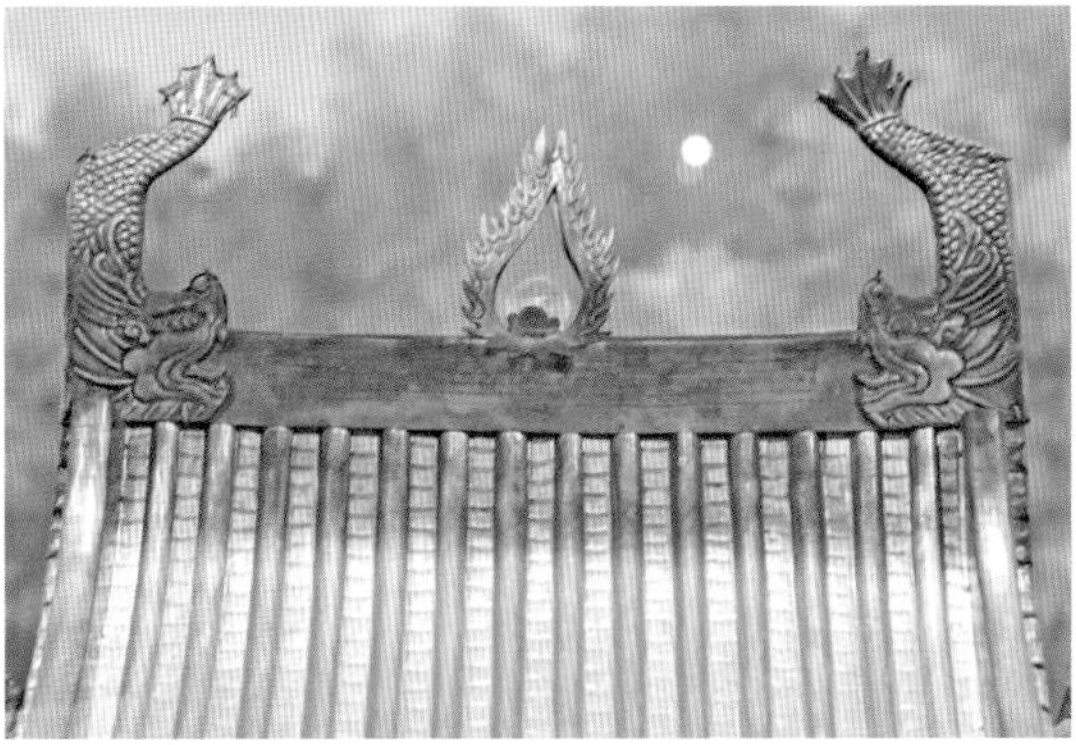

地宮殿の棟飾り　棟の中央に宝珠が飾られ、両端を魚が噛み込む。これは「鴟吻《しふん》」といい、「鯱」の原型である。

地宮殿の降棟の鬼瓦　立体的な人面が彫り出されている。日本の鬼瓦を思わせるが、中国では希有な例である。

2 寧波 阿育王寺《あいくおうじ》

所在地　浙江省 寧波市 鄞州区《ぎんしゅう》 五郷鎮
五郷東路一九九九号

阿育王寺《あいくおうじ》は寧波《ニンポー》から東へ一八km、小高い山の麓に建つ大伽藍《がらん》だ。境内の正面に大きな池がある。日本の禅宗寺院にある「放生池《ほうじょういけ》」の祖型だが、中国の池は規模が大きい。

阿育王寺の寺名は紀元前三世紀のインドの王「アショカ王」の音訳である。仏教に帰依したアショカ王は八万四千の仏塔を建て、そこに釈迦の遺骨「舎利《しゃり》」を埋納したという。その一つがこの地で発見され、寺院が創建されたとされている。それ以来、阿育王寺は中国最大の釈迦信仰の聖地となった。八世紀、日本を目指した鑑真和上《がんじんわじょう》は、二度目の難破の後にここに逗留している。

一二世紀、中国に渡った栄西《ようさい》と重源《ちょうげん》は寧波で偶然に出会い、二人は阿育王寺に参拝し、光り輝く舎利を拝した。この時重源は舎利殿の修復を申し出、帰国後、山口県で伐り出した大材を送ったと記録されている。

一三世紀には、和歌山県にある興国寺《こうこくじ》の開山心地覚心《しんちかくしん》はここに二年間滞在して参禅し、舎利塔を拝し、日本から持参した源実朝《みなもとのさねとも》の遺灰を納めたという。

中国では一二世紀以降禅宗が隆盛し、五山十刹《ごさんじっさつ》の制が定められた時、阿育王寺は五山第五或いは第三の寺格と

中心伽藍の全景　中央に建つ堂は「天王殿」という伽藍の正面入り口。その前に大きな「放生池」が広がっている。

され、修行僧は一千余と伝えられる大寺であった。

二〇世紀に境内は相当に荒廃したようだが、今は往年の趣が偲べるまで復興している。仏堂のほとんどは清《しん》朝末の一九世紀以降に再建されたものだが、西塔は元《げん》の時代一三六四年に再建された六角七重塔で、四〇年ほど前に大修復されている。

応仁元年（一四六七）、明《みん》へ渡った雪舟《せっしゅう》はここに参拝し「育王山之図」を描いている。図には三基の仏塔が描かれているが、雪舟の見た塔の一基が現存しているのである。

阿育王寺の舎利信仰の中心は、舎利殿である。重源が修理に尽力した舎利殿はすでに無く、現在の仏殿はその後の再建である。舎利殿の中央には高さ九mはあろうかと思われる大きな舎利塔が安置されている。

「アショカ王」が埋納したという正真の「仏舎利」は、本来はこの舎利塔中に奉安されていたはずだが、今はさらにその奥、伽藍最

七塔　伽藍から見て池の対岸に7基の石塔が建つ。仏法と寺院護持の意味があるらしいが、日本には伝わらなかった。

舎利殿の全景　850年前ここを訪れた重源は、舎利殿修復の用材を日本から送った。現在の堂はその後の再建である。

奥の「蔵経楼《ぞうきょうろう》」という建物の二階の一室にある。アショカ王の「八万四千塔」の一つとされる小さな舎利塔は密かにそして厳かに祀られ、修行僧が四六時中寄り添っていた。

それは総高二〇cmほどの小さな木彫りの塔で、その中に仏舎利が籠められているという。私は縁あって間近に拝する千載一遇の機会を得た。恐る恐る近づいて塔の中を覗くと、そこは光り輝く真っ白な世界。俗塵にまみれた私には何も見えなかった。

この小さな塔は中国では「阿育王《あいくおう》塔」と称されている。日本で鎌倉時代以降に盛んに造られた「宝篋印塔《ほうきょういんとう》」という石塔のルーツだ。

阿育王塔は、和歌山県の那智山経塚で出土したものなど数基が日本にも伝来している。平安時代には確かに日本に伝わっていたのである。その小塔には「呉越《ごえつ》国王銭弘俶《せんこうしゅく》敬造……」という銘があって、日本では「銭弘俶塔」

舎利殿に安置されている「阿育王塔」 その姿は日本の「宝篋印塔」を思わせる。

正真の仏舎利を納めた「阿育王塔」 寺院の最奥に安置されている。高さ20㎝ほどで、正真正銘の舎利塔だという。8世紀に鑑真和上が拝した塔に違いない。

と称されている。

一〇世紀の中国に寧波一帯を領した「呉越国」という国があった。その王「銭 弘俶」はアショカ王の故事に倣って八万四千の塔を造って各地に納めた。中国の記録では日本にも一〇〇基を送ったという。那智の経塚で発見されたのもその一つに違いない。中国でも相当数の同様の小塔が発見されている。

その特徴は、屋根の四隅に葉っぱのような突起のあること、中央の四角な塔身の四方に釈迦の前世の物語の一場面が彫り出されていることなどである。

ところで、「銭 弘俶」が小塔を造る前、八世紀に阿育王寺で仏舎利塔を拝した人がいる。それは日本渡航を目指していた鑑真和上だ。和上が亡くなって間もなく、その足跡を記録した「唐大和上東征伝」が編纂された。そこに鑑真和上が見た阿育王寺の舎利塔の姿が克明に記述されている。それは「銭弘俶塔」の特色と驚くほど一致している。

つまり「銭 弘俶」は、阿育王寺にそれまで伝わっていた舎利塔を忠実に模した小塔を造ったと思えるのである。

私が拝した小さな「阿育王塔」は、鑑真和上が見たまさにそのものだったに違いない。中国と日本の歴史に思いをはせた一瞬であった。

（見学日・二〇一一年三月一日・二〇一七年一〇月一四日）

銭弘俶塔　天封塔地宮殿に埋納されていたもので955年の銘があるという。鋳銅製。(寧波博物館で撮影)

3　寧波　天童寺《てんどうじ》

所在地　浙江省 寧波市 鄞州区 東呉鎮 太白山

天童寺《てんどうじ》は寧波《ニンポー》から東へ約六〇㎞の山中にある、中国禅宗五山の第三位の寺である。栄西《ようさい》、道元《どうげん》、雪舟《せっしゅう》など日本史に名をとどめる著名な僧がここに参禅している。一一～一三世紀には、修行僧一〇〇〇人余りを擁するという大寺院であった。

日本の臨済宗の開祖、栄西は、文治三年（一一八七）に四七歳で二度目の入宋《にっそう》を果たし、天童寺の虚庵懐敞《こあんえじょう》から袈裟《けさ》や戒律など臨済禅の法を授けられた。帰国後京都の建仁寺や鎌倉の寿福寺の開山となった。栄西は天童寺の千仏閣修復のため、日本から大量の木材を送っている。中国の記録にもある特筆できる事績である。

道元は貞応二年（一二二三）に二三歳で宋に渡り、天童寺で参禅し、天童如浄《てんどうにょじょう》から法を受けて五年後に帰国。永平寺を開いて曹洞宗の開山となった。

日本の禅宗の二大宗派の開祖、栄西と道元がいずれも天童寺に参禅し、異なる派閥の法を受け継いでいた、という事実は少し驚きだ。その当時の天童寺は、「十方住持制《じっぽうじゅうじせい》」という、派閥にかかわらずその時々の名僧を住持に迎える寺だった。栄西の師は臨済宗黄龍派を、道元の師は曹洞宗の法

天童寺の全景　大きな池の奥に伽藍が広がる。正面の白い大きな塀は「照壁《しょうへき》」という中国独特の日隠しの塀。奥に天王殿の屋根が見える。

脈を嗣いでいたのである。

東国鎌倉では、幕府執権の北条氏が中国から禅僧を招いて中国式の禅宗寺院を建立した。建長寺と円覚寺である。建長寺は建長五年（一二五三）に北条時頼が南宋《なんそう》の禅僧蘭渓道隆《らんけいどうりゅう》を開山として、また円覚寺は弘安五年（一二八二）に北条時宗が中国僧の無学祖元《むがくそげん》を招いて創建した。蘭渓道隆と無学祖元、実はこの二人はいずれも天童寺に参禅していたのである。

蘭渓道隆は、天童寺で日本の留学僧と出会ったことで、日本での布教を決意し、寛元四年（一二四六）に来日した。三四歳だったという。

蘭渓道隆が亡くなると、幕府は使者を天童寺に送って、建長寺の後任住職の派遣を要請した。選ばれたのは、天童寺で僧堂を統括する「首座《しゅそ》」の職にあった無学祖元だった。五七歳の時である。弘安二年（一二七九）に来日して建長寺二世となり、後に円覚寺の開山となった。

画聖として名高い雪舟は、多くの作品に「四明天童第一座」と肩書きを入れている。「一座」は「首座」のことで、応仁二年（一四六八）に当時の明《みん》国に渡った雪舟は、天童寺に参禅し、日本の禅僧としては最高の称号を得たのだ。雪舟の禅僧としての自負が現れている。

天童寺は、禅を取り巻く人的交流や文物、文化の将来に、最も関わりの深い寺院だったのである。そのような背景を考えると、禅の規律や修行、生活様式のみならず、堂舎の配置や建築様式に至るまで、この天童

七塔　伽藍から見て池の対岸に７基の塔が建つ。13世紀に描かれた「五山十刹図」にも見える。日本には伝わらなかった。

寺の影響は大きかったに違いない。

天童寺は南向きで、東西と北の三方を山に囲まれた谷間の山裾に位置している。正面には大きな池があり、奥に天王殿《てんのうでん》、仏殿、法堂《はっとう》、方丈《ほうじょう》などが階段状に造成された敷地に一列に建ち並ぶ。その両側には南から北へ真っ直ぐに、階段のある廊下が延びて、各建物を繋いでいる。仏殿の西には修行のための僧堂《そうどう》、東には食事や寺務を賄う庫裏《くり》などの建物が所狭しと建ち並んでいる。

「五山十刹図《ごさんじっさつず》」という古文書に一三世紀の天童寺の様子が描かれている。これは永平寺の三世徹通義介《てっつうぎかい》が、正元元年（一二五九）に中国に渡って天童寺やその他の禅寺を巡拝し、修行の規則や伽藍《がらん》整備の参考として記録したものと伝えられている。そこに描かれた天童寺はその後焼亡と再建を繰り返し、建物の規模や様式は違ってしまったが、主要な堂舎の配置の様子は現在もほとんど変わっていないようだ。

そしてこの伽藍の配置は、日本における本格的な禅宗伽藍、禅宗様式建築の端緒だとされる建長寺と、とてもよく似ている。建長寺にも創建時の建物は現存しないが、伽藍の様子が「建長寺指図」として残されている。これをみると、中国、恐らく天童寺の姿を念頭に建立されたと思われるのである。

現在の天童寺で大きく姿を変えてしまった建物がある。それは伽藍の正面にある天王殿で、この建物は古図や記録では、二階に一〇〇〇躰の仏像を安置した「千仏閣《せんぶつかく》」という二重の壮大な「三門《さんもん》」であった。栄西が日本か

天童寺仏殿　1635年の再建。正面の火灯形の垂れ壁が特徴的。13世紀の「五山十刹図」に同じデザインの図がある。

ら木材を送ったのはこの三門の修復用材だった。

　建長寺はじめ、日本の禅宗寺院の三門の二階に仏像を安置するのは、この三門「千仏閣」の形式に倣っていると思えるのである。しかし中国ではその後一四世紀以降は、何故か重層の三門は、「天王殿」という平屋の仏堂のような建物に変化してしまった。

　ところで「建長寺指図」を見ると、法堂は「二階千仏閣」と書き入れがある。日本でこれ以外に二階建ての仏堂はあるだろうか。一方現在の天童寺の法堂は二階建てである。天童寺に限らず中国では二階建ての仏堂をよく見かける。

　そこに日中の交流とその後のそれぞれの変化、歴史や文化の違い、個性と魅力を感じるのである。

（見学日・二〇一七年一〇月一四日）

天童寺法堂　1811年の再建。日本では見られない２階建ての仏堂。２階は「蔵経楼」と称される。

4 寧波 保国寺《ほうこくじ》 大殿《たいでん》

所在地　浙江省 寧波市 江北区 洪塘街道 鞍山村
建立年代　北宋 大中祥符六年（一〇一三年）

中国浙江《せっこう》省寧波《ニンポー》の中心部から北へ約一五km、田園地帯を進むと「霊山」という小高い山並みがあり、その山裾に南面して保国寺《ほうこくじ》の伽藍《がらん》がある。三世紀の創建というが、九世紀の唐《とう》の時代に皇帝から「保国寺」の寺号を与えられたという。

寺院は盛衰を繰り返し、一〇世紀には無住となって荒れ果てていたが、学術調査の結果、中心の仏堂「大殿《たいでん》」が北宋《ほくそう》時代の一〇一三年に建立されたことが明らかとなって注目を浴び、現在は伽藍、境内だけではなく、周囲の山林も含めて「古建築博物館」として国家が手厚く保護するところとなっている。

ここで保国寺大殿の建立された一一世紀前後の日中の歴史をおさらいしてみよう。八九四年に菅原道真の建議によって遣唐使が休止されたことにより、八三八年の遣唐使派遣が最後となり、中国との正式な交流は途絶えた。その後日本は独自の国風文化を確立していったとされている。しかし九世紀以降は民間レベルの私貿易が活発で、香木や織物、青磁など「唐物《からもの》」といわれる高価な贅沢品が珍重され、大量に輸入されていた。

大殿の全景　北宋の時代1013年に建立された。現在屋根は２重だが、下の庇の部分は清の時代に付加されたものだという。

一方中国では九〇七年に唐《とう》が滅亡し五代十国が乱立する。九一六年には北方の契丹族《きったんぞく》が「遼《りょう》」を建国。九六〇年に「宋《そう》（北宋）」が建国され華中を支配した。一一一五年には東北地方の女真族《じょしんぞく》が「金《きん》」を建国し、一一二五年に遼を滅ぼす。一一二七年、金に攻められて宋は壊滅し、南に逃れて杭州《こうしゅう》に「南宋《なんそう》」を再興する。その後一二三四年に金はモンゴル族に滅ぼされ、一二七九年には南宋も滅び、モンゴル族の「元《げん》」が中国全土を統一する。

一〇世紀から一三世紀にかけて、中国は戦乱と分裂を繰り返した。この間、北宋の都は唐の都長安から東へ五〇

正面の詳細　屋根は日本でも見慣れた本瓦葺きだが、棟積みは全く違う。軒先の「鼻隠板」は注目である。

屋根の全景　大棟、降棟、隅棟、どれも日本のものとは全く違う。鬼瓦も中国には無い。

妻飾りの詳細　懸魚は日本の「三花懸魚《みつはなげぎょ》」に似ているが、破風板に取り付くのは不思議だ。妻壁の前に棟積みがある。

○kmの開封《かいほう》、南宋の都はそれから更に南東七五○kmの杭州、金の都は遙かに北・上京会寧府《じょうけいかいねいふ》（現在のハルピン近郊）と、中都《ちゅうと》（現在の北京）であった。各王朝は唐の政治制度を受け継いだが、都の置かれた地域の実情に影響を受けて文化的には多様に変化していった。

　遣唐使の時代から、交易の中国側の窓口は「市舶司《しはくし》」という貿易を統括する役所の置かれた寧波であったが、南宋の時代には、黄河と揚子江の中間を東西に流れる淮河《わいが》から北の金《きん》の領域に日本人は入れなかった。南宋では商業や文化が大いに繁栄していたが、それはかつて日本が学んだ唐の文化とは、時間的な経過もあるが、それ以上に特に江南《こうなん》という地域的な特質もあって、大きく変化していた。

　そのような背景から建築も唐時代とは異なる新たな様式や地方的特色を持ったものが出現していた。保国寺大殿はそのような時代の遺構なのである。

　日本では藤原道長、頼道による摂関政治の全盛期で、平等院鳳凰堂がほぼ同時代の作品である。鳳凰堂は八世紀の唐招提寺金堂など奈良時代の建築様式を踏襲しながら、細部の納まりや姿形を整える事に力が注がれている。日本が平安時代の三○○年余りを平安に過ごしている間に、中国では多くの王朝が興亡を繰り返し、それに伴って文化的にも大きく変貌を遂げていた。

　建築も例外ではなく、保国寺大殿を見ると、中国建築が様式的にも造形的にもいかに大きく変貌していたのか

堂内の様子　正面の側柱筋。建立当初はこの柱筋が内外の境だとされている。柱は丸太を束ねた集成材で「瓜棱柱《かりょうちゅう》」という。

を、知ることができる。

建築は社会の変化を如実に物語っているのである。ここではそれを少し細かく観察してみよう。

まず目に付くのは柱の形である。柱は円形ではなく、表面に大きな凸型の連続した柱となっている。これは当時中国では良質な大径材の入手が困難であったため、小径材を寄せ集めて柱としたものと理解されている。重源《ちょうげん》や栄西《ようさい》が日本から木材を送った背景には、中国での木材の枯渇があったのである。

日本では中尊寺金色堂の柱が、小さな木材を集成して造られている。これは漆や螺鈿《らでん》で装飾する際に、木材の「干《ひ》割《わ》れ」に配慮したものとされているが、そこには中国の技法の伝来があったのかも知れない。

　次に柱の上の「組物《くみもの》」に注目したい。組物は尾垂木《おだるき》を二段に組んだ「四手先組物《よてさきくみもの》」となっている。日本では奈良時代以来、尾垂木が一段の「三《み》

隅の組物を見上げる　組物は尾垂木が２段に入り「四手先」となる。柱の上の大斗は花弁状で、日本では見ない姿である。

軒下の組物の詳細　柱の間にも組物を置く「詰組」となる。中間の大斗が頭貫を噛み込んでいるのは注目である。菱形に組んだ２段の「菱支輪《ひししりん》」が入る。

手先組物《てさきくみもの》」が最高位の建築様式であった。それは初唐の様式を受け継いだものであったが、本場中国ではその後変化発展していたのだ。

この中国での組物の発展は、軒先を長く持ち出して降雨に対処するための変化と解釈されているが、日本では「地垂木《じだるき》」「飛《ひ》檐垂木《えんだるき》」の二重の垂木を長くすることで対応した。これは垂木のような長材の得やすかった日本と、良材の得られなかった中国との違いの結果であったのかも知れない。

組物の見上げ　頭貫を柱際で不思議な繰形付きの材が支えている。『営造方式』に記載された部材で、唯一の現存例という。

正面の組物を真横から見上げた状況　柱位置と中備え位置の組物は、外部は同じだが、内部では構成が異なっている。

組物の一番下には、日本では「大斗《だいと》」と呼ばれる大きな四角の材が据えられるが、ここでは断面花弁形の柱と同じ形をしている。柱位置以外のところでは四角だが隅が丸く窪められている。日本では見ない不思議な形である。これは中国でも珍しく、江南地方の地方色のようだ。ただ、柱上に断面円形の大斗を用いた例は実は日本にもある。それは京都の東福寺三門である。東福寺の開山、聖一国師円爾《しょういちこくしえんに》は入宋僧《にっそう》であることから、或いは何らかの形式的伝播があったのかも知れない。興味のあるところだ。

また組物は柱の上だけではなく、柱の中間にも置かれる「詰組《つめぐみ》」となっている。軒下の組物は密で賑やかだ。

この建築様式はその後「禅宗様」として日本に伝えられることとなった。その先駆けの様式をここで見ることができる。

この仏殿で最も装飾的で目を奪われる最大の見所は天井である。仏殿の正面柱間三間、奥行き一間の各柱間に一つずつ、ドーム型の天井が造られている。「藻井《そうせい》」という。中国では故宮《こきゅう》大和殿《たいわでん》にも用いられる最高位の天井の形式である。保国寺大殿の「藻井」は中国でも古い時期の遺例である。

何故かこれは日本には伝わらなかった。ただ、長野県の安楽寺八角三重塔の内部の天井は少し似た感じを思わせる。「藻井」を試みたけれど、日本には定着しなかった、というのが実情なのかも知れない。

側面の組物を真横から見上げた状況　内部の構成は正面ともまた違う。この組物が内側で支える材は妻飾りを受けている。

側面の軸組と組物を見る　頭貫と飛貫の側面に短冊形の彫り込みがあるのは注目である。

中央間の「藻井」の両脇には小さな板張りの天井が造られている。この形式の天井を中国で何と称するのかは不明だが、これは日本の禅宗様建築に用いられる「鏡天井」を彷彿とさせる。恐らくこれがルーツだ。

何故、中国で最高の「藻井」ではなく、その両脇にある「鏡天井」が日本に定着したのだろう。日本にそれだけの技術がなかったのか。否、そんなことはない。「扇垂木《おうぎたるき》」という技術は日本は中国以上に緻密だ。日中の文化的、芸術的感性の違いのなせるところに違いない。

「頭貫《かしらぬき》」や「飛貫《ひぬき》」に短冊形の装飾が見られるのも特徴的である。この装飾技法は中国では敦煌莫高窟《とんこうばっこうくつ》の唐の八世紀初頭の壁画に確認されているが、その後余り普及した様子はない。しかし、保国寺に確認されることから、江南に伝えられ、地方色として命脈を保っていた、と中国の研究者は解釈している。そしてこの短冊形装飾は日本に伝わり、京都の東福寺仁王門に見ることができるのである。

側面の組物の詳細　柱上の１段目２段目の手先肘木は、大きな材を積み重ね、肘木の形は彫り出して表現している。

背面の組物の詳細　風化が顕著で、古さを感じさせる。四手先目に「拳鼻《こぶしばな》」が付いていることに注目したい。

短冊形装飾は、建築様式のみならず多くの文化が、寧波という江南の地を経由して伝えられたという事実を改めて我々に認識させてくれる。

この短冊形装飾は、柱の頂部に渡した頭貫と、その下に通した飛貫の間に一定間隔で建つ束《つか》が一体となった姿を現している事も、この大殿で明らかに理解できる。装飾には必ずその依って立つルーツのある事を改めて知るのである。

母屋柱筋の詳細　右側が「庇」に相当する外陣で、左側が３間×１間の、須弥壇のある「母屋」で、内陣である。

外陣（庇）中央間の天井　ドーム型の天井は「藻井《そうせい》」という中国で最高位の天井形式。日本には伝わらなかった。その左右は「鏡天井」で、禅宗様のルーツだ。

外陣（庇）の右脇間の天井　ここもドーム型の「藻井《そうせい》」となっている。

外陣（庇）の左脇間の天井　「藻井《そうせい》」が柱間の中央に位置していないが、実に巧みに納められている。

内陣（母屋）中央間の詳細　「来迎壁」は縦板となっている。壁板を「縦張り」とする技法は、禅宗様として伝わった。

内陣（母屋）中央間を右から見上げる　２段に架かる繋ぎ虹梁やそれを支える根肘木は、日本の禅宗様式と類似している。

日本で「来迎壁《らいごうかべ》」と称する正面中央の板壁にも注目したい。この板壁は板を縦に張っている。板で壁を造るとき、日本では柱の溝に、板を横に使って落とし込む「横板壁」が伝統的だ。「板壁」といってもその実態は日中で異なる。

保国寺のように壁を「縦板」で造る技法は、鎌倉時代に禅宗様式の伝来とともに伝えられたとされている。ところが、平等院鳳凰堂の来迎壁は「縦板」なのだ。

遣唐使の廃止以後、平清盛の日宋貿易まで、日中の交流は途絶えていた、と歴史教科書は記述するが、残された建物を見る限りでは、「縦板壁」の技術は、禅宗様式の伝来以前、平安時代の一一世紀には間違いなく伝わっていたと思えるのである。「国交」という国レベルの交流の有無に関わらず、「私貿易」という民間交流を通して文化は確実に伝えられていた、と保国寺大殿を見て確信するのである。

中国に残る古建築は、それぞれ独特の個性、特質を持っている。国土が広大で、しかも多くの王朝が交代しているために、時代性だけではなく地方色も大きいようだ。

この保国寺大殿は中国の古建築の中でもかなり独特な技法が用いられている。建物は正面三間、奥行き三間で、礼拝空間を広くするために正面側の一間の柱間を大きくしている。堂内には四本の柱が建つが、前後でその柱の高さは異なっていて、梁を巧みに掛け渡して屋根を支えている。これは「移柱《いちゅう》」という技法のようだ。

中国では建物の規模を最初に

内陣（母屋）中央間から右側面を見る　母屋の二重虹梁や、側廻りの飛貫、頭貫の短冊文様などに注目したい。

内陣来迎壁上の組物の詳細　組物に施された彩色、組物間に嵌め込まれた不思議な透かし彫り彫刻は注目である。

決め、次に屋根の形と屋根を構成する「母屋桁《もやけた》」の割り付けを決め、その後で母屋桁割りに合わせて柱の建つ位置を決め、最後に柱を繋ぎ、屋根の構造を支える梁の組み方を考える、そのように上から順に下に向かって設計計画がされていたように思える。

日本では平面計画、柱の配置、梁組、屋根の架構と、下から順番に計画していると思えるので、形は似ても、思考回路は随分違う。

中心部の四本の柱の間にはアーチ形の板天井が張られている。このような事例は中国でも他に無いだろう。もちろん日本にも伝わっていない。ただ、中国の研究者は、これは後の時代に造られたもので、創建当初は小屋裏が見えていた、としている。

一番高い正面側の二本の柱には五本の貫が通っていて、その間に組物が置かれている。私は江南地方でいくつか同じような古建築を見かけたが、中国では少数派でこれも江南の地方色とされている。

先日京都の東福寺《とうふくじ》を久しぶりに訪れた。そして三門を見ると、柱の間の貫に組物が入っているのだ。これま

内陣（母屋）中央間を右側面から見る　中央間のアーチ型に板を張り詰めた天井は後補で、本来は屋根裏が見えていたらしい。

母屋正面柱筋の見返し　母屋柱と貫、組物、梁が巧みに組み上げられ、貫の間に組物が積み重ねられている。

須弥壇　石製の須弥壇で、崇寧元年（1102）に造られたことが、背面側の「造石仏座記」という刻銘に記されている。

来迎壁の背面　縦壁板は桟で押さえられている。

外陣（庇）中央間の天井の詳細　彩色の痕跡が残っている。

で何気なく見ていたが、中国の建築を見た目で改めて類似性に気が付いた。東福寺三門を建てた一四世紀末の大工は中国の江南地方の建築に精通していたに違いない、そう思ったのである。

そして、もう一つ、同様な事例がある。それは富山県の瑞龍寺《ずいりゅうじ》仏殿で、ここでも飛貫と頭貫の間に組物が置かれている。このような事例は日本では他に無いだろう。この仏殿は禅宗様式で、江戸時代前期の一七世紀半ばに建てられた。大工は「建仁寺流《けんにんじりゅう》」の正統を称する山上善右衛門《やまがみぜんえもん》である。建仁寺流は一三世紀に栄西が京都建仁寺を創建したときの大工の家系で、その時の中国伝来の建築技法を伝えている、と自負する。その山上善右衛門の作品が、七〇〇年前の、それも遠く中国の保国寺大殿の様式を受け継いでいるかのように思えるのだ。単なる偶然なのか、或いは七〇〇年もの間「秘伝」として受け継がれたのだろうか。

日中の古建築を見るとき、思いもかけない妄想と空想の世界に迷い込む。これも古建築を見る楽しみである。

（見学日・二〇一一年三月一日・二〇一九年九月一〇日）

＊日本の例　京都東福寺三門　柱の貫の間に組物が置かれている。保国寺大殿との類似性を思わせる。応永12年（1405）の建築。

＊日本の例　京都東福寺仁王門　貫の側面に短冊形の彫り込みがある。保国寺大殿の意匠が日本に伝わっていた事を示している。

5 武義県 延福寺《えんぷくじ》 大殿《たいでん》

所在地　浙江省 金華市 武義県 桃渓鎮 陶村
建立年代　元 延祐四年（一三一七年）

寧波《ニンポー》からバスで南へ二時間、浙江省《せっこう》のちょうど真ん中辺りに金華《きんか》という都市がある。そこからタクシーに乗り継いで六〇㎞ほど行った武義《ぶぎ》県の山間の小さな集落に延福寺《えんぷくじ》という寺院がある。「大殿《たいでん》」はその中心仏堂で、元《げん》の時代一三一七年に建てられた。日本の鎌倉時代後期に当たる。

延福寺は一〇世紀の唐《とう》の時代に創建されたと伝えられるが、歴史的には名刹とか大寺ではないようだ。文化大革命の際に仏像は壊され無住となり、今は歴史的な建物として国家によって保護されている。

説明板を見ると、寺院の来歴と共に、内外の古建築の専門家、学者がここに来て建物の研究考察を行ったとあり、その中に「日本の関口欣也先生」とあった。関口先生は一九八〇年にここを訪れている。横浜国立大学の名誉教授で、禅宗様建築研究の第一人者である。私がここを訪れたのは、まさに関口先生に直接勧められたからなのだ。

大殿は正面、奥行き共に柱間が五間《ま》、屋根は入母屋《いりもや》造りで二重になっているが、二階建てではなく、下の屋根は日本では「裳階《もこし》」という差し掛け部分である。これは正面三間、側面三間の建物の周囲に、柱間一間の裳階を取り付けた「三間裳階《けんもこし》付き仏殿」という形式である。

正面の全景　屋根は２重になっているが、下の屋根は「裳階」という、本体の側柱の四周に取り付けた差し掛け部分。

延福寺大殿を一目見て、何とも言いようのない親近感を抱いた。何故なら、和歌山県海南市にある国宝善福院釈迦堂ととてもよく似ているからだ。善福院釈迦堂は、延福寺大殿とほぼ同時期の一三二七年頃に建てられたと考えられているが、海を隔てて一五〇〇km以上も離れた二つの建物が、驚くほどよく似ている。

善福院釈迦堂は禅宗様式の仏堂である。それは禅宗と共に日本に伝えられた建築様式だが、そのルーツとなった中国の仏殿の姿をここ延福寺大殿ではっきり確認することができ、感動ひとしおであった。

正側面の全景　柱は内側に倒れるように造られている。「側脚《そっきゃく》」という中国独特の技法。

背側面の全景　軒の反りは中国建築としては比較的穏やかで、日本の禅宗様建築のようだ。

側面の詳細　軒の下に同じ形の組物がずらりと並んでいる。日本で見慣れた禅宗様式の「詰組」である。

禅宗様建築の特色の一つに、軒を支える「組物《くみもの》」が柱の上だけではなく、柱の間にも同じ組物を並べる「詰組《つめぐみ》」という形式がある。中国では古い時代から柱の間にも組物を置くが、多くは柱の上とその中間とで組物の形式が異なっている。それがここでは同じ形式の組物が並んでいる。それが日本の禅宗様式との共通点で、中国では「江《こう》南《なん》」と呼ばれる揚子江の南の地方に共通する特色であった。

一二世紀以降中国に渡った日本僧が禅宗と共に伝えた中国文化は江南の建築文化だということをこの延福寺大

本屋の隅部分の詳細　瓦は、丸瓦を用いず、平瓦を伏せた独特のもの。中国南部からベトナムまで広く見られる。

本屋の隅組物の詳細　尾垂木を２段に入れた「三手先組物」である。

本屋の組物の詳細　尾垂木の木口が五角形で、日本の禅宗様建築と同じだが、中国では極めて珍しい。組物の間に壁がない。

殿は如実に物語っている。

延福寺大殿は、日本の禅宗様式のルーツとして見所満載である。特に組物の形式は、善福院釈迦堂ととてもよく似ている。組物は「巻斗《まきと》」と「肘木《ひじき》」という小さな部材を交互に積み上げ、さらに「通肘木《とおりひじき》」という長い材や「尾垂木《おだるき》」という斜めの材などを組み合わせて作り上げられている。

大殿の組物の柱上の部分に注目すると、大きな「大斗《だいと》」の上に「肘木」を置き、その上に三個の「巻斗」を並べて長い角材「通肘木」を受け、それを一組として、更にもう一回同じものを二段に積み重ねている。

これは「三斗組《みつどぐみ》二段重ね式」という唐代に行われた組み方で、日本でも奈良時代から平安時代中頃までは一般的であった。中国でも日本でもその後、大斗、肘木、三個の巻斗の上に、通肘木を何段にも積み重ねる方式に変化する。これは組物の構造的な強化が計られたものである。

延福寺大殿は当時の中国でも古式で、これも江南の地方色のようだ。しかしその古式な技法が善福院釈迦堂で

裳階の組物の詳細　「二手先組物」を詰組に置く。頭貫は側面に膨らみがあり、隅では側面方向にだけ木鼻が出る。

裳階の隅の詳細　隅で桁に材をつぎ足して、軒反りを造っている。

も用いられている。

　また特に斜めに長く飛び出た尾垂木の形は、善福院釈迦堂ととてもよく似ている。尾垂木は中国では七世紀の唐代から用いられる部材だが、その先端の形は時代や地域によって様々で、日本の禅宗様式とこの大殿の類似性は特筆できる。尾垂木の形状や組物の組み立て技法のこれらの類似は単なる偶然とは思えない。間違いなく同じ建築技法を学んだ結果に違いないと思えるのである。

　しかし違う所もある。善福院釈迦堂は柱の上に「台輪《だいわ》」という材を置いてその上に組物を置く。しかしこの延福寺大殿では台輪を用いていない。中国の北の地域では古くから台輪を用いるが、江南地方で台輪を用いるのは一四世紀以降になってからとされ、延福寺大殿はちょうど江南に新しい技法の伝わった時期に当たり、ここではまだ古い形式が採用されていると見ることができる。

　台輪は禅宗様式の特色とされているが、日本の禅宗

正面側裳階の内部の状況　内部では３段に肘木を重ねて内桁を受けている。

左側面の裳階の見上げ　太くて丸い繋ぎ梁とその「袖切り」、「根肘木」は注目である。

建築にも台輪を用いない事例がある。それは一四世紀の建立とされる京都東福寺の禅堂《ぜんどう》と東司《とうす》で、このことから、日本には新旧両様の江南の建築様式が伝えられたと考えられるのである。

巻斗という小さな四角い部材も注目である。巻斗の外に面する部分を見ると、木材を切断したときの木口《こぐち》となっている。普通は木材の側面、つまり木目を外側に向けて使う。木材の切断面を外に向けて使う巻斗は「木口斗《こぐちと》」と称され、日本では薬師寺東塔や唐招提寺金堂など奈良時代の建築の特色で、それ以降に例はない。延福寺大殿は唐代の古い様式を伝えているのだ。だがこの手法は、この時は日本には受け入れられなかった。当時、日本では既に、組物の加工組み立ての基本的な技術が確立していたからなのであろう。

台輪を使わない、木口斗を用いる、という延福寺大殿の手法は、唐代の建築技法が江南という地域に長く存続してきたことを物語る、中国国内でも貴重な遺構なのである。

延福寺大殿と国宝善福院釈迦堂の組物の類似に注目したい。組物を内側から見た時、私はうり二つだと思った。内側の組物で斜めに延びているのは「尾垂木」という材で、上下に長さの違う二本が組み込まれている。上の長い尾垂木は外まで一木となっていて、柱位置を支点にちょうど天秤のようになっている。下の短い尾垂木は外の尾垂木とは別の材で、大殿では勾配も違い、急勾配となって、上の尾垂木を支える役割をしている。

裳階の隅の見上げ　隅木に垂木が取り付いている様子は、まるで日本の建築のようだ。中国では珍しい納まりである。

善福院釈迦堂では上下の尾垂木は平行となっているが、力学的には「上の尾垂木を支える」という役割を担っている。そして長い尾垂木が支えているのは、柱と柱の中間に架けられた「母屋桁《もやけた》」で、これは垂木《たるき》を受ける材である。柱間の中間に母屋桁を架けるという技法は、日本では法隆寺伝法堂《でんぽうどう》など、中国の影響の強かった奈良時代の少数の建物にだけ見られる特異なものである。しかし中国では古代から連綿として一般的な架構法だった。その中国の一般的な架構法が、禅宗と共に鎌倉時代に改めて日本にもたらされたことを、善福院釈迦堂は如実に物語っている。

尾垂木の端に蓮の花のような飾りが下向きに取り付いているのも共通している。これは単なる飾りではなく、実は細長い棒状の材で、尾垂木からその上の母屋桁まで貫通し、構造的な一体化を計る重要な部材である。それまでの日本の建築には無かった技法と部材である。

右側面の内部の状況　柱は下方３分の１の辺りが最も太く、上下で細くなっている。「梭《さ》柱《ちゅう》」という中国の技法。

本屋の母屋部分　本屋は正面、側面とも柱間が３間で、中央の１間四方が「母屋」、その四周が「庇」で構成される。

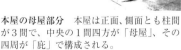

次に肘木の形に注目しよう。善福院釈迦堂の肘木の先端は円弧となっていて、これは禅宗様式の特色である。

延福寺大殿を見ると円弧の肘木や、円弧のように見えるもの、そうでないものなど様々で、様式的には統一されていないが、これを見た日本人は円弧のものが珍しく新鮮で、その形式を導入した、そのように私には思える。

また肘木の上端は日本の肘木は直線となるのが一般的だが、善福院釈迦堂では巻斗の乗る部分から内側が少しえぐり取られている。これは「笹繰《ささぐ》り」と称され、禅宗様式の特色の一つだが、そのルーツを延福寺大殿に見ることができる。この「笹繰り」は奈良時代の建物にも見られたが、日本ではその後途絶えた。しかし中国では古代からこれが一般的な形式で、それが禅宗様式として再び鎌倉時代に導入されたのである。

もう一つ注目したいのは、内部の柱から外回りの組物に組み込まれるように、繋ぎの梁が架けられていること、

本屋の正面１間を右側面から見る　本屋の正面側の１間は、柱間が左右と背面の柱間より広くなっている。

本屋の中央間を正面から見る　柱と貫、組物、垂木で構成される堂内の空間構成は素晴らしい。

そしてその上にもう一段、「海老虹梁《えびこうりょう》」と称される短く湾曲した梁が架けられていることである。

「海老虹梁」も禅宗様式の特色だが、ここではその奇抜な形だけではなく、繋ぎ梁を組物に組み込むという技法的な類似が注目できる。これは単に姿形を「見て真似た」だけではなく、そこには技術者の直接的な関与や交流がなければ決して伝えることのできない「技術の伝播」があったと思えるのである。

次に堂内の様子を紹介しよう。日本の禅宗様建築は、裳階から中央の鏡天井に向かって段階的に垂木が架けら

本屋の中央間を見上げる　仏堂中心部は「格天井」となっているが、この天井は後補で、最初は垂木が見えていたという。

裳階と本屋を左側面から見る　右から「裳階」、本屋正面の「庇」、本屋中央間の「母屋」。

本屋を左側面から見る　右から本屋正面の「庇」、本屋の「母屋」、本屋背面の「庇」。正面と背面の「庇」の柱間の違いが分かる。

れ、そそり立つようなダイナミックな内部空間の構成が特色だと言われている。延福寺大殿の堂内に足を踏み入れたとき、目に飛び込んできた頭上の空間構成は、日本で見てきた禅宗様建築、特に善福院釈迦堂と全く同じである。その感動は今でも忘れられない。

しかし大きな違いもある。それは仏堂を構成する柱の本数である。

延福寺大殿と善福院釈迦堂は共に、正面三間、側面三間の建物の周囲に、柱間一間の裳階を取り付けた「三間裳階付き仏殿」という同じ形式の建物である。しかし、延福寺大殿は建物の中央に四本の柱が建つのに対して、善福院釈迦堂では大きな梁を架け渡して、その中央四本の柱のうち正面側の二本を省略し、後ろ側に二本の柱が建つだけとなっている。

わずか二本の柱が有るか無いかの違いのように思われるかも知れないが、構造的に、また技術の伝播という観点から見れば、これはとても重要な違いである。

柱を省略する技法は「減柱《げんちゅう》」といって、中国では遼《りょう》、金《きん》の時代に北方で発達した技法とされている。しかし、中国の南方、江南では宋《そう》、元《げん》以降の時代を通して、ほとんど行われていない建築手法なのである。

栄西《ようさい》や道元《どうげん》が日本に禅宗を伝えた一二世紀末から一三世紀初頭に、中国では北方の金と南方の南宋《なんそう》は戦争状態で交流は途絶えていた。その頃は金の建築文化が南宋を経由して日本に伝わる余地はなかったはずである。しかし一二三四年に金は滅び、中国の社会状況が変化し、金の建築文化が江南に急速に伝わったのかも知れない。

本屋の正面側を見返す　正面側の「庇」が側面より広いことが分かる。

南宋の禅僧、蘭渓道隆《らんけいどうりゅう》が建長五年（一二五三）に創建した鎌倉建長寺が、日本での本格的な禅宗様建築の最初だとされている。和歌山県にある興国寺の開山心地覚心《しんちかくしん》は建長元年（一二四九）に入宋《にっそう》している。覚心は禅宗の教義だけではなく、「虚無僧《こむそう》」を伴って帰国し、金山寺味噌や醤油を日本に伝えたとされるなど、中国文化導入の足跡が伝えられている。善福院釈迦堂など和歌山県内に色濃く残る禅宗様建築の技法、特に善福院釈迦堂の建築技法や様式は、覚心が伝えたものではないか、と研究者は考えている。

「減柱」や「台輪」は金の様式技法である。一三世紀中葉に日本に伝えられた禅宗建築の様式は、金の滅亡後に南宋に伝来した金の建築様式を取り入れた最新技法だったのではないか。それが蘭渓道隆や心地覚心などの渡来僧、入宋僧を通して日本に伝えられたと想像するのである。

そして延福寺大殿は江南の伝統技法を色濃く残しており、そこに日本に伝わった禅宗様式との違いが顕れていると思えるのである。

善福院釈迦堂

本屋の左側面の「庇」を見上げる　本屋の庇柱と母屋柱の高さの違いが分かる。

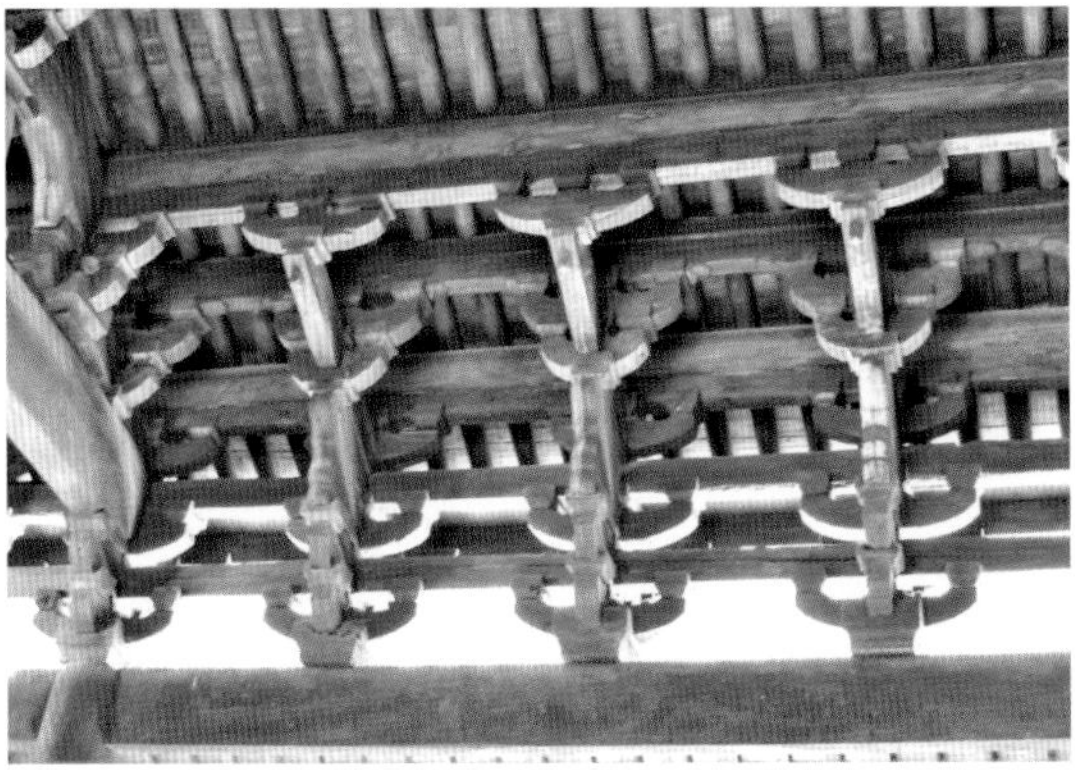
本屋の正面中央間の組物の見返し　垂木を受けている「桁」が円形断面で、その下に角形断面の通し材の「実肘木《さねひじき》」が付く。

は大虹梁《だいこうりょう》を架け渡して、建物中央部の前二本の柱を省略している。柱を省略するのは、礼拝する空間を広くするためと考えられている。

　中国の揚子江の南、江南地方では、礼拝空間を広くするために柱を省略するのではなく、柱を移動させる、「移柱《いちゅう》」と称される技法が用いられた。延福寺大殿では、建物中央部の前二本の柱を奥側に寄せて、「母屋桁《もやけた》」一間分だけ正面の柱間を広くしている。

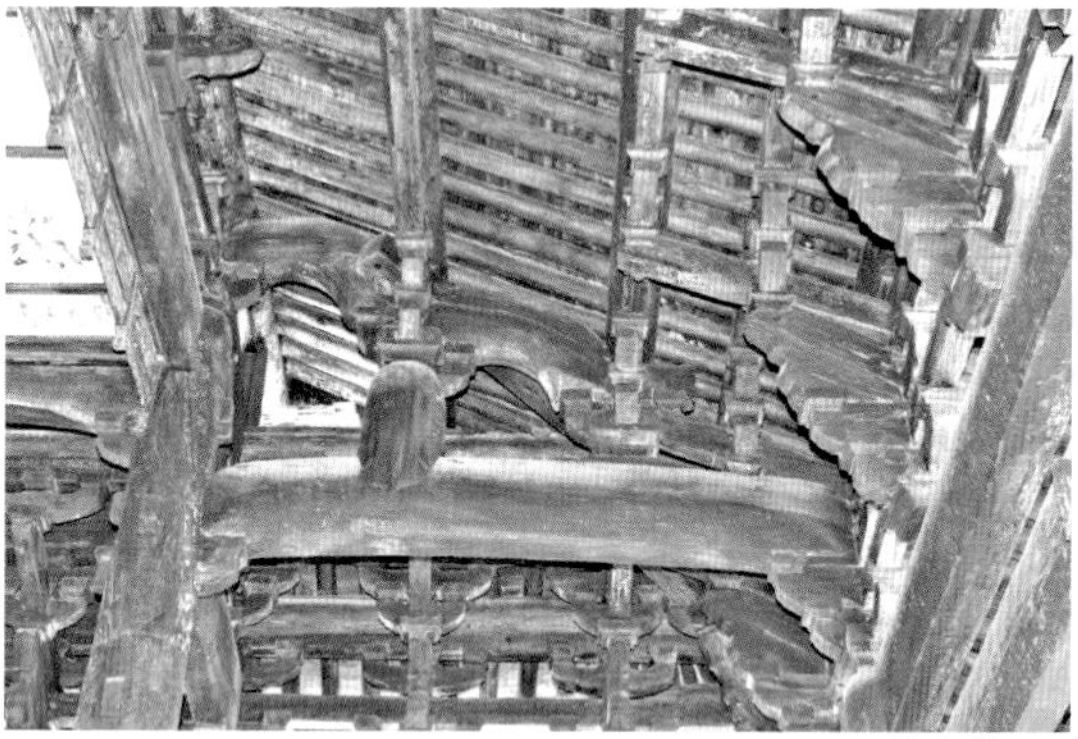

本屋正面側の架構　母屋柱と庇組物の間に梁を架け、大瓶束《たいへいづか》を建て、海老虹梁で繋ぐ。大瓶束の位置は、本来は母屋柱の建つ位置だが、左に移動させ、庇の柱間を広くしている。

本屋の組物を内部から見る　尾垂木が内側に延びて柱間に架かる母屋桁を受ける。柱位置では繋ぎ梁が組物に組み込まれる。

　その広くした柱間には梁を架け、梁の上に「大瓶束《たいへいづか》」という丸く短い束《つか》を立てて母屋桁などの屋根を構成する部材を支えている。この梁組の巧妙さは延福寺大殿の見所の一つである。

　「移柱」は、建物全体の規模を変えず、単に柱の位置を動かすだけなので、建物中央の四本の柱で囲まれた仏像を安置する空間は、柱を動かした分だけ奥行きが狭くなる。屋根や平面の全体規模を最初に決め、次に建物内部の柱位置を決めるという設計法は中国建築の特徴のようだ。

延福寺大殿の「梁・大瓶束」という木組みの構法や様式に限れば、善福院釈迦堂で柱を省略するために組み上げられた「大虹梁とその上の大瓶束（これが本来の柱に相当する）」の構成と全く同じである。善福院釈迦堂の柱の省略技法は、延福寺大殿の梁組技法を応用して日本で独自に発展させたものなのかも知れない、とも思える。

しかし、宋の時代一一〇三年に書かれた中国の建築書『営造方式《えいぞうほうしき》』に善福院釈迦堂の柱、梁の架構と同じよう

本屋正面側の架構　繋ぎ梁、大瓶束、海老虹梁の架構は、日本の禅宗様建築ととてもよく似ている。

本屋「庇」の正面左隅の間の見上げ　正面と側面の「庇」の柱間寸法の違いを巧みに処理している。日本に類例はあるだろうか。

本屋正面右側の「母屋」柱の見上げ　母屋柱上の丸い大斗は、柱から造り出している。

な図が載せられていることや、上海にある真如寺《しんにょじ》大殿（一三二〇年建立）に類似した架構が用いられていることなどから、やはりルーツは中国にあったと想定できるようである。

この正面柱間を広くする構法は、和歌山県の長保寺本堂にも見ることができる。長保寺本堂では虹梁の上に大瓶束ではなく組物を置くという違いはあるが、概念と構法は全く同じである。

長保寺本堂は外観は和様だが、「桟唐戸《さんからと》」を用いること、内部では組物が柱間にも置かれる「詰組」となること、肘木の木口が円弧となること、柱の頂部が丸く削られた「粽《ちまき》」となっていることなど、禅宗様式が色濃く取り入れられている。そのような状況を考えると、正面側一間の柱間を広くする技法も、延福寺大殿をはじめ江南の建築技法を取り入れたのではないか、と思えるのである。

本屋の左側面の「庇」を見上げる　母屋柱に大虹梁が架けられ、その上に入母屋屋根が架けられている。

本屋の左側面の「庇」中央間を見上げる　組物の一番内側に架かる母屋桁の上に、入母屋屋根の妻飾りが組まれている。

延福寺大殿と善福院釈迦堂や長保寺本堂との類似性に注目してきた。建築の構造、様式、空間構成などその類似性は多岐にわたっている。地理的に遠く離れた日本と中国で、この類似性はとても偶然とは思えない。建築という文化、様式、技法が間違いなく人的交流を介して伝わったことを証明する、またとない実例なのではないだろうか。

次に「礎盤《そばん》」という部材に注目しよう。「礎盤」は礎石と柱の間に挟み込まれた算盤の珠のような材である。

本屋の「母屋」柱上部の架構　右が正面側で、正面の「庇」の柱間を広くするため、柱を移動したことが分かる。

本屋の右側「庇」中央間の見上げ　右が正面側。妻飾りが見える。

本屋の背面左の「母屋」柱の見上げ　大虹梁の上に妻飾りの組物がある。

それまでの日本建築にはなかった部材で、それがどのような役割をするのかも余り明確でない不思議な材である。しかし日本では、算盤珠形の礎盤は禅宗様建築の特徴的な部材としてその後永く用いられ、また和様の建築にもしばしば取り入れられてきた。

延福寺大殿の礎盤の形状は、善福院釈迦堂はじめ日本の礎盤ととてもよく似ている。しかし、『営造方式』には礎盤の記載はなく、その後の北京故《こ》宮《きゅう》にも用いられていない。つまり延福寺大殿のような形の礎盤は中国では極めて少数派で、中国江南地方の特色だったのである。

その後江南では、礎盤は算盤珠の形から、太鼓のような中央部の膨れた円筒形のものなどに変化、多様化し、「鼓《こ》鏡《きょう》石《せき》」と称されて今でも江南の古建築にその伝統を見ることができる。しかし算盤珠形の礎盤は中国ではその後姿を消している。

本屋の背面側「庇」の見上げ　繋ぎ梁の上に「板蟇股」のような材があるのは注目である。その上に海老虹梁がある。

本屋の背面側「庇」の架構の詳細　繋ぎ梁の上の「板蟇股」は日本の奈良時代の板蟇股そのものだ。

江戸時代の承応三年（一六五四）に来日した明《みん》僧隠元禅師《いんげんぜんじ》は、京都宇治に万福寺《まんぷくじ》を創建したが、そこに太鼓形の礎盤が用いられている。隠元禅師は中国福建《ふっけん》省福清《ふくせい》市にある黄檗《おうばく》山万福寺の住持だった。禅師は日本に黄檗禅を伝えるとともに、寺院の名称とともに、伽藍《がらん》配置や建築様式まで、当時の中国文化の一切を伝えたのである。

算盤の珠のような「礎盤」は、中国江南の古建築の中でも延福寺大殿などにわずかに残るだけだが、日中の交流を物語る貴重な存在なのだ。

須弥壇の詳細　保国寺の須弥壇と比べると、200年間で装飾化の進んだ様子が窺われる。

本屋正面中央間の礎石と礎盤　四角な石材から丸い柱座を造り出し、そこに草花の浮き彫り彫刻を施す。その上に礎盤を置く。

礎石と礎盤　本屋の正面中央間以外は、四角な礎石の上に礎盤を置いている。日本の禅宗様礎盤と驚くほど形が似ている。

これまで延福寺大殿と、日本の禅宗様建築との類似に注目して紹介してきた。日中の古建築で、これほどまでに類似した事例は、山《さん》西省忻州《せいしょうきんしゅう》市五台《ごだい》県にある仏光寺《ぶっこうじ》大殿（八五七年建立）と奈良県の唐招提寺金堂の例以外にはないだろう。それほどまでに、延福寺大殿は注目すべき古建築なのである。

ただ、日本の禅宗様建築を語る際に重要な様式である「台輪」、「虹梁の「袖《そで》切り」や「錫杖《しゃくじょう》彫り」、「木鼻《きばな》」の「繰形《くりがた》」、「鏡天井」「縦板壁」「火灯窓《かとうまど》」などは、延福寺大殿には全く見られない。それは何故だろう。

恐らく当時の中国では、南宋から元への政権の移行や、それに伴う文化的な混乱があって、各地の建築様式や技術が乱立していたのではないだろうか。その様々な様式技法を学んだ日本人或いは中国人の工匠達が、日本の地で集成開花させた建築、それが日本の「禅宗様」だと思えるのである。

（見学日・二〇一一年三月二日）

＊日本の例　善福院釈迦堂（和歌山県）　延福寺大殿とほぼ同規模、同時期の建立で、造形、建築技法が類似している。

善福院釈迦堂の組物　「二手先組物」で、延福寺大殿より簡素だが、組物の組み立て技法や尾垂木の形状は極めて類似する。

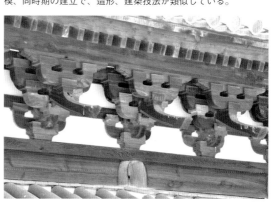

善福院釈迦堂の内部　ここでは大きな梁を架け渡して、中央の２本の柱を省略している。

善福院釈迦堂の本屋内部の全景　大梁を架けて正面側の柱を省略する架構は延福寺大殿とは異なるが、それ以外の類似は注目である。

善福院釈迦堂の礎盤　延福寺大殿の礎盤を真似たものに違いない。これは木製だが、日本では石製と木製の両様がある。

善福院釈迦堂の内部　繋ぎ梁、尾垂木、海老虹梁など、延福寺大殿と全く同じで、技術や様式が伝えられたようだ。

6　金華 天寧寺《てんねいじ》　大殿《たいでん》

所在地　浙江省 金華市 婺城区《ぶじょう》 飄萍路《ひょうへいろ》五一・一号
建立年代　元　延祐五年（一三一八年）

中国浙江省《せっこう》のほぼ中央部に、古くからこの地方の中心地として開けた金華という都市があり、その市内の中心部に、天寧寺《ていねいじ》という古寺がある。今はすでに廃寺となり、わずかに天王殿《てんのうでん》と大殿《たいでん》だけが、歴史的な建物遺産として残るだけとなっている。

天寧寺は北宋《ほくそう》の一〇一〇年頃に創建されたと伝えられ、現在残る大殿は梁の下端に、元《げん》の時代一三一八年に建てられたと、その由緒が刻み込まれ、建築年代が明らかとなっている。

大殿は正面、側面とも三間の正方形の平面で、屋根は入母屋《いりもや》造りである。正面中央の柱間は約六ｍで、建物の総柱間一二・七ｍの半分ほどを占め、中央間の広いことが特徴的である。そしてこの広い柱間に対応するように、柱も長さが約五ｍとかなり高い。正面から見ると柱間が広く、柱の立ちも高く、ボリューム感がある。この軸組の高さは日本ではあまり見慣れないプロポーションだが、広島県福山市の安国寺釈迦堂（一五世紀建立）はこれとよく似ている。他にも中世に建てられた禅宗様式の三間仏殿には比較的立ちの高いものがあり、この天寧寺のような姿の中国の建物が様式的なモデルなのだろうと思わせる。

正面の全景　正面の柱間は３間で、中央の柱間が脇間の約1.9倍と広い。それに見合うように柱も高く、重厚である。

軒を支える「組物《くみもの》」は、同じ形式の組物が柱の上とその間にも並ぶ「詰組《つめぐみ》」となっている。しかし中国の他の建物や日本の禅宗様式に比べると、組物間隔はゆったりとして、組物間の白い小壁の存在が目立つ。

組物は「尾垂木《おだるき》」を二段に組み込んだ「三手先《みてさき》組物」で、格式高い形式であるが、何故ここでは組物が疎らな印象を受けるのだろう。その理由の一つは、「肘木《ひじき》」とその上の「巻斗《まきと》」、さらにその上に横に長く架けられた材「通肘木《とおりひじき》」で構成された「三斗組《みつどぐみ》」を、三段に積み上げる単純明快な組物の構成にあるようだ。

また、組物の外に持ち出しとなる部分を見ると、二手先目と三手先目の尾垂木に巻斗を載せ肘木を置いて「桁《けた》」を受けるだけで、組物相互を繋ぎ止める部材はない。二手先目の尾垂木上には肘木が二段に重ねられているが、普通このように肘木を重ねる場合、上の肘木は他より長いものを用いるのだが、ここでは上を長くするのではなく、逆に下の肘木を他より短いものとしている。この辺りにも、組物がシンプルに見える要因があるようだ。単

背面を斜めから見る　間仕切りは正面と全く同じである。中央間に３個、両脇間に１個の組物を置いている。

右側面を後ろから見る　側面は３間で、写真の側面手前、奥の間では、柱間に１組、中央間と正面には２個の組物を置く。

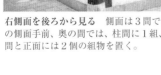

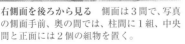

純な組物は、唐《とう》の時代八世紀前半の古式な組物様式がそのまま受け継がれているようで興味深い。

軒先は隅で大きく反り上がっている。その反りを造るために、桁は隅で異様なまでに成を高く造り、「隅木《すみぎ》」も分厚いものとなっているのは注目である。そのためにここでは、桁で四段、隅木で七段もの角材が積み重ねられて造られている。いわば集成材となっている。

正面中央間の詳細　柱の上とその間にも組物が「詰組」に置かれる。大棟両端の棟飾りは日本では見られない。

正面中央間の詳細　柱上に「台輪」の無いこと、肘木が横に広がらないことなど、日本の禅宗様式との違いが目立つ。

このような桁の造りは、鎌倉時代に建てられた東大寺の南大門や鐘楼《しゅろう》に類似例が見られるが、それが中国由来である事をこの天寧寺は物語っている。

天寧寺大殿の内部を紹介しよう。仏堂内部に天井はなく、梁や垂木《たるき》など建物の木組みの様子がすべて見えている。日本の寺院建築ではあまり見ることのできない豪快な建築空間である。

北宋の時代一一〇三年に書かれた中国の建築書『営造方式《えいぞうほうしき》』には、「殿堂《でんどう》」と「庁堂《ちょうどう》」という二種類の建築様式があると記述されている。「殿堂」は最高級の建築で「庁堂」はやや格の低い建物とされているが、それは恐らく遠く五〜六世紀にまで遡る古代以来の伝統様式のようだ。それらの建築的な違いの一つに天井の有無がある。「殿堂」は天井を架けて小屋組を見せないが、「庁堂」は天井を張らずに屋根裏が見える。

この天寧寺大殿はその「庁堂」形式なのである。

六世紀に建てられた法隆寺金堂は、天井を張った「殿堂」様式で、一方、法隆寺東院の伝法堂や奈良県の新薬師寺本堂は天井のない「庁堂」形式である。日本には古代に二種の中国建築の様式が伝わっていた。しかしその後日本では天井のない仏堂はほとんど建てられていない。それは床を張って座る日本の生活様式が、天井を張る建築様式とうまく符合したからだとも思われる。

「庁堂」形式は長い間忘れられていたが、鎌倉時代の初め、俊乗《しゅんじょう》房重源《ぼうちょうげん》の建てた兵庫県の浄土寺浄土堂は天井を張らず、屋根裏が全部見えている。まさに「庁堂」である。宋に渡った重源は、この天寧寺のような「庁堂」形式の仏

屋根の隅部分　大棟と降棟と隅棟の先端に怪獣が据えられる。降棟の怪獣は口を大きく開けて威嚇しているようだ。

大棟の「螭吻《ちふん》」　鴟尾が変化した中国独特の棟飾り。日本の鯱に似ているが、足があって尾びれはない。日本には無い。

隅の見上げ　組物は尾垂木を２本用いた「三手先」組物。軒の反りを造るため、桁や隅木が異様に大きい。

隅の見上げ　隅の組物は、日本の平安中期頃の組み方のようだ。垂木は円形で「一軒」。先端に「鼻隠板《はなかくしいた》」を打つ。

隅の見上げ　桁は隅で別材を重ね合わせて大きな反り増しを造っている。隅木も４材を重ね合わせた集成材だ。

堂を実際に見たに違いない。しかしこの庁堂形式は、その後日本では普及しなかった。

このことは、日中間に交流のあった事実とは別に、その異文化の受容には日本人の文化的な嗜好や感性で取捨選択の行われたことを示しているようである。

天寧寺大殿の屋根裏を見上げると、垂木を受ける「母屋桁《もやけた》」が整然と配置され、梁組と柱位置はその母屋桁の割り付け位置に従って二次的に決められている。大殿では、中央に建つ四本の柱のうち、正面側の二本を母屋桁間隔一つ分後ろ側に移動し（「移柱《いちゅう》」という）、正面側の礼拝空間を広くしているが、その時、梁をどのように組んで対処したのか、ここでその手法がよく理解できる。

建物周囲の組物を内部から見たときの姿はとても特徴的である。内部には肘木と斜めの材が突き出るだけで、全く横に広がりはなく組物と組物を繋ぐ材もない。斜めの材は上下に三本あって、上の二本は外に延びて尾垂木となっている。下の一本は上の尾垂木を支える役割の材である。中国ではこの材を「上昂《じょうこう》」と呼んでいる。延福《えんぷく》寺《じ》大殿の組物内部の構成の基本形をここで見ることができる。

正面組物の見上げ　壁際で、肘木と通肘木が3段重なる組物の構成は珍しい。二手先目で長さの異なる肘木が2段に重なる。

正面組物の側面を見上げる　軒小天井や軒支輪が無いので、組物の構成がよく分かる。

正面組物の見上げ　尾垂木の木口は五角形で、日本の禅宗様式とよく似ている。大斗が真四角なのも中国では珍しい。

内部の中央間を正面から見上げる　天井は無く、全面に垂木が見えている。中国で「庁堂」と称される建築様式である。

内部の中央間を正面左から見上げる　中央の４本の柱で囲まれた部分が「母屋」で、その四方に「庇」が廻る構成である。

この「上昂」は少し姿を変えながらも、栃木県の鑁阿寺《ばんなじ》本堂や鎌倉の円覚寺舎利殿に受け継がれた。天寧寺大殿のシンプルな組物は、中国そして日本の禅宗様組物の基本形態を理解する格好の標本となっている。

次に天寧寺大殿の屋根に注目したい。屋根は日本と同じ本瓦葺きだが、棟の端に得体の知れない怪獣が据えられている。日本のお城にある「鯱《しゃち》」のようにも見えるが、鱗はあるが尾びれはない。足があって龍のようだが足は二本だけ。何とも不思議な姿をしている。このような棟飾りは中国では「鴟吻《しふん》」或いは「螭吻《ちふん》」と称されている。

螭吻は龍の九匹の子供「龍生九子《りゅうせいきゅうし》」の一つとされ、遠くを見るのが好きで、ものを飲み込み、よく水を吐き出すとされていて、その性格から屋根の上に載せる、と中国の物の本では解説されている。これはもちろん架空の物語だが、唐代或いはそれ以前からまことしやかに、そして大真面目に考えられ、体系化されて書きしたためれ伝えられた。中国の図像学の奥深さと面白さである。

大棟の先端の飾りは、中国では唐の時代は「鴟尾《しび》」であった。鴟尾は日本に伝えられ、唐招提寺金堂のものが有

内部の正面柱間を左側面から見る　正面の「庇」部分は、母屋の柱を後ろに移動して、柱間を広くしている。

内部の中央間を左側面から見る　右手が建物の正側側で、正面の「母屋」柱を後ろに移動して、正面「庇」を広くしている様子がよく分かる。

内部の中央間と背面の間を左側面から見る　背面の「庇」の柱間は側面と同じである。

名だが、ほぼ同じものが中国でも出土している。日本では平安時代後期以降は鴟尾に代わって、もっぱら鬼瓦が用いられ、鴟尾は消滅した。

一方中国では、一〇世紀以降に鴟尾が次第に変化し、一四世紀にはこの天寧寺大殿に見られる「螭吻」へと姿を変えたのである。

鴟尾は変化の過程で「鯱」という別な姿にもなっている。鯱は魚類がイメージされていて、尾びれがあって足はない。鯱の例は天封塔《てんふうとう》地宮殿《ちきゅうでん》で紹介したが、中国では鯱は普及せず、螭吻がその後、清《しん》の時代まで棟飾りの主流となった。なお「鯱」という漢字は中国にはなく、体が魚で頭が虎、という姿から連想して日本で作られた字である。日本には鯱は伝えられたが螭吻は伝わらなかったようである。ただ江戸時代の大工の秘伝書を見ると、お城の天守閣に上げられた「鯱」の図に「螭吻」と記している。江戸時代の日本の大工は鯱を「螭吻」と称していたのだ。

江戸時代の初め隠元《いんげん》禅師の開いた京都万福寺には、足があって尾びれのない棟飾りがある。まさに中国の「螭

組物を内部から見る　上下３本の斜材が延びる。上の２本は外部に延びて尾垂木となり、下の１本は上の材を支えている。組物本来の構造原理がよく分かる。

右側面の「庇」の組物と、「母屋」柱の間の架構の詳細　日本の禅宗様式の架構との類似が注目である。

吻」である。日本には一七世紀になって初めて伝わったようだ。それは日本では「摩伽羅《まから》」と称されている。当時は鯱のことを「螭吻」と称していたので、それと区別する別の名前が必要だったのだろうか。

「摩伽羅」は「摩伽羅魚」とも言い、インド発祥の怪魚で、ワニがモデルとされる。胎蔵界曼荼羅《たいぞうかいまんだら》の中に、門柱の上に二本足で立ち、大きく口を開けた姿が描かれている。中国の図像に単独の「摩伽羅」は見かけないが、鴟尾が「螭吻」に変化する際のモデルになったと推定されている。

鴟尾、螭吻、摩伽羅、鯱、いずれも豊かな創造力の創り上げた怪獣で、姿形や呼び名が複雑に錯綜しながらも永い時間をかけて、遠く離れた日本にたどり着いたのである。文化の交流を探る旅は興味が尽きない。

（見学日・二〇一一年三月二日）

正面右隅の間を正面側から見る　長方形平面の隅の間にうまく隅木や軒が納められているのは、母屋の割り付けが最初に計画されたからと思える。

背面右隅の間の見上げ　背面側は側面と背面の「庇」の柱間が同じなので、隅では当然このような納まりとなる。

7 上海 真如寺《しんにょじ》 大雄宝殿《たいゆうほうでん》

所在地　上海市 普陀区 真如鎮 蘭渓路三九九号
建立年代　元 延祐七年（一三二〇年）

真如寺《しんにょじ》は、上海の中心部から西へ七㎞ほどのところにある。南宋《なんそう》の一三世紀初頭に創建されたと伝えられている。その後、寺院は発展し、人々が集まり、門前には市が立ち、町が形成された。ここは寺名を冠して「真《しん》如鎮《にょちん》」と称された。「鎮」は日本に喩えれば、市より小さな町村単位の自治体をさす。

寺院は清《しん》末以降の戦乱で衰退し、文化大革命によって廃寺となり、大《たい》雄宝殿《ゆうほうでん》一棟だけが残る惨状だったという。しかし一九九〇年代になって仏教寺院として再興され、伽藍《がらん》が復興された。

私が真如寺を訪れた時は平日の朝であったが、境内には多くの信者さんの唱える読経の声が響き渡っていた。

境内には、正門から一直線にそして左右対称に、所狭しと多くの堂塔が建ち並び、最奥には高さ五一ｍの九重塔が聳えている。その伽藍の中心仏堂が大雄宝殿である。元《げん》の時代一三二〇年に建てられたことが、梁の下端に刻まれた銘文によって明らかで、上海近郊に残された数少ない古建築の一つである。

大雄宝殿は正面三間、奥行き三間、ほぼ正方形平面の入母屋《いりもや》造り、一重の仏堂で、軒下の組物《くみもの》は日本で「出組《でぐみ》」

正側面の全景　正面３間、奥行き３間、入母屋造り、１重、本瓦葺き。正面中央間は「桟唐戸」、両脇間は「火灯窓」となる。

と称する形式で、比較的簡素な造りとなっている。

建物を見た第一印象は、建物の立ちが低く、その割に屋根が大きいこと、そして何よりも外部の柱が全て内側に大きく傾いて建てられていることであった。専門の解説書によれば、柱の頂部で九cm内側に傾いているという。このように柱を内側に傾けて建てる技法を日本では「内転《うちころ》び」、中国では「側脚《そっきゃく》」という。日本では「柱の頂部を内側に倒す」と考えるが、中国では「柱の足元を外に出す」と考えている。設計の際に、何を基準として考えるのか、その考え方の基本が日本と中国で真逆であるのは興味のあるところだ。

「内転び」の技法は、日本では奈良県の栄山寺《えいざんじ》八角堂など奈良時代の建物にわずかに確認されるだけで、その後の日本建築では採用されなかった。柱が倒れて見えるのは、日本人の感性には合わなかったのだろう。しかし中国では柱を内側に倒すことによって、地震や風圧などの外力に対抗

背側面の全景　柱が内側に大きく倒れている。「側脚《そっきゃく》」という中国独特の技法である。

妻飾り全景　破風と懸魚が目板を打った板壁のように造られている。妻壁も一面の板張りで素っ気ない。

右側面前端間の詳細　柱頂部の形状や、繰形の付いた頭貫の木鼻、台輪などは、日本の禅宗様式のルーツを思わせる。

でき、建物にとって構造的に最も有効な技法として永く伝えられた。

正面両脇間にある窓の形は、日本の禅宗様仏殿に用いられる「火《か》灯窓《とうまど》」そのものである。正面中央間の扉は「桟唐戸《さんからと》」で、「藁座《わらざ》」という部材で扉を釣り込んでいる。少し形に違いはあるものの、これもまさに禅宗様式である。

軒の見上げ　垂木は円形断面の「地垂木」と、角断面の「飛檐垂木」を２段に架け、隅だけが扇のように斜めに配置される。中国では古代から一貫した軒の形式である。

最初に抱いた違和感とは別に、日本建築との多くの類似点を見いだすことができる。かつて中国に渡った日本人も、私と同じような印象をもち、取捨選択して彼の地の技術や様式を持ち帰ったに違いない。

真如寺大雄宝殿を詳しく観察しよう。柱の頂部には「頭貫《かしらぬき》」を通し、その上に「台輪《だいわ》」という材を置き、組物を据えている。柱は頂部で角を丸く削り落として、なで肩に作っている。これは「粽《ちまき》」と呼ばれる手法である。

頭貫は柱に落とし込んで納めるが、柱と取り合うところでは、頭貫の巾を少し削り取って薄くしている。隅柱の位置では十字に組んで先端を柱の外に延ばし、木口を曲線状に作って「繰形《くりがた》」というアクセントを付けた「木《き》鼻《ばな》」となっている。

台輪も隅柱の位置で十字に組んで先端を延ばすが、先端はただ四角に切り落としただけで、随分素っ気ない。この柱、頭貫、台輪の形式や組み立て技法は、一三世紀に日本に伝えられた禅宗様建築の特徴と共通している。そのルーツが中国にある事を、この真如寺は物語っている。

ただ、台輪の木口を四角に切り落としただけの事例は日本には現存しない。日本に残る事例を見る限り、台輪の先端は曲線の「繰形」に作られている。構法、技法の本質を学び、更に工夫を加えて装飾的に飾る、そこに日本の工匠の本領が発揮されているように思える。

左側面の詳細　組物は、尾垂木付きの「一手先（出組）」組物。この尾垂木は肘木から造り出した見せかけのもの。

正面左隅柱位置の詳細　成の大きな桁は、いくつかの材を重ねた集成材である。中国ではよく見る技法である。

組物は日本で「出組」と称する形式で、柱から少しだけ「桁《けた》」を外に持ち出している。組物は、「大斗《だいと》」の上に「枠肘木《わくひじき》」を置きその上に「巻斗《まきと》」を置くのを定石とするが、ここでは大斗の上に、外に向かって斜めに「尾垂木《おだるき》」を架けたような姿となっている。このような形式の組物は日本では見られない。しかし、尾垂木をよく見ると、斜めに架けられているのではなく、水平な「枠肘木」の先端を尾垂木状に造り出している。つまり尾垂木は単なる見せかけなのである。

このような見せかけの尾垂木は、中国では「仮昂《かこう》」と称され、古くから用いられた建築技法だった。日本で「仮昂」の類例を探すと、一三世紀初頭に栄西《ようさい》が建立した東大寺鐘楼《しゅろう》、一三世紀末建立と推定される長野県の安楽寺三重塔、一五世紀初頭建立の兵庫県の鶴林寺本堂など、わずかだが確認できる。建築技法としては普及しなかったようだが、間違いなく中国の「仮昂」は伝わっていたようだ。

桁の下に位置する「秤肘木《はかりひじき》」と組み合って、外側に「拳鼻《こぶしばな》」が付くのも注目される。これも日本では禅宗様建築の特色とされているが、真如寺にルーツを見いだすことができるのである。中国ではこの拳鼻を「要頭《さとう》」と称している。

中国の古建築を見ると、台輪は保国寺《ほうこくじ》、延福寺《えんぷくじ》、天寧寺《てんねいじ》では用いられていない。「要頭」は延福寺、天寧寺には無い。このことは、「台輪」や「要頭」は本来北方の建築文化で、それが南に伝わった、そんな歴史的な変遷を物

火灯窓の詳細　日本の禅宗様式のルーツである。

語っているようだ。真如寺大雄宝殿は、日中の文化交流のみならず、中国国内での文化の伝播を考える上でも貴重な建築なのである。

次に軒廻りを見よう。中国建築の特色の一つに、軒先が隅で異様なまでに大きく反り上がる技法がある。ただ、この真如寺は、確かに隅の反り上がりは大きいが、日本の建物、特に禅宗様建築と比べて「異様」というほど反り上がりが大きいという印象は無い。中国独特の強い軒反りの技法は、おそらく明《みん》代以降に変化発展したのだろうと、この真如寺は想像させる。

垂木《たるき》は隅で放射状に配置されている。日本で「扇垂木《おうぎだるき》」と称される、大仏様式と禅宗様式に特徴的な技法で、鎌倉時代に中国から伝わったとされている。しかし、実は日本には古代に既に伝わっていた。大阪府の四天王寺

正面中央間の桟唐戸　中央間には６枚の桟唐戸が、それぞれ１枚ずつ藁座で建て込まれている。桟は内側にだけ見える。

桟唐戸の内側の詳細　桟は内側にだけ見えていて、外から見ると一面の板張りである。桟には三角の鎬がついている。

背面中央間の桟唐戸と窓　外から見ると建具に桟は見えないが、内部から見ると桟唐戸である。

背面中央間を内側から見る　中央の桟唐戸は、内部側には桟が見えている。

の講堂跡の発掘調査で扇垂木の痕跡が検出されているのである。しかしそれに続く例はなく、日本では普及しなかったようだ。それが、一二世紀末に再び伝えられたのである。中国では古代から一貫して扇垂木が主流だった。

中国では真如寺のように、隅の部分の垂木だけが扇状になる。一方日本ではどうかというと、大仏様式の東大寺南大門、兵庫県の浄土寺浄土堂は中国の場合と同様に隅の垂木だけが扇状になっていて、中国直輸入の色合いが濃い。このようなものを特に「隅扇《すみおうぎ》」と呼んでいる。

これに対して禅宗様式の建物では、そのほとんどが、建物の中央から隅まで、まさに扇を広げたように全ての垂木が放射状に配置されている。全ての垂木が放射状になるものを、私は中国で見た記憶がない。恐らく日本の禅宗様式の扇垂木の技法は、中国の例を学びつつ、日本の工匠が造り上げた技法だと思えるのである。単なる模倣で終わるのではなく、その先に、自分たちの独自性を加えて新たなものを作り出す、日本のそんな物づくりの精神が感じられる。

扇垂木をどのように割り付け、墨付け、加工、組み立てをするのか、日本ではその技は中世から近世、そして現代まで、最高位の大工技術として、時に秘伝として伝えられ、大工技術習得の究極の目標とされてきた。

また垂木の形状にも注目して欲しい。垂木は二段に架けられている。桁に架けられた長い垂木は「地垂木《じだるき》」、その先に架けられた短い垂木は「飛檐垂木《ひえんだるき》」と呼ばれている。

須弥壇の詳細　隅の束が密教の法具「三鈷杵《さんこしょ》」となっている。中国で密教の形跡を見るのはとても珍しい。

正面中央間の左柱足元の詳細　丸い柱座を造り出した礎石は白く、上の礎盤の材質は違う。時代差があるようだ。

背面中央間の右柱足元の詳細　四角な礎石の上に、丸い柱座と礎盤が重なっている。柱に水抜き穴があるのは注目である。

真如寺を見ると、地垂木の断面は円形で、飛檐垂木は角形である。これは「地円飛角《じえんひかく》」といわれ、中国では真如寺に限らず、古代から清代、そして現代においても一貫して「地円飛角」である。一方日本では薬師寺東塔から平等院鳳凰堂まで、古代の建築にだけ見られる特徴的な形式で、それ以降の日本では現代まで、地垂木も飛檐垂木も角材を用いるのが常識となっている。

日中の造形を比べると、交流しつつも何故か相容れない、独自の文化的素地があるように、思えるのである。

次に屋根を眺めてみよう。屋根は瓦葺きである。瓦は中国では紀元前一〇世紀の「西周《せいしゅう》」が起源とされている。

日本には、奈良県にある飛鳥寺が建立された五八八年に、百済《くだら》から四人の瓦博士が渡来したのが瓦伝来の端緒とされている。瓦は韓半島を経由して伝えられたが、そのルーツは中国である。その後日中の瓦の技術はそれぞれ独自に歩んだようで、真如寺大雄宝殿の屋根を見ると、軒先の瓦や棟の姿は日本とは随分違っている。瓦に関しては、中国との交流は希薄だったようだ。

真如寺の瓦で目に付くのは、逆三角形をした軒先の平瓦だ。これは「滴水瓦《てきすいがわら》」と称され、日本には、秀吉の朝鮮出兵の際に韓半島から伝えられたとされ、加藤清正が築城した熊本城で使われた、慶長二年の銘の入ったものが最古とされている。ただ、室町時代の遺跡からの出土例も有り、実際に日本に伝わったのはもう少し遡るよう

屋根の棟飾り　大棟、降棟、隅棟は独特の姿で、日本のものとは随分違う。これは中国でも特に江南地方の特色のようだ。

だ。日本では姫路城など城郭建築に用いられ、江戸期には寺院などにも普及した。

韓半島の滴水瓦もそのルーツは中国で、最古例は一一世紀の「西夏《せいか》」とされている。その後の経緯は明らかでないが、一二世紀には南宋にも存在したらしく、明《みん》代になって中国全土に広く普及したとされている。真如寺の滴水瓦は早い時期の事例だろう。

軒先の丸瓦と滴水瓦の文様は日本にはない不思議な文様だ。よく見るとコウモリのようだ。丸瓦に三匹、滴水瓦に二匹、合わせて五匹。コウモリの漢字「蝠」は中国語で発音が「福」と同じで、「五匹の蝠」は「五つの幸福」を象徴している。「寿命が長い、財力が豊か、無病息災、徳に優れる、天命を全うする」の五つである。

軒丸瓦の上には不思議な突起が付く。これは軒丸瓦を止めるために打ち込んだ釘の頭を覆う「釘帽《ていぼう》」というキャップで、宋代の建築書『営造方

大棟の棟飾り　頭は龍で尾鰭がある。「鯱」の原形のようだ。大棟は丸瓦に載るだけで、平瓦の上が透いている。

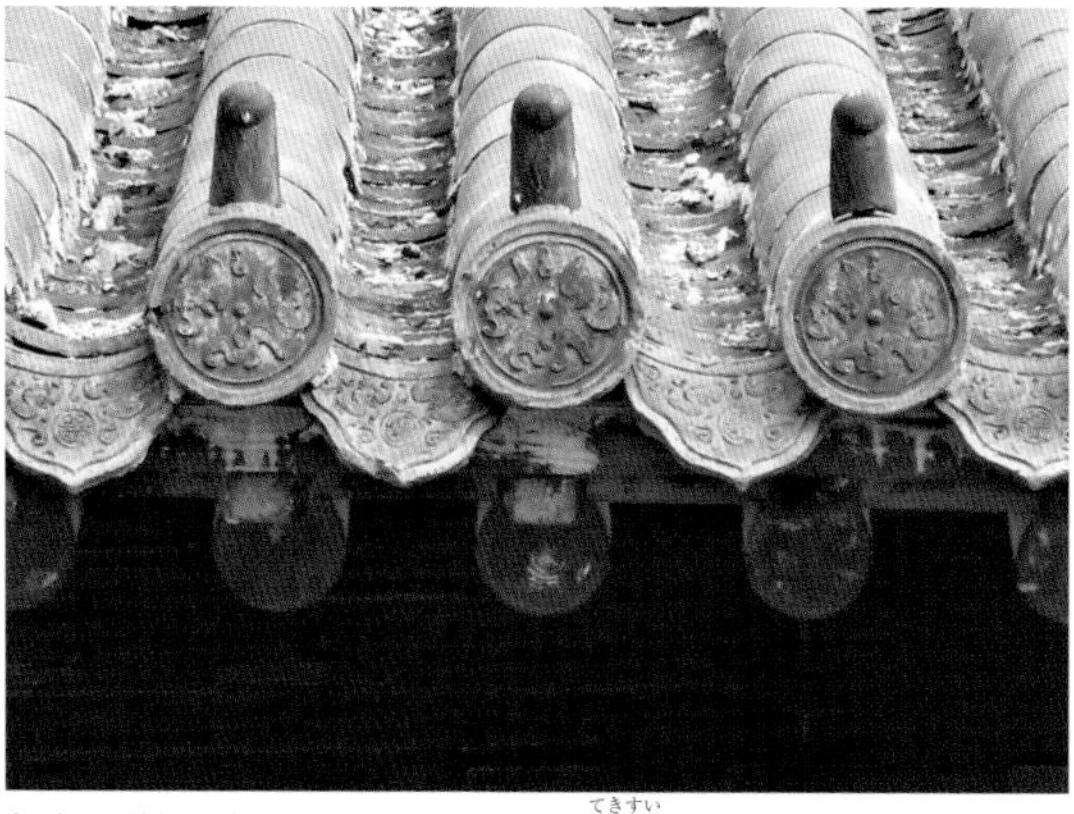

軒先の詳細　軒平瓦は逆三角形の「滴水瓦《てきすい》」で、軒丸瓦の上に止め釘を覆う「釘帽《ていぼう》」が付く。軒先瓦の文様はコウモリ。

式』にも記載されている部材だが、これも日本には伝わらなかった。

　棟の形式も日本とは随分違う。真如寺の棟は、瓦を積んだものではなく、漆喰のような材料で形作られているようだ。最も特徴的なのは、降《くだ》り棟《むね》の先端に人物像が、隅棟の先端に獅子が据えられていることだ。また日本で「稚児棟《ちごむね》」と称される隅棟の先端半分ほどの棟の納まりも、日本には類例がない。

　大棟には「鯱《しゃち》」が据えられているが、これも焼き物ではなく、漆喰で造形されたもののように思われる。これらは中国でも江南《こうなん》地方独自の技法のようだ。

　日本の中世の建物を見ると、中国から瓦の形式技法が伝わった形跡はない。何故なのだろう。とても興味のあるところだ。恐らく、その当時、日本の瓦葺きは、新たな方式を受け入れる必要がないほどに、技法が確立していたからなのかも知れない。

正面を右側から見上げた状況　前半は化粧屋根裏、後半は組物を組んで天井を張る。大虹梁を架けて柱を省略し、2間の柱間を1間の空間とした構成である。

正面の中央間と左脇間　大虹梁を境に、右の中央間と左の脇間で内部の構成が異なっている。

次に大雄宝殿の内部を見よう。建物は正面三間、奥行き三間、ほぼ正方形の平面で、内部には四本の柱が建つ。柱の本数は単純な三間仏殿を思わせるが、内部に入って見上げると、その架構は実に複雑だ。

奥行き三間のうち、正面側の第一の柱間を見ると、大きな虹梁《こうりょう》が架けられ、その虹梁に立てた「大瓶束《たいへいづか》」を境に、前半分は垂木の架けられた「化粧屋根裏《けしょうやねうら》」、そして後の半分は組物を組んで天井を張っている。

この上部の架構を見ると、二間の柱間に大虹梁を架けて柱を省略した、という建築技法が想定できる。これは中国北方で、遼《りょう》、金《きん》の時代に行われた「減柱《げんちゅう》」という技法で、元代になって南方の上海まで伝播したことを物語っているようだ。

次に正面から第二間を見よう。ここでは大きな虹梁を二重に架け、その上部中央に棟木を渡して、前後に垂木を架けている。ちょうど切妻《きりづま》屋根の屋根裏のようになっている。この部分は日本では「母屋《もや》」と称され、柱間が二間の建物の中心部分に相当する。日本では母屋の両端には一間ごとに柱が建つが、ここではそれも省略されている。

一番後ろの第三間を見よう。柱間寸法は前の二間の柱間のほぼ半分ほどしかない。見上げると垂木の見える「化粧屋根裏」で、垂木は第二間の後ろ側に架けられた垂木の延長線上にあって、第二間と第三間は構造的に一体となっている。この最奥の第三間は日本で「庇《ひさし》」と称する部分に相当する。

このような屋根の構造を見ると、大雄宝殿は、本来は奥行きが五間

正面左隅の間を見上げる　左上に隅木が見えるが、その下に柱はない。梁を縦横に架け渡して柱は省略されている。日本では見られない大胆な架構である。

の規模を持つ建物として計画されたが、柱を省略する「減柱」技法を用いたために、結果として奥行き三間の建物になったのだと想定できる。

そのように考えると、正面の柱間も、本来は五間で計画され、柱を省略する「減柱」、位置を移動する「移柱《いちゅう》」が行なわれ、柱間が三間になったと想定される。このような仏堂は日本には無い。のみならず、中国でもとても珍しい例だろう。

もう一点、特筆できるのは、第二間の正面流れの垂木は、第一間の正面側に架けられた垂木と全く縁が切れていることである。

内部の架構を右側から見上げた状況　左が正面側で「格天井」。右が建物の中央の「母屋」で「化粧屋根裏」となる。

中国の建物には「屋根裏」は無い。つまり下から見える垂木のすぐ上に屋根の瓦があるのが鉄則だが、この大雄宝殿では、第二間の正面流れの垂木の上には、別に屋根の瓦を受ける小屋組が組まれているのである。

これは中国では全く異例の構造である。しかし日本では一般的な構法である。真如寺大雄宝殿は日本の技術を取り入れたのだろうか。日中の技術交流を考える時、とても興味ある遺構である。

堂内を見上げると、天井は六区画に区切られ、その四周を片流れの化粧屋根裏の庇が取り囲む。このような場合、普通であれば区画された天井の交点に柱を建て、一二本の柱が必要となる筈だが、ここ真如寺では梁を縦横に掛け渡して柱を省略し、わずか四本の柱が建つだけとなっている。

これは広々とした礼拝空間を確保するために工夫された技法のようだが、それにしても隅木を受ける位置の柱まで省略している大胆さには驚かされる。日本ではこのような例を私は知らない。

柱を省略するために架け渡された虹梁はとても「せい」が大きい。このようなプロポーションの虹梁も日本では見られない。構造的に考えるとこれだけの大きさは必要なのだろうが、このような大材は容易に入手できない。よく見るとこの虹梁は三つの材を重ね合わせて作られた集成材となっている。集成材の技法は中国では北宋の時代一〇世紀頃から行われた独特の技法である。

柱を省略することに依る弱点を補うために、虹梁の下には側柱と内部の柱を繋ぐ「繋ぎ貫」が入れられている。これは元の時代、一三世紀以降の技法とされ、中国では古建築の建立年代を判断する指標の一つとされている。

次に組物の内部の様子に注目しよう。組物は内部に二本の斜めの材が延びて、垂木尻を受ける桁を支えている。この斜め材は、普通は外部に延びて「尾垂木」となり、天秤のように内外の

建物中央の「母屋」を見上げる　２重に虹梁を架けて、切妻屋根を造る。この上に別に「小屋組」を組んで実際の屋根を造っている。中国では極めて珍しい架構法である。

右脇間の架構を正面側から見上げる　脇間の右半分が化粧屋根裏、左半分は組物を組んで天井を張る。大虹梁を架けて柱を省略し、２間の柱間を１間の空間とした構成である。

荷重の釣り合いを保つ部材なのだが、ここでは外部とは全く縁が切れている。この二本の斜めの材やその下に付いている曲線の連続した部材などの構成は、日本の禅宗様式の組物と全く同じで、注目である。

一方で、垂木は円形断面で、隅だけが放射状に配されている。これは日本の禅宗様式とは違う。垂木の上には、日本では「化粧裏《けしょううら》板《いた》」という板が打ち付けられるが、ここでは瓦のような平らな「磚《せん》」が敷き並べられている。このような工法は中国の南の地方から遠くベトナムまで広く見られるが、これも日本には伝わらなかった。

天井は縦横に大きく疎らに角材を組んで、その上に板を張り詰めている。日本で「格天井《ごうてんじょう》」と称される形式と全く同じである。真如寺では、本尊を安置する建物の中心部分には天井を張らず、屋根裏の垂木が見えているのに、その両側と正面側に天井を張っている。中国では、最高級の建物「殿堂《でんどう》」には天井を張るが、それより格の

左脇間を正面側から見上げる　側廻りと内部の柱の間を、貫と成の高い虹梁で繋ぐ。いずれも角材を重ね合わせた集成材。

左脇間を後ろ側から見返す　組物は内部に尾垂木が引き込まれたようになっているが、外部とは繋がっていない。天井は日本の「格《ごう》天井《てんじょう》」という形式である。

低い建物「庁堂《ちょうどう》」に天井はない。この真如寺はそれまでの常識を破った、特異な建物のようだ。何気ない造形の中に、時代の変化を見ることができるのではないだろうか。

（見学日・二〇一一年三月四日）

正面右隅の間を後ろ側から見上げる　化粧屋根裏と化粧隅木、組物と格天井、その構成は巧みである。

背面１間通りの見上げ　背面の1間通りは柱間が狭く、化粧屋根裏で、日本で「庇」という部分にあたる。正面第１間の前半部と同じ構成となっている。

8 蘇州 軒轅宮《けんえんきゅう》 正殿《せいでん》

所在地　江蘇省 蘇州市 呉中区 東山镇 楊湾村
建立年代　元　至元四年（一三三八年）

上海から高速鉄道で東に約三〇分の辺りに、蘇州《そしゅう》という江蘇《こうそ》省の中核都市がある。

蘇州は揚子江の南に位置し、古くは紀元前五世紀の春秋戦国時代、「臥《が》薪嘗胆《しんしょうたん》」の故事の舞台となった「呉《ご》」の国の都として成立し、その後永く江南《こうなん》の政治経済文化の中心となってきた歴史ある街である。「拙政園《せっせいえん》」「留園《りゅうえん》」など「蘇州古典園林」として世界遺産に登録された著名な庭園や、古い町並みと運河の街として、今は日本人にも人気の観光スポットとなっている。

蘇州の旧市街から南西へ約三五km、太湖《たいこ》という湖の近くに、元《げん》の時代一三三八年に建てられた軒轅宮正殿《けんえんきゅうせいでん》という建物がある。

「軒轅」は中華民族の祖とされる伝説の王「黄帝《こうてい》」のことで、その黄帝を祀る建物である。ただ、黄帝を祀ったのは二〇世紀になってからで、それまでは道教の神「東嶽大帝《とうがくたいてい》」を祀っていたとされ、更に最初は呉の国の大臣「伍子胥《ごししょ》」の廟として建立されたと伝えられている。

正側面の全景　隅で大きく反り上がる軒先や屋根の棟飾りなどは中国独特の造形だが、日本の禅宗様建築ともよく似ている。

軒轅宮の来歴はあまり明確でないが、当時中国で勢力のあった仏教、特に禅宗とは接点がなかったように思われる。しかしその建物を見ると、日本の禅宗様建築と実によく似ている。中国では、道教や仏教などの宗教建築も、皇帝の宮殿や貴族の住宅も、建築としては基本的に同じ様式や技法を用いていたのである。

軒轅宮正殿は、正面三間、側面三間、一重、入母屋《いりもや》造り、瓦葺きの建物である。大棟や異常に反り上がった隅棟、不思議な形の妻の破風板《はふいた》などは日本では見られない中国独特の造形である。

一方で、柱が石製の「礎盤《そばん》」に建つこと、柱の頂部が丸い「粽《ちまき》」となること、柱の頂部に通る「頭貫《かしらぬき》」の先端が繰形《くりがた》付きの「木鼻《きばな》」となること、柱の上に「台輪《だいわ》」を置き、その先端にも繰形が付くこと、組物《くみもの》が柱の間にも密に配された「詰組《つめぐみ》」となっていること、そして正面の両脇間に釣り鐘のような形をした「火灯窓《かとうまど》」のあること、扉を「藁座《わらざ》」という部材を用いて釣り込むことなどは、日本の禅宗様式と極めて共通している。

屋根や妻飾りを除けば、日本にある禅宗仏殿、といわれても、ほとんど誰も疑わないだろう。一三〜一四世紀の日本建築は、中国とほとんど同じ様式や技法を共有していたのだと、この建物を見て実感する。

ただ気になる違いもある。建築史の教科書では、中世に禅宗様式や大仏様式の伝来とともに、「飛貫《ひぬき》」や「腰貫《こしぬき》」、「足固《あしがた》め貫《ぬき》」などで軸組みを固める「貫《ぬき》」の技法が伝えられた、とされている。しかしこの建物の外周を見ると、例えば側面は足元から頭貫まで大きな一面の土壁となっていて、飛貫は入っていない。浙江《せっこう》省金華《きんか》の延福寺《えんぷくじ》、天寧寺《てんねいじ》、上海の真如《しんにょ》

正面の全景　柱は内側に大きく傾いている。中国で「側脚《そっきゃく》」という技法である。「詰組」の組物や火灯窓は注目である。

寺《じ》などでも外周に飛貫はない。

飛貫は中国では古代からその存在が確認できるが、江南の中国建築で貫が重要視されていたとは思えない。貫を多用して軸組を固める技法は、或いは日本の工匠が独自に発展させたものなのだろうか。

次に組物を見よう。外廻りの組物は、日本で「二手先《ふたてさき》」という形式である。二手先組物の場合、日本では尾垂《おだる》木《き》は一段が定石だが、ここでは二段入っている。一段目の尾垂木は大斗《だいと》の上に据えた「枠肘木《わくひじき》」の先端に架けられていて、上海の真如寺大殿《たいでん》と同じ技法となっている。この形式は日本には見られない。

大斗上の壁付きの肘木《ひじき》を見ると、大斗上の枠肘木の上に巻斗《まきと》を置き、その上に更に横長の肘木を重ねて置いて、その上に「通肘木《とおりひじき》」という横材が通されている。同様に一段目の尾垂木上にも長短長さの違う二段の「秤肘木《はかりひじき》」が重ねて置かれ、その上に通り肘木が架けられている。このように長さの異なる肘木を二段重ねとする技法を中

背面の全景　中央間を三分割して、扉と窓を建て込んでいる。

右側面を後ろから見る　頭貫が隅で弓なりに反り上がる。隅柱を高くする「隅延び」、中国で「生起《せいき》」という技法である。

国では「重栱《じゅうきょう》」という。

これに対して、大斗の上に枠肘木を置き、その上に巻斗を置いて通肘木を架ける形式は「単栱《たんきょう》」と称され、日本では古代から現代まで連綿と受け継がれた伝統的な技法である。

その中にあって、中世に伝来した禅宗様式の組物は、長さの異なる肘木が二段重ねとなる「重栱」となっている。この禅宗様式の特徴的な技法のルーツをここに見ることができるのである。

真正面を見る　組物と棟が豪華だ。

大棟中央の棟飾り　このような棟は日本には無い。

大棟端の棟飾り　前足が付いている怪獣で、中国では「螭吻《ちふん》」と称している日本では見られない。

降棟と隅棟の詳細　棟飾りは独特で、先端で大きく反り返る隅棟は江南の特色のようだ。

妻飾りの詳細　目板を打った縦板を並べた破風板は驚きだ。妻の前に大きな棟を積んでいるのも日本では見ない。

正面の組物　柱の上と柱間に同じ形式の組物を並べて置く「詰組」である。ただその間隔が隅で極端に違うのは不思議だ。

中国の組物は、古代では「単栱」だったものが次第に複雑に変化発展し、北宋の建築書『営造方式』では「重栱」を基本とした組物が紹介されている。一〇世紀に組物は様式的に完成し、その後の中国建築は「重栱」が定石となっている。

ただ中国の江南地方では、保国寺《ほうこくじ》、延福寺、天寧寺などに「重栱」は見られない。恐らく江南では唐代の古式な技法が地方色として永く伝えられていたのであろう。元が中国を統一するとともに、江南にも新たな文化の波が押し寄せた、そういう時代の変化を軒轅宮正殿の組物は物語っていると思えるのである。

軒轅宮正殿の組物の配置にも注目したい。組物は柱の上と、その間にも密に置かれている。これは「詰組」といって、中国では一般的だが、日本では禅宗様式に限られた独特の技法である。

日本では組物は柱の上にだけ置くのが基本である。中国でも唐の時代には組物は柱の上にだけ置かれていた。その形式を日本は受け継いだのである。中国ではその後変化し、一〇世紀以降は「詰組」が定型化したのである。

正面中央間の詳細　頭貫の上に「台輪」を置くが、中央の柱位置で切れているのは特異だ。中央間だけ組物間に板が入る。

側面中央間の詳細　ここでは柱の上に台輪が置かれている。

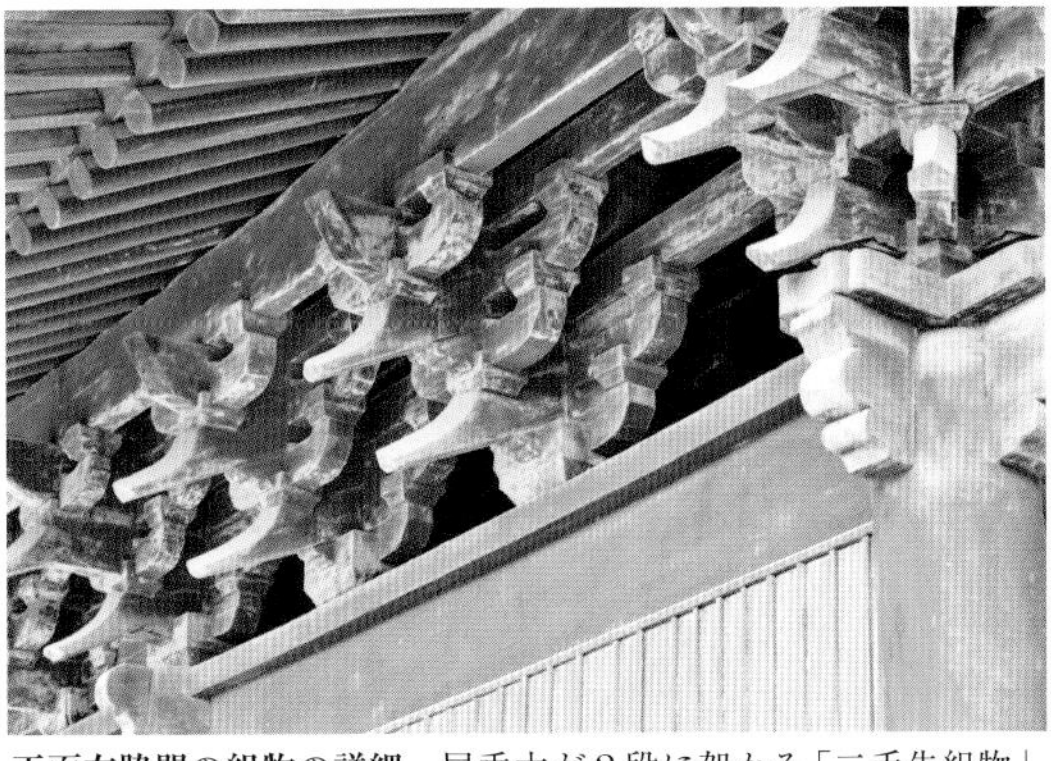

正面右脇間の組物の詳細　尾垂木が２段に架かる「二手先組物」。肘木の先端が円弧でないのは日本の禅宗様式と異なる。

左側面後端間の組物の詳細　１段目と、柱位置の２段目の尾垂木は、肘木から造り出した見せかけだけのもの。

右側面前端間の詳細　頭貫と台輪の先端に繰形が付く。桁は幅が肘木と同寸で成が大きく、隅では材を積み重ねている。

左側面を後ろから見る　二手先目の先端に「拳鼻《こぶしばな》」が付く。この拳鼻は禅宗様式として日本に入ってきた。

正殿の柱間は正面も側面も三間となっているが、柱間の実寸法は正面中央の柱間が最も広く、次に側面中央間、次いで正面両脇間、更に側面両脇間と順次小さくなっていて、建物平面は全体として横長の長方形となっている。側廻りの組物は、柱上の組物と同じ形式のものを柱の間にも配置する。正面中央の柱間には四個、側面中央には三個、正面両脇間には二個、側面両脇間には一個の組物を置いている。組物の間隔は柱間毎に異なっていて、特に隅の間の組物が均等に配置されていないのは注目である。

ところで、日本ではこの密に配する組物の間隔を「アイタ」と称し、その間隔が建築計画の基本寸法だったと考えられているが、この軒轅宮正殿の組物の間隔は明らかにバラバラで、統一されていない。

軒轅宮正殿と日本の禅宗様建築は、様式的には似ているが、その設計計画の基本理念には大きな違いがあるようだ。このことは「文化の伝播」を考えるとき、興味ある事例だと思うのである。

建物の四方には垂木《たるき》を架け、屋根を入母屋造りとする。「地垂木《じだるき》」は円形断面で、その先に四角い断面の「飛檐《ひえん》垂木《だるき》」を重ねて取り付けている。この「地円飛角《じえんひかく》」という技法は、日本では古代にだけ用いられた技法だが、中国では古代から現代まで連綿と続いている。

垂木の上には、軒先では板、堂内では平たい瓦を敷き並べ、その上に土を厚く置いて瓦を葺いている。下から見上げる垂木がそのまま屋根の下地となっている。これは日本では

堂内の見上げ　堂内中央の４本の柱で囲まれた空間が日本でいう「母屋」で、その四周が「庇」となる。天井はなく中国では「庁堂」という形式である。

内部の架構を右側から見上げる　中央間には前後に頭貫と２段の虹梁を渡して棟木と母屋桁を架け、前後に垂木を打つ。

古代建築の技法と考えられている。しかし日本では中世以降、下から見える垂木「化粧垂木《けしょうだるき》」の上に、屋根を形作る「野小屋《のごや》」という骨組みを別に組み立て、「野垂木《のだるき》」を架けて瓦の下地を造っている。

野小屋や野垂木は化粧垂木や天井の上にあるので、通常は見えない。屋根を形作る「野小屋」は日本で独自に考案された技法のようで、中国建築には見られない。

次に堂内を見よう。見上げると天井はなく、垂木が一面に見えている。これは中国で「庁堂《ちょうどう》」と称する形式で

内部の架構を右側から見る　奥に妻飾りの「大瓶束《たいへいづか》」と虹梁が見える。棟木と母屋桁の通りは側面中央間の組物と揃っている。

「母屋」の正面側を見返す　垂木は母屋桁位置で「くの字」に折れている。

右側面中央間を後ろ側から見返す　右側の垂木は入母屋造りの大屋根部分で、左側の垂木は側面流れの屋根となる。

ある。

ここで注目したいのは、垂木を受ける「母屋桁《もやけた》」が、柱筋と、その中間にも入ることである。垂木はこの母屋桁の位置で「くの字」に折れ曲がり、別材で継がれている。良材の得にくかった中国に適した技法でもあるが、全体として円弧状の反りのある屋根面を形作っている。これは中国の建築書『営造方式』にも記された「挙折《きょせつ》」という中国独特の技法で、何故か日本には伝わらなかった。

ところで、その密に配された母屋桁の通りと組物位置は一致している。一方で、組物の配置と柱間には統一的な整合性が見られない。そのような部材相互の関係性から設計手順を推察すると、まず最初に屋根の形状と大きさを決め、次にその素地となる「母屋桁」の配置が計画され、次に母屋桁の通りに合わせて組物の位置や、母屋桁を受けるための梁組が計画され、最後に柱の位置が決められた。つまり上から下へと設計計画が進められたと考えることができるようだ。

右側面中央間を正面から見る　成の大きな繋ぎ梁が特徴的。

右側面中央間を正面側から見上げる　側面の母屋桁を、組物の尾垂木尻で受けている。

そのように考えると、組物が何故バラバラで不均一に配置されているのか理解できるのではないだろうか。

一方、日本の建築は平面規模や間取りを決めて柱の位置を決め、次に梁組や屋根の形状を計画する。つまり下から上へと設計を進める。日中の文化の違いが、建築計画の基本理念に現れているようで興味深い。

軒轅宮正殿は、正面、側面ともに柱間が三間で、日本では「三間仏堂」と呼ばれる形式の建物である。

日本の三間仏堂は、そのほとんどが、正面も側面も同じ大きさで、正方形平面となっている。ところがこの中国の軒轅宮正殿は、正面の両端の柱間が、側面の両端の間より一mほど大きく造られていて、建物全体としては正面の長さが三間で約一三・七m、奥行きが一一・五mで、約二mも正面が長い横長の平面である。

日本で文化財となっている「三間仏堂」一一〇棟あまりを調べたところ、横長平面のものは一〇棟あったが、そのほとんどは正面の中央間を広くしていて、隅の間が長方形になる例はわずか一棟であった。

右側面中央間を内部から見上げる　入母屋造りの架構がよく分かる。

正面右脇間を左から見上げる　桁の上に、妻飾りを受ける束が建っているのが分かる。

また建物の隅の柱間に注目すると、日本の仏堂は正面、側面ともに隅の柱間が同じ寸法で、隅が正方形平面となるのが鉄則のようだ。それは隅の柱位置に隅行きの肘木や隅木《すみぎ》が四五度に架かり、それらの部材の後ろを支える必要があるからだと思われる。

軒轅宮正殿のように、隅の間が長方形平面になる例を日本の仏堂四〇九棟で探してみると、わずかに一一棟だけであった。それもすべて天井が張られているので、組物や隅木の後ろがどのように納められているのかは窺い知れない。

軒轅宮正殿の隅がどのように納まっているのか、内部に入って見上げると、隅は実に巧妙に組みたてられ、特に隅木尻と母屋桁、垂木、組物の取り合いが注目である。そして正面両端間の詰組組物の間隔が不均等に配置されているのは、この四五度に架けられた隅木を納めるためだったことが了解できる。

隅木尻が桁《けた》に取り合い、その下に組物の置か

正面右隅の間を見上げる　横長の隅に間に、45度に架かる隅木を巧妙に架けている。日本では見ない構法である。

正面右隅の間を真下から見上げる　組物の配置と隅木や母屋桁の配置が密接に関連している。垂木は隅だけ扇状になる。

れる構法は、上海の真如寺《しんにょじ》大雄宝《たいゆうほう》殿《でん》（一三二〇年建立）と全く同じである。地域的にも建立年代も両者は近似しており、一四世紀初めの揚子江の南の地域性を物語っているようで、興味深い。

江蘇省南部にあるこの軒轅宮正殿と、浙江《せっこう》省中央部にある天寧寺大殿（一三一八年建立）は、建立年代が近似し、柱や組物、梁組、母屋桁の配置などもよく似ている。

天寧寺大殿に台輪や木鼻はないが、軒轅宮正殿には、台輪や木鼻があり、組物が複雑化し、密接していて、日本の禅宗様式との類似性が強く感じられる。また隅の納まりが一段と進化し巧妙になっている。

ほぼ同時期のこの二つの建物の違いは、当時の中国で、北から南に建築の様式や技法が伝わった様子を示しているとともに、当時の日本人僧などの行動範囲が、寧波《ニンポー》や杭州《こうしゅう》など、浙江省の北部や江蘇省南部のかなり限られた地域にあったことを示唆しているようである。そしてその地域は当時としては文化の中心地でもあった。

正面左隅の間を正面側から見上げる　隅木尻の納まりがよく分かる。

左側面中央間の組物の詳細　上の尾垂木は外部に出るが、下の尾垂木は外部には出ない。下の材を中国では「上昂《じょうこう》」という。

軒轅宮正殿は、禅宗様式のルーツを濃厚に感じさせると同時に、日本に伝わらなかった技法のある事をも示している。鎌倉時代、中国に渡った日本人はこのような中国建築を見てどのように感じ、何を日本に伝えたのだろう。建物を通して、文化の伝播や取捨選択、嗜好性、独自性など様々な様相に思いを馳せることができるようで興味が尽きない。

（見学日・二〇一六年一〇月三〇日）

正面中央間の組物の内部の詳細　尾垂木尻の姿は、日本の禅宗様組物と似ている。

上記と同じ組物の外部を見た状況　上の尾垂木は内部に延びるが、下の尾垂木は形だけである。

9 蘇州 陰亭《いんてい》

所在地　江蘇省 蘇州市 呉中区 東山鎮 楊湾村
建立年代　明 一六世紀

軒轅宮《けんえんきゅう》の境内に、お厨子《ずし》のようなとても不思議な石造物があったので紹介しよう。それは「陰亭《いんてい》」と名付けられた高さ三・五m余りの大きな六角形の仏堂をかたどった石造物である。

説明板には、一九七一年に軒轅宮の近く、東山鎮《とうざんちん》の陸巷《りくこう》というところで発掘されたとあり、中に「屍骨《しこつ》」が納められていた、とあるので実は「棺《ひつぎ》」なのだ。

「陰亭」の正面には「葉時敬妻周氏之墓」と刻まれていて、「葉時敬」という人の妻「周氏」の墓であることがわかる。

この墓について、説明書きには次のような言い伝えが書かれていた。

周氏の娘は幼い頃、村の裕福な家に嫁ぐことが決められていた。幼子は聡明で美しい娘となった。一六歳になった時、皇帝の「妃」に選ばれた。娘は婚約者への愛を貫くために、宮廷に向かう前日自ら命を絶った。婚約者は悲しみ、家財を投じて特別な形の墓を造り、娘の貞節に応えた。婚約者はその後働くことも妻をめとることも無く、物乞いとなってやがて死んだ。

何と悲しい物語が秘められていることか。

陰亭の全景　境内に祀られている、六角仏堂を模した石棺である。女性達がお経を唱えながら何回も巡っていた。

製作年代は明らかでないが、明《みん》の時代の中頃、正徳年間（一五〇六～一五二一）のものとされている。長いこと土に埋もれていたせいか保存状態は完璧で、のみ跡も鮮やかで、とても五〇〇年も前のものとは思えない。

この「陰亭」は石製の棺ではあるが、基壇に建つ六角堂の形式を模している。木造建築の細部意匠が実に細かに彫り出されていて、建築様式を考える上でとても興味深い。また各部の文様や装飾彫刻の豪華さや繊細さにも驚かされる。

それでは「陰亭」の細部を見てみよう。六角堂部分の柱は丸柱で、「礎盤《そばん》」の上に建つ。礎盤が日本の形式とよく似ているのは注目である。柱には「地覆《じふく》」「飛貫《ひぬき》」「頭貫《かしらぬき》」が通り、上に「台輪《だいわ》」を置く。頭貫の先端は柱から少し飛び出して繰形《くりがた》の付いた短い木鼻《きばな》となっている。

台輪の断面は四角形ではなく、側面が鳥の嘴《くちばし》のように尖った、珍しい形となっている。中国でも例がないのではないだろうか。

和歌山県にある

正面の全景　扉は「桟唐戸」で、高肉彫りの豪華な彫刻が目を引く。礎盤や台輪、木鼻、組物など見どころ満載である。

正面の詳細　「葉時敬妻周氏之墓」と刻まれている。頭貫と飛貫は唐草文様で飾られている。扉の桟が三角形で注目である。

右手後ろの間と背面を見る　柱は礎盤に建ち、柱上に薄くて下端の丸い台輪を置く。柱には「地覆」「飛貫」「頭貫」を通す。

右手前の間の全景　桟唐戸には六角形の「花狭間」が彫り出されている。

右手前の間の詳細　組物の間に彫り込まれた雲と鶴の薄肉彫り彫刻が美しい。

和歌浦東照宮の「石の間」には、台輪ではないが、同じような形をした扉を受ける長押《なげし》が用いられている。これまでその不思議な形が気になっていたが、ここにそのルーツを見る思いがした。中国から何らかのルートで様式の伝来があったのではないだろうか。

台輪の上には「出三斗組《でみつどぐみ》」という形式の組物が「詰組《つめぐみ》」に置かれ、桁《けた》を組んで垂木《たるき》を架け、本瓦葺きを模した屋根となっている。

垂木は「互平《ごひら》」と称する扁平な断面で、これは中国建築に特徴的な形式である。垂木は隅まで平行に配置され

左手後ろの間の全景　桟唐戸に丸い引き手が造り出されている。上下にある「分銅」は何を表しているのだろう。

背面中央間の全景　桟唐戸に「箱錠」が造り出されている。

右手後ろの間の詳細　花狭間のデザインは各間毎に違って、美しい。

ている「平行垂木」で、寧波《ニンポー》の「天封塔地宮《てんふうとうちきゅう》殿《でん》」と同じであることは注目される。「隅扇垂《すみおうぎだる》木《き》」が普遍的な中国において、古代に日本に伝わった「平行垂木」が細々と中国江南《こうなん》地方で命脈を保っていたと思える貴重な例である。

屋根は本瓦葺きの姿が彫り出されている。そこで注目したいのは、軒平瓦が逆三角形の「滴水瓦《てきすいがわら》」となっていること、そして丸瓦が垂木の位置と一致していることである。平瓦は垂木と垂木の間に置かれ、垂木間を塞ぐ裏板の役割を兼ねていた、そんな技法を思わせる。これは上海「真《しん》如寺《にょじ》大雄宝殿《たいゆうほうでん》」（一一三二〇年建立）と同じで、これが一四～一六世紀の中国江南の一般的な技法であったことを物語っているようである。

　屋根の頂きには蓮弁をあしらった五段の台座を据え、その上に仏像の安置された小さな瓦葺きのお堂が置かれている。他に例のない特異な棟飾りだが、「棺」だからこその意匠なのであろう。

　六角形の陰亭の周囲の各柱間には扉が建て込まれている。扉は横桟を二段入れた「桟唐戸《さんからと》」という形式で、桟で囲まれた板の部分には彫刻を嵌め込んだり、縦と斜めに格子を組んでその間に花弁の彫刻を嵌め込んだ「花狭《はなざ》間《ま》」が彫り出しで現されている。このような「桟唐戸」は宋《そう》の時代に成立し、「花狭間」も宋代を通して発達し、その後中国では扉の装飾として欠かせない存在となっている。

　日本には鎌倉時代に伝来した。「花狭間」という装飾性豊かな格子の技法も桟唐戸とセットで伝えられたものの

左手後ろの間の詳細　破損しているが、柱の頭部に頭貫の木鼻が出る。この間だけ桟唐戸の上部は彫刻のない鏡板である。

左手前の間の全景　垂木と軒丸瓦が同じ割り付けとなっている。垂木は平行垂木である。

ようである。

日本の桟唐戸は、縦横に桟の数を増やしたり、時代とともに、様々なデザインのものが創作される。一方中国では、桟の割り付けはこの「陰亭」のものが基本形で、清の時代の建物でも全く同じ割り付けの桟唐戸が連綿と用いられほとんど変化がない。日中の文化の違いを痛感する。

もう一つ「陰亭」の桟唐戸で注目したいのは、縦桟、横桟ともに、桟の断面形状が外に向かって三角形となっていることである。これは寧波の「天封塔地宮殿」（一一一四年）にも見られた。一一〇三年に著された建築書『営造方式』の扉の挿図も同じように描かれている。

この三角断面の桟は、中国では宋《そう》から元《げん》、明《みん》代までは用いられたようだが、清《しん》代には姿を消している。これは日本にも伝えられ、大仏様や禅宗様の建築に取り入れられたが、余り広くは普及しなかった。

「陰亭」で注目すべきものに、扉や組物の間を飾る彫刻がある。扉には蓮や獅子、龍や鳳凰、鹿、麒麟などの霊獣が高肉彫りで彫り出されている。組

正面左の軒先の詳細　隅木が極端に反り返り、大きな丸瓦が先端を覆う。不思議な納まりだ。この面の「滴水瓦」は丁寧だ。

左手前の間の詳細　軒平瓦は「滴水瓦」となっている。

物の間には雲と鶴が薄肉彫りで描かれている。飛貫と頭貫には牡丹唐草文のような連続文様が薄く彫り出されている。しかもこれらが石から彫り出されているのは驚きである。

扉や建築本体を彫刻で飾る手法は、日本では安土桃山時代から盛んになるが、この「陰亭」を見ると、中国文化の影響を受けたものと思わずにいられない。

日本は一貫して木の建築文化を伝えてきたが、中国では木造建築を石に置き換えて表現することが、古代から連綿として行われ、高度な石の文化が成立していたことを、この「陰亭」は如実に物語っている。

（見学日・二〇一六年一〇月三〇日）

屋根頂部の棟飾り　蓮弁をあしらった台の上に、仏像を安置した小さな六角堂が置かれている。他に例のない棟飾りである。

10　蘇州　玄妙観《げんみょうかん》　三清殿《さんせいでん》

所在地　江蘇省　蘇州市　姑蘇区《こそ》　観前街九四号
建立年代　南宋　淳熙六年（一一七六年）

江蘇《こうそ》省の古都、蘇州《そしゅう》の最大の繁華街「観前街《かんぜんがい》」にある「玄妙観《げんみょうかん》」を紹介しよう。

観前街は、歩行者専用の広い通りにおしゃれな店が建ち並び、昼から夜遅くまで沢山の人で賑わっている。この街の名前の「観」は中国では「道教」寺院を指す言葉で、「道観《どうかん》」ともいう。

その名が示すように、街の中心に道教寺院「玄妙観」があって、観前街はその門前にできた繁華街で、日本に例えれば浅草寺の門前「仲見世《なかみせ》」のような街である。

玄妙観の創設は三世紀と伝えられるが、宋《そう》の時代に道教は皇帝の庇護を受け、寺観が大いに整えられた。

道教は日本ではなじみが薄いが、中国では儒教、仏教とともに三大宗教とされている。本来は不老長寿や五穀豊穣、現世利益を求める民間信仰だったようだが、六世紀の隋《ずい》代以降に教義や組織が確立され、中国の伝説上の最初の皇帝である黄帝《こうてい》と、紀元前六世紀頃の人とされる老子が開祖とされた。

唐《とう》の皇帝「李《り》」氏は、老子の姓が「李」とされていることからその子孫と称し、道教は仏教よりも上位とされ

三清殿の全景　正面の柱間が９間、屋根は「裳階《もこし》」を付けて２重となる。正面には高欄を巡らした「月台《げつだい》」がある。

て隆盛した。日本には、四神相応《しじんそうおう》とか風水、陰陽道《おんみょうどう》など、教義の一部は伝わったが、正式な宗教としては確立しなかった。

道教寺院「玄妙観」は、南向きに山門が建ち、その奥正面に正殿《せいでん》「三清殿《さんせいでん》」が、その左右には東西廻《かい》廊《ろう》と門が建ち、伽藍《がらん》の中心部を構成している。更にその奥や東西にも様々な神々を祭る堂宇が建ち並んでいる。

この三清殿には、道教の最高神である「元始天尊《げんしてんそん》」と、「太上道《だいじょうどう》君《くん》」と、老子を神格化した「太上老君《だいじょうろうくん》」が祀られている。それらの神は天上の「玉清《ぎょくせい》」「上清《じょうせい》」「太清《たいせい》」という所にいるので、それらの神を祀る建物を象徴的に「三清殿」と称したという。

三清殿は、南宋《なんそう》の時代一一七六年に建てられたもので、揚子江の南、江南《こうなん》では五指に入る古い建物である。

正殿の前には「月台《げつだい》」という広いテラス状の基壇が設けられ、周囲には重厚な石造の高欄《こうらん》が巡らされている。月台は日本では江戸時代の初めに中国から伝わった黄檗《おうばく》宗の建築には見られるが、それ以前に例はない。

正面を左から見る　屋根は２重だが、下の屋根は「裳階」という差し掛けで、建物は１階建てである。

屋根の詳細　軒の反りが強く、隅棟の先端が驚くほど反り上がる。日本では見ない姿だ。

説明板には、月台は現在の正殿が建立される前の一〇世紀に遡るものだとあった。よく見ると様々な様式のものがある。正殿の建立時期のもの、それ以前のもの、そしてその後のもの、各時代の修復の部材などが入り交じっているようだ。どの部材がどの時代のものなのか、その違いを探してみるのも楽しい。

この高欄の石の各部材の間には、溶けた鉄を流し込んで接合していると、説明板にあった。

一五世紀の明《みん》の時代、名工として官位を得た蘇州の工匠「蒯祥《かいしょう》」は、この月台の欄干《らんかん》をモデルに、北京の紫禁《しきん》城《じょう》（故宮《こきゅう》）の高欄を造営したと伝えられている。

「月台」正面の階段　登り高欄の先端は独特の形をしている。「包鼓石《ほうこせき》」という。中央に太鼓のような円形の彫りがある。

「月台」と高欄　月台の基壇は随分古いように思える。

「月台」の高欄　高欄は１材から造り出されている。「架木《ほこぎ》」を蓮の葉が支えている。禅宗様の「握り蓮」を思わせる。

玄妙観三清殿は、正面の柱間が九間で約四三m、奥行きは六間で約二五m、棟までの高さ約二七mという大規模なもので、江南では恐らく一番大きな古建築だろう。

屋根は二重になっているが、二階建てではなく、下の屋根は「裳階《もこし》」という差し掛けのもので、建物は一重である。屋根の形式は「入母屋《いりもや》」造りで、日本では一般的で格式高い形式だが、中国では北京故宮の正殿大和殿《たいわでん》に見られる「寄棟《よせむね》」造りという形式が最も格式の高い屋根形式とされている。

浙江《せっこう》省の古建築の多くは入母屋造りで、中でも最大規模の三清殿もまた入母屋造りとなっているところを見ると、入母屋造りの屋根は江南地方の建築の特色のように思えてくる。

日本の禅宗様式のほとんどの建物が入母屋造りとなっているのも、このような江南地方の建築の特色が伝えられたからなのではないだろうか。

本屋の隅の詳細　組物は「四手先」組物で、「尾垂木」が平で２段、隅では３段に入る。尾垂木が水平なのは珍しい。

本屋の平の組物の詳細　「尾垂木」は肘木の先端を延ばして造った形だけのもの。壁付きでは肘木が２段に重なっている。

三清殿の外回りを眺めると、柱の頂部に架けられた「頭貫《かしらぬき》」や「台輪《だいわ》」の木鼻《きばな》、「詰組《つめぐみ》」の組物、正面の「桟唐《さんから》戸《と》」や「火灯窓《かとうまど》」など、日本の禅宗様式の特色とされる、見慣れた造形が満載である。しかし日本では見られない造形もまた沢山ある。桟唐戸に嵌め込まれた「卍崩し《まんじくず》」の組子はいかにも中国的意匠だが、これは近世末まで日本には伝わらなかったようだ。

建物外周の柱は全て八角断面の石製の柱となっているのも注目される。総数三〇本の石柱には道教の神々の名が六尊ずつ、合計一八〇尊、刻み込まれ、礼拝の対象になっていると説明板にあった。

木造建築に石製の柱を用いる事例は、江南では明代以降現代に至るまで、かなり多く見ることができるが、三清殿はとりわけ古い事例であろう。これも日本では見られない技法である。

建物の外部は、扉や窓の部分を除いてすべて黄色の壁となっている。壁の厚さは柱の大きさから見て二四cmほど

正面桟唐戸の詳細　「卍崩し」の組子は中国らしさを感じさせる。

桟唐戸の桟の詳細　桟の見付は、かまぼこ形で丸い。桟は扉の内側だけで、外部には板だけが見える。

と思われる。この壁の構造がどのようになっているのか、知ることはできなかったが、中国では「磚《せん》」というレンガのような焼き物のブロックを積み上げ、その表面に漆喰を塗って仕上げるのが一般的である。これも日本では見られない壁の造り方である。

壁を黄色で仕上げるのも中国の特色である。日本ではお城の白壁に象徴されるように古代からもっぱら白い漆喰壁が用いられてきた。日本で黄色い大津壁や様々な色の壁が用いられるのは江戸時代も中期以降のことである。

北京故宮では壁だけではなく瓦までが黄色である。道教にも取り入れられた中国独特の「五行思想《ごぎょうしそう》」では、東西南北をそれぞれ青、白、赤、黒の色で現し、それらの四方の中心を黄色で現していた。全ての中心、それは取りも直さず「皇帝」であり、黄色は皇帝の象徴として尊ばれたのである。

三清殿の組物を見よう。組物は、下層の「裳階」部分は尾垂木《おだるき》付きの「一手先組物《ひとてさきくみもの》」、上層の「本屋《ほんや》」部分は二

裳階正面の見上げ　裳階の柱は全て八角の石柱となっている。組物は尾垂木の付いた「一手先（出組）」組物。

裳階脇の間の詳細　火灯窓は目板付きの縦壁板を切り抜いて造られている。日本と形は似ていても、造り方は違う。

段に尾垂木の入った「四手先《よてさき》組物」となっている。「一手先」は、軒を支える桁《けた》が柱位置から外に一段持ち出された形式で、「四手先」は桁が柱から外に四段階飛び出ている。桁を外に持ち出すのは、軒の出を深くして建物を豪華にする技法である。

中国ではこの四手先組物が最高級とされている。一方日本では、奈良県の金峯山寺《きんぷせんじ》本堂などごく少数の四手先の事例はあるが、一段出の少ない「三手先《みてさき》」が一般的で、組物意匠に対する日中の意識の違いが際立っている。

ただ、日本では組物の出が少ない分、中国の建築より垂木《たるき》を長く延ばして軒の出を大きくしている。森林資源

裳階の隅の詳細　頭貫と台輪の先端には、日本のものとよく似た繰形が付く。尾垂木の木口は五角形で日本のものと似る。

裳階の隅の詳細　桁は角材を重ね合わせて造り、隅で成を大きく増している。

裳階側面の全景　柱は全て八角断面の石柱。足元に礎盤を置く。頭貫以外に柱を繋ぐ貫はなく、壁は恐らく磚積みであろう。

に恵まれ良材の得られた日本ならではの発展形なのであろう。

三清殿の組物で最も注目されるのは「尾垂木」である。尾垂木は、柱位置を支点に内から外に向かって斜めに架け、内部と外部の荷重を天秤のように受ける部材である。

三清殿をみると、裳階の尾垂木は斜めに天秤状に架けられている。ところが上重の尾垂木はよく見ると水平になっていて、積み上げた「肘木《ひじき》」の先端を長く延ばして尾垂木の形に見せかけただけのものである。

裳階内部の見上げ　本屋柱との間に貫と虹梁を入れて、中桁を架け垂木を受ける。中桁は尾垂木尻でも支えられている。

本屋の正面から第1間を右から見る　柱上に組物を置いて一面に「格天井」張る。天井裏は見えない。「殿堂」という様式。

このような見せかけの尾垂木は中国では「仮昂《かこう》」と称される。「昂《こう》」は尾垂木の中国名で、「仮昂」は、仮の、見せかけの尾垂木という意味になる。中国建築にはよく見られるものだが、通常の「仮昂」は本物のように斜めに取り付くのだが、ここでは水平になっているのが注目である。長野県にある安楽寺八角三重塔ではまさにこれと同じ水平な見せかけの尾垂木が用いられていて、そのルーツをここ三清殿に見ることができる。

組物でもう一つ注目したいのは大斗《だいと》の上の壁付きの肘木が二段に重なり、上の肘木が下の肘木より長くなっていることである。これは「重栱《じゅうきょう》」という形式で、日本では「禅宗様式」の特色とされるものである。二段重ねになる「重栱」は、中国でも日本でも、壁付きだけではなく、手先部分にも用いられるのが普通だが、ここで壁付きだけに用いられているのは、重栱発生の極めて初期的段階を示しているようで興味深い。とかく江南の古建築には古い形態が残されているようである。

肘木の上端が直線ではなく、巻斗《まきと》と巻斗の間が円弧状に繰り取られている。日本では「笹繰《ささぐ》り」と称する。これは奈良時代の建物と、鎌倉時代以降の禅宗様式の特色である。日本ではその間に四〇〇年ほどの隔たりがあるが、中国では一貫して伝えられた様式である事を物語っている。

肘木の下端曲線は、よくよく見るとギザギザに直線の折れ曲がりとなっている。日本では古代以来一貫して肘木の下端はなめらかな曲線となる。折れ線状の肘木は中国ではごく一般的な工作法だが、この技法は日本には伝わらな

本屋の正面から第２間を右から見る　この建物は全ての柱通りに碁盤目状に柱が建つ、「総柱」形式となっている。

本屋左端から第２間を見上げる　柱上の「上昂《じょうこう》」という斜め材を用いた四手先の組物は、中国でも貴重な遺構だという。

かった。日中の美意識の違いを感じることのできる、興味深い例である。

　次に内部を見よう。堂内の中央奥には像高六mという大きな道教の尊像が三体祀られ、尊像の背面の柱間五間分が壁となっている以外に内部に間仕切りはない。

　見上げると、周囲の一間分には低い位置に垂木が架けられ、ここが「裳階」という差し掛け部分であることが理解できる。裳階を除いた正面柱間七間、側面四間の部分がこの建物の本体である。この部分は「本屋《ほんや》」と呼ばれている。

本屋の右端の間を後ろから見る　高くそそり立つ内部空間は壮観だ。成の大きな頭貫は材を積み重ねた集成材である。

　本屋には長い柱が林立し、一面に天井が張られている。本屋の全面に天井を張る造りは、中国では「殿堂《でんどう》」と称される最も格式高い建築である。

　天井は一五m余りととても高い。疎らに角材を組んでその上に板を張る。そこに花の文様が描かれている。日本で「格天井《ごうてんじょう》」という形式と全く同じである。中国では「平棊《へいき》」という。

　三清殿では、正面九間、側面六間の各柱通りの交点全てに柱が建ち、側廻りの裳階に三〇本、本屋に四〇本、合計七〇本の柱が建物を支えている。碁盤目状に柱の建つ建物は「総柱建物」と呼ばれ、とても珍しい。発掘遺構ではまま見られるが、実際の建物としては日本はおろか中国でも、チベット仏教の寺院以外には類例がない。

　中国の宋代の建築書『営造方式』には、「殿堂」では本屋内をいくつかの柱筋で空間的に分割し、それには四種の分割方法があると、述べられている。しかし三清殿のように本屋内の各柱筋全てに柱を建てる方式は書かれていない。三清殿にこれほど沢山の柱が林立するのはどういうことなのだろう。

天井は組物によって支えられているが、よく見ると、組物の配列によって、天井がいくつかの空間に分割されている。本屋の天井は中央に間口一間、奥行き二間の天井が左右に五間連続し、それが一グループとなっている。その正面側には間口五間、奥行き一間の部分、そして側面から背面にかけて、奥行き一間の天井が取り囲んでいる。柱は総柱となっているが、その上の天井は明確に分割されている。そしてその分割形式が、『営造方式』に「身内金箱《しんないきんそう》斗《と》底槽《ていそう》」という名で描かれている「殿堂」の平面形式に一致している。

『営造方式』では大梁を架け渡し、柱を省略することによって、建物の空間構成を造り上げているが、ここでは柱は省略せずに、天井を支える組物の配置によって、建築空間の違いが表現されているのである。

本屋の右端の間を見上げる　写真中央の「右端の間」と左の「右端から第２間」では天井を受ける組物の形式が異なる。

本屋の右奥隅の間を後ろ側から見上げる　側面で２列に並ぶ「格天井」は、後ろの隅の間で背面に折れ曲がり続く。

「総柱」という三清殿の特殊な柱の構成は、大きな梁の調達が難しかったという事情が反映しているのではないだろうか。この建物では桁や頭貫など、成《せい》の大きな部材は木材を積み重ねた集成材となっている。

栄西《ようさい》や重源《ちょうげん》が寺院造営のために日本から木材を送ったという、当時の中国の資材枯渇の状況がうなずける大建築である。

（見学日・二〇一六年一〇月二九日）

本屋の背面を右から見る　高い柱が建ち並び、3段に貫が通る。「本屋」は「格天井」。右手の垂木の架かる部分が「裳階」。

本屋の背面中央間を右から見る　背面の本屋柱は天井上まで延びていて、天井を受ける組物は柱に「挿肘木《さしひじき》」となっている。

11　蘇州　玄妙観《げんみょうかん》　八脚門《やつあしもん》

所在地　江蘇省 蘇州市 姑蘇《こそ》区 観前街九四号
建立年代　南宋　一二世紀

玄妙観《げんみょうかん》は正面に山門、左右に門と東西廻廊《かいろう》が建ち、中心伽藍《がらん》を取り囲んでいる。

玄妙観は時代とともに盛衰を繰り返し、一九八〇年代までは、境内のほとんどは露店のごった返す商店街の様相を呈していたらしい。その後、玄妙観の歴史的意義が再認識され、境内の整備が進められた。歴史の保存と、そこで生きてきた人達の生活を如何に確保するか、相反する要求を両立させるためのせめぎ合い。その結果が現在の境内の姿であり、正面の山門、そして左右の門と廻廊の姿なのであろう。

正面の山門は、正背面の中央間が扉で、その他は壁となっていて、門とは言っても完全に四方を区切られた建物である。中に入ると、四天王像などが安置され、宗教建築を思わせる一方で、華やかなショーケースが並び、人々でごった返していた。ショーケースには指輪やネックレス、ブレスレットなどの装飾品が並んでいた。ご祈祷をした霊験あらたかな有り難い授与品なのかも知れない、とも思ったが、私には貴金属宝飾店にしか見えなかった。どうやらここは商業施設として活用されているようだ。

夜の観前街　広い通りは夜になっても人影が跡を絶たない。左手の建物が玄妙観の正面、山門である。

山門を通り抜け、左右を見ると東西に門と廻廊があるのだが、廻廊は伽藍を区切る建物ではなく、柱間毎に様々な商品の並ぶ、長屋形式の商店と化していた。「軒先を貸して母屋《おもや》を取られる」状態である。それらの店は観光客向けではなく、日常品の並ぶ市場の様だ。聖俗混在し、活気にあふれた境内に不思議な魅力を感じた。

その中で、東西に向かい合って建つ門は注目であった。東西の門は同型式で、正面三間、側面二間、切妻《きりづま》造り、本瓦葺きで、中央に扉を構える。日本で「八脚門《やつあしもん》」と呼ぶ形式の門である。

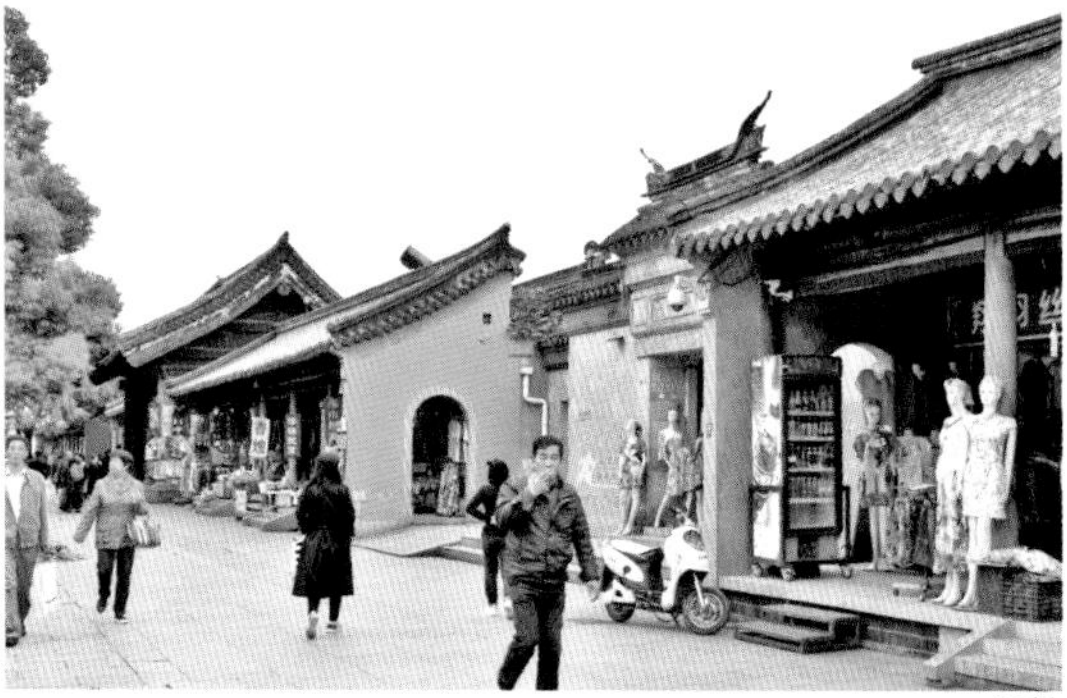

伽藍の東廻廊　廻廊の途中に新しい門も建つが、奥に古い「八脚《やつあし》門《もん》」が建っている。廻廊は商店となって賑わっていた。

八脚門と廻廊　門は八脚門という形式で、日本の門と、とてもよく似ている。日本建築のルーツを見た思いである。

破風廻りの詳細　破風板は薄い板をはぎ合わせて造られている。形ばかりの懸魚は物足りない。大瓶束の下の横材は注目だ。

この門に関する説明板や解説書はなく、その来歴は明らかでないが、私は相当に古いと直感した。三清殿《さんせいでん》の建てられた一二世紀の南宋《なんそう》の時代か、下っても一三世紀の元《げん》代の古建築と判断した。

そう思った根拠はいくつかある。組物の建築様式が、清《しん》の時代一七七五年に再建された山門と比べると全く違っていて、一一七六年に建てられた三清殿との類似性を強く感じる。

玄妙観の八脚門とそれに続く廻廊、その姿は法隆寺や東大寺などの古代寺院を彷彿とさせる。とてもよく似て

妻飾りの詳細　虹梁、大瓶束、板蟇股などは何となく日本のものと似ている。棟木を受ける組物を斜材で受けている。

隅柱頂部の詳細　頭貫と台輪は隅で十字に組まれ、木鼻となって飛び出すが、先端は切り落としただけで素っ気ない。組物は「出組」。妻虹梁の先端は肘木状に造られ拳鼻となる。

屋根の詳細　降棟を、妻の掛瓦の上に直接置く方式は、日本ではあまり見ないが、中国では一般的な技法。

軒先隅の見上げ　破風先端の繰形は禅宗様式を思わせる。裏甲が無く、茅負いや破風の上に直接瓦を葺いている。

軒先隅の見上げ　地垂木が丸太材、飛檐垂木が角材の「地円飛角」や、茅負いに瓦繰りをするのは、日本では古代の技法だ。

瓦の詳細　垂木割りと瓦割りが一致していて、垂木の間に平瓦が配置されている。

いる。中国語の看板と中国独特の丸い提灯がなければ、日本のどこかの寺院の風景と言っても、誰も疑わないだろう。中国と日本の古代建築の親近性を感じずにはいられなかった。

この八脚門の建築的な特色に注目してみよう。

礎石は切石から柱座が造り出されている。何段かに刻みが入れられて複雑になっているが、古式で、「礎盤《そばん》」形の新しい様式にはなっていない。

丸柱はその直径を足元と頂部でわずかに細め、全体で緩やかな「とっくり」形に造っている。これは宋代の建築書『営造方式』に「梭柱《さちゅう》」とある特徴的な工作法である。このような柱は、日本では一二世紀末に伝来した「大仏様式」の特色とされている。しかし、実は「とっくり」形の強い胴張りのある柱は法隆寺に見られる。古代にはすでに伝わっていたのだが、日本では何故かその後途絶えていた。一方の中国では古代から連綿として伝えられていたのである。

柱の頂部には「頭貫《かしらぬき》」を通し、柱の上には「台輪《だいわ》」を置いている。頭貫も台輪も、隅では十字に組んで先端を延ばし木鼻《きばな》となっているが、先端は単に四角に切り落としただけで、日本の木鼻に比べて随分素っ気ない。台輪や木鼻の技法は、鎌倉時代に伝来した「禅宗様式」の特色とされていて、ここにその原型を見ることができる。

台輪の上の組物は、「桁《けた》」が柱通りから一段外に出る「出組《でぐみ》」という形式となっている。日本では出組形式

中央間の全景　柱が上に向かって細くなる。日本では大仏様の特色とされている。

中央間の見上げ　柱間に２個の中備《なかぞな》え組物を置く。大斗は木口が正面に向く。軒桁は、横に長い「秤肘木《はかりひじき》」が支えている。

を用いる八脚門の例は珍しい。奈良時代に建立された東大寺の転害門《てがいもん》は、鎌倉時代の大改修で組物が「出組」に改造されている。その形式変更の要因として、当時の中国建築の様式が参考になったのではないだろうかと、玄妙観八脚門を見て思わず想像してしまった。

脇間の見上げ　柱間の組物は、長さの異なる肘木が２段に重なる。中国で「重栱《じゅうきょう》」と称し、日本では禅宗様の特色。

内部の見上げ　垂木が中央の桁の位置で「くの字」に折れる。屋根の曲面を造るための「挙折《きょせつ》」という中国の技法。

柱間の中央には、日本では通常「間斗束《けんとづか》」という短い束《つか》や「蟇股《かえるまた》」が置かれるが、ここでは組物が据えられている。柱間の中央にも組物を置く形式は中国では古代から見られるが、日本には中世に伝来し、「詰組《つめぐみ》」という禅宗様式の特徴的な技法となっている。

日本の「詰組」は、柱上もその中間も同じ形式となるが、ここでは、柱上が「出組」なのに対して、中間の組物は長さの異なる肘木《ひじき》を二段に重ねただけで、組物は手先には出ていない。柱上とその中間で組物の形式を変える例は、日本では見られない。

このように柱の中間で組物の形を変える技法は、一〇～一二世紀の遼《りょう》、金《きん》の時代に中国の北方で発達した。元《げん》が中国を統一し、北方の建築様式が江南《こうなん》まで伝播したことを示す、興味深い事例である。

また柱上の組物で、一段外に飛び出して桁を支えている肘木は、二段重ねではないが、横広がりの長い肘木となっている。長さの異なる肘木を二段に重ねる方式は、日本にも取り入れられ、禅宗様式の特色となっているが、このように長い肘木を単独で用いる組物は、日本では見られない。

日本の禅宗様式は様式的にも技法的にも極めて完成されたものとなっているが、本場の中国では、当時はまだかなり自由度があったのか、或いは日本に伝わらなかった多様な様式が存在していたのか、興味のあるところだ。

屋根は切妻造りで、日本ではよく目にする形である。これは中国で「懸山頂《けんざんちょう》」というが、中国では同じ切妻造りでも別に「硬山頂《こうざんちょう》」と

架構の詳細　棟通りの柱から前後に梁を架け、その上に板蟇股を置いて二重虹梁を架ける。棟木や桁を斜材で支えている。

棟通り脇間の見上げ　棟や桁は円形断面で、下に角形断面の通し材の「実肘木《さねひじき》」を添わせて、巻斗で受けている。

いう形式のものがある。それは両妻をレンガのような「磚《せん》」で積み上げ、その妻壁の上に屋根瓦が葺かれ、屋根が妻壁から外に飛び出ない形式のものである。中国ではこの「硬山頂」形式の切妻屋根が圧倒的に多い。

明《みん》の時代、屋根の形式は身分によって厳しく規制され、下級官僚と庶民は「硬山頂」以外は許されなかったことが、その後の屋根形式に大きく反映しているのである。

つまり玄妙観八脚門の切妻形式が中国でとても珍しいのは、明代の規制が大きく影響しているようだ。そしてそれは、日本に寺院建築が伝えられた頃の、中国古代の格式高い切妻造り形式を伝えているのである。

屋根の形を造る梁組の架構を見よう。棟通りの柱から前後に虹梁《こうりょう》を架け渡し、その上に「蟇股《かえるまた》」を据えて二段目の虹梁を架け、その上に丸い束を建てて棟木を受けている。この丸い束は日本では「大瓶束《たいへいづか》」という。虹梁の上に大瓶束を置く「虹梁大瓶束《こうりょうたいへいづか》」形式は、「禅宗様式」として日本に伝えられた。

扉の詳細　扉の形式は日本の古代の「板桟戸」。足元は「藁座《わらざ》」だが、上部は日本の「軸摺長押《じくすりなげし》」のような材となっている。

廻廊の見上げ　恐らく当初は複廊で、写真のような屋根裏が前後に並ぶ「三棟造《みつむねづくり》」形式だったと思われる。

ただよく見ると日本とは違い、大瓶束の横に斜めの筋交い状の材が取り付いている。この材は中国では「扠首《さす》」と称している。日本には古代に「扠首組《さすぐみ》」という斜材を組み合わせた架構が伝わっていたが、この八脚門を見ると、扠首組の中央の束が中国式に変化発展して丸い「大瓶束」となった経過が想像できる。

棟から一段下がった位置の「中桁《なかけた》」も斜材で支えられている。これは「托脚《たっきゃく》」という材で、中国では桁の支えとして必ず入る部材であるが、これも日本では見られない。どうやら日本では斜めの材を好まなかったようだ。

大瓶束の下に横材が入っているのも注目である。束が転ばないようにするための材のようにも思える。これも日本ではほとんど見られないが、実は和歌山県の長保寺の鎮守堂によく似たものがある。こちらは繰形《くりがた》が付いて装飾的だが、ルーツは中国のようだ。

二重目の虹梁を支えている「蟇股」も注目である。蟇股は中国では「駝《だ》峯《ほう》」という。駝峯は奈良時代には日本に伝わり、その後その形式は日中それぞれで変化を遂げた。側面に連続した三段の繰形が付いている八脚門の駝峯は、日本の蟇股に似ているようでもあるが、しかし日本では見かけない姿である。

「破風板《はふいた》」は幅の狭い材を接ぎ合わせたもので、表面に「眉《まゆ》」などの装飾もなく、日本のものに比べるととても粗雑に思えるが、先端には凸凹のある「繰形」が作られている。この破風板先端の繰形は、日本では「禅宗様式」の特色とされるもので、ここに様式の祖型を見ることができる。

廻廊の見上げ　「虹梁大瓶束《こうりょうたいへいづか》」形式だが、大瓶束の足元に横材が入ること、棟木の横に斜材が入るのは注目である。

破風板の頂部には「懸魚《げぎょ》」が付いている。日本のものと「似ている」「違う」と両論あるとは思うが、中国ではとても珍しい。それは、日本に伝来した古代の中国建築の様式の片鱗を伝えている、だから相当古い、そう思えるのである。

妻飾りや蟇股や懸魚など、いずれも日本建築との強い類似性を感じさせるが、その姿には、日中の造形感覚の違いが表れているようで、姿の違いを見比べるのも楽しい。

（見学日・二〇一六年一〇月二九日）

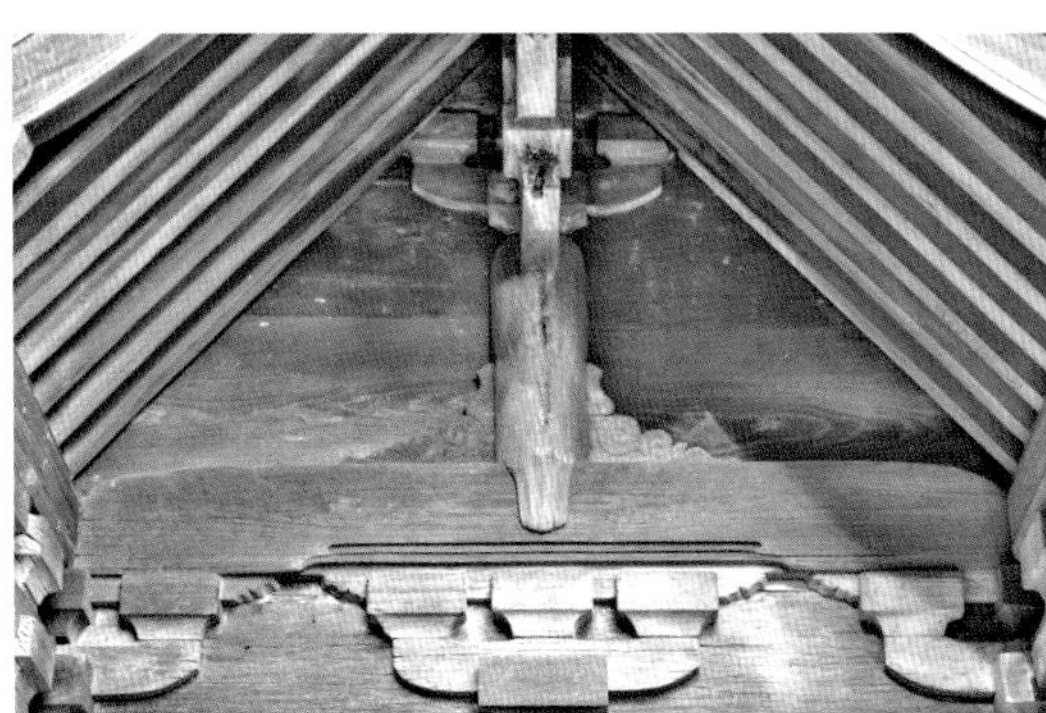

＊日本の例　長保寺鎮守堂　鎌倉後期建立。大瓶束の足元を繰形の付いた材で支える。玄妙観八脚門と類似を感じる。

12　蘇州 雲巌寺《うんがんじ》 二山門《にさんもん》

所在地　江蘇省 蘇州市 姑蘇区《こそ》 虎丘山門内八号
建立年代　元 至元四年（一三三八年）

蘇州《そしゅう》の旧市街から北西約四kmの辺りに、「虎丘《こきゅう》」という小高い丘がある。ここは紀元前六世紀の春秋戦国時代に、蘇州を首都とした「呉《ご》」の王「闔《こう》閭《りょ》」の葬られた地として、蘇州で最も有名な歴史スポットである。

「闔閭」は「越《えつ》」国との戦いの傷がもとで死去した。息子の「夫差《ふさ》」は、父の仇討ちを忘れぬように薪の上に寝て身を苦しめ、遂に宿敵、越王「勾《こう》践《せん》」との戦いに勝利した。敗れて囚われの身となった「勾践」は部屋に苦い「胆《きも》」を置き、それを「嘗《なめ》」ては復讐を誓い、遂に夫差を滅ぼした。これが「臥薪嘗胆《がしんしょうたん》」の故事となった。二五〇〇年も前の故事の発端の一つがこの場所なのだ。

「闔閭」の墓は、「剣池」という池の底にあると伝えられているが、まだ確認されていない。

虎丘にはその後、四世紀になって寺院が建てられ、南宋《なんそう》の一三世紀には「雲巌禅寺《うんがんぜんじ》」と称して中国禅院の十刹《じっさつ》に数えられるまでに隆盛した。

その正門として元《げん》の時代一三三八年に再建されたのが、現存する雲巌寺二山門《にさんもん》である。正面三間、奥行き二間で、棟通りの中央間を扉とする。蘇州玄妙観《げんみょうかん》の八脚門《やつあしもん》と同じ平面だが、屋根は玄妙観が切妻《きりづま》屋根であったのに対

正面の全景　正面３間、入母屋造りの八脚門だが、黄色い壁面、アーチ型の入口、隅で大きく反り上がる軒など、独特の造形。

して、ここでは入母屋《いりもや》となっている。また正面の両脇間と側面は柱を包み込んでしまう厚い壁となっていて、同じ「八脚門」といっても造形的には全く異なっている。

なぜこのように違うのだろう。雲巌寺二山門は寺院の正面の門で、玄妙観の八脚門は東西の脇門である、という違いなのだろうか。玄妙観の正面の山門は、清《しん》の時代一七七五年の建立で時代は下るが、入母屋造りの裳階《もこし》付き三間堂の姿となっている。

背面を見返す　軒は垂木先端に「鼻隠板」を打つ。瓦は平瓦を並べ、同じ平瓦を凹面を下に伏せている。「瓪瓦葺《はんがぶき》」という。

背面隅を見上げる　組物は「出組」。柱の頂部が丸くなっている。「粽《ちまき》」という禅宗様式。軸組は厚い壁で覆われている。

組物の詳細　大斗上に長短の肘木が２段に重なる。「重栱《じゅうきょう》」という。肘木の木口が折れ線状になるが、これは日本には無い。

日本の場合を見ると、法隆寺の正門である南大門は入母屋造りの八脚門、東脇門に当たる東大門が切妻造りの八脚門となっている。正門と東西の脇門に格差を付ける、そんな意識が屋根の形となって表れているように思える。法隆寺の東大門は奈良時代に南大門として建立され、その後、室町時代に現在の南大門が建立されたときに東大門として移築されたと推定されている。

一四～五世紀の中国の建築事情が伝わっていたと仮定すれば、法隆寺の南大門が入母屋造りとなったことも、また組物が雲巌寺二山門と同じ出組《でぐみ》となっていることも理解できる。二山門を見てそう思うのである。

二山門の屋根瓦葺きは、日本には無い形式で見逃せない。普通、本瓦葺きは平瓦の上に丸瓦を伏せるが、ここでは丸瓦を用いず、同じ平瓦を伏せている。これは瓦葺きの発明された最初の姿を伝えている葺き方と考えられている。中国の建築技術書『営造方式』ではこれを「瓪瓦葺《はんがぶき》」と称して、少し格の低い建物に用いる、と

棟通り中央間の詳細　今は外されているが、額下に扉があった。丸い石は「門鼓石《もんこせき》」と称され、扉を吊る部材。

「門鼓石」の詳細　左が外側。右が内側で、扉を吊る軸吊り穴がある。

している。軒先は隅で異様なまでに大きく反り上がり、棟積みは高く、その積み方が独特で、これらは日本では全く見ることのできない造形である。

門の外壁は、柱を包み込んだ壁となっていて、正背面の中央間がアーチ型に繰り抜かれているのも特異である。中国の城壁は石や磚《せん》で積み上げられ、城門はアーチ型に繰り抜かれているが、その姿を模したのであろう。

外壁は一面に黄色に仕上げられている。黄色は中国では皇帝を象徴する色とされ、とかく権威を表す色として

棟通り中央間を見上げる　柱間の中間に桁が入るのは、中国では通常の技法。桁を支えるため組物から尾垂木状の材が出る。

正面側右隅の間を見上げる　棟通り中央間の柱は他より高く延びて、そこに貫や梁が差し込まれている。

正面側左隅の間を見上げる　日本でよく見る「組入れ天井」が張られている。虹梁の「袖切り」も日本のものに似る。

好まれた。

棟通り中央間の柱の際には「門鼓石《もんこせき》」という不思議な石が置かれている。これは扉を吊るための軸受けの材で、中国ではごく一般的だが、日本には伝わらなかった。

二山門の姿は、日本人には物珍しさ満載だが、中国では案外見慣れた造形で、違和感はないのかも知れない。

中国の解説書を見ると、二山門は梁が中央の柱で前後に断ち切られているので、別名「断梁殿《だんりょうでん》」という、と書かれている。これは中国でも特異な架構のようだ。どういうことなのか、すこし詳しく眺めてみよう。二山門の総数十二本の柱の内、棟通りの中央間の二本の柱は他の柱よりも長く造られ、柱頂部に組物を置いて棟木を支えている。そしてその柱に貫や虹梁《こうりょう》を差し込んで、前後と側面の柱や桁《けた》と繋いでいる。

普通の八脚門の柱は全て同じ長さなので、二段の虹梁は一丁材となるが、ここでは柱が延びている

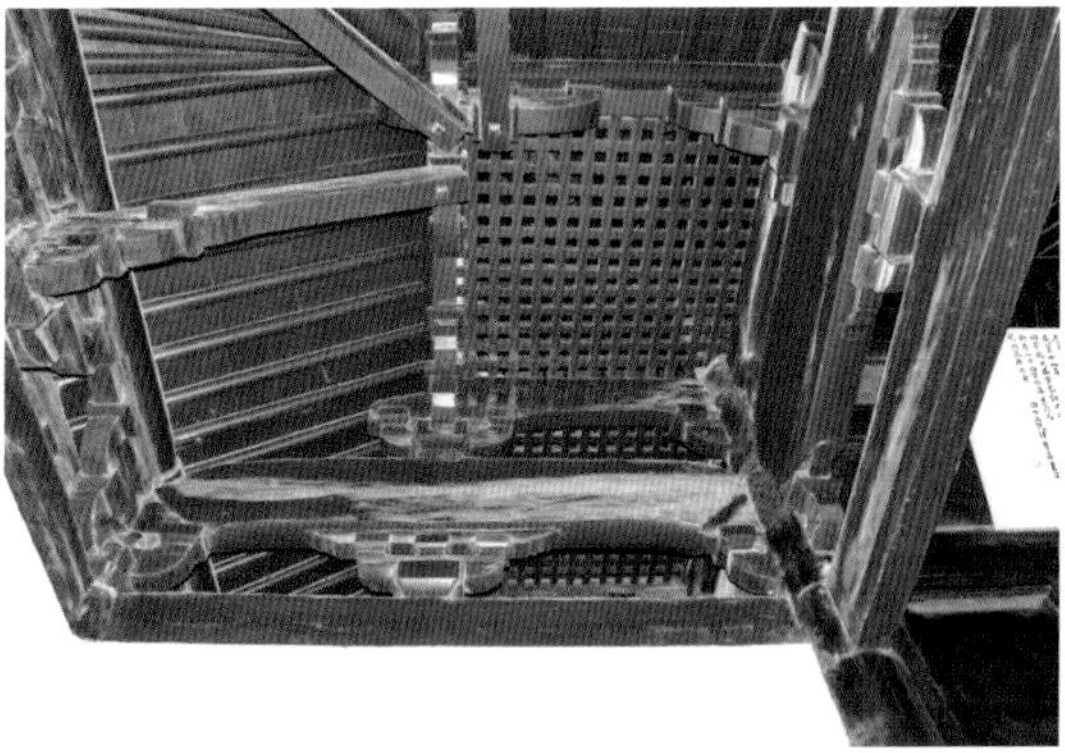

棟通り左脇間の見上げ　繋ぎ梁の下の組物に、日本でよく見る繰り形付きの「実肘木《さねひじき》」があるのは注目である。

背面側の隅の間を見上げる　右が棟通りで左が背面柱筋。隅木は円形断面である。

関係上、前後の二材となって、中央の柱に取り付いている。つまり、梁が中央の柱で前後に断ち切られ、「断梁」となっている。中国の解説書にわざわざ述べられているところを見ると、中国でも珍しい架構なのだろう。

しかし、これは中国古代建築の「庁堂《ちょうどう》」という架構形式で、特に変わったものとは思えない。ただ、「門」という建築に「庁堂」形式の架構を取り入れたのは、あるいは、この二山門の大きな特質なのかも知れない。

ところで、鎌倉時代初期に日本に伝わった禅宗様式の門は、棟通りの柱を棟木まで長く延ばす特異な架構が特色とされている。二山門と同時代の一四世紀初頭に建立された京都の建仁寺《けんにんじ》勅使門《ちょくしもん》が代表的な例で、その架構形式は二山門とよく似ている。

「断梁殿」と称される二山門の建築様式は、禅宗の隆盛した一三〜一四世紀頃に新たな様式として造り上げられ、それが禅宗とともに日本に伝わったのではないだろうか。

二山門はそんなことを想像させる貴重な遺構である。

（見学日・二〇〇九年一一月一九日）

13 蘇州　雲巌寺《うんがんじ》　磚塔《せんとう》

所在地　江蘇省 蘇州市 姑蘇《こそ》区 虎丘山門内八号
建立年代　後周 顕徳六年（九五九年）着手
北宋 建隆二年（九六一年）落成

雲巌寺《うんがんじ》の磚塔《せんとう》は、蘇州《そしゅう》の北西、虎丘《こきゅう》と呼ばれる小高い丘の頂に建っている。

宋《そう》の初期、九六一年に建てられた八角七重塔で、高さは四七m。磚《せん》というレンガのような焼き物を積み上げて造られている。日本には伝わらなかった構造の建物である。

中国に仏教が伝来したのは一世紀頃とされているが、次第に隆盛し、五一六年に北魏《ほくぎ》の都洛陽《らくよう》に皇帝の建てた永寧寺《えいねいじ》の塔は木造九重塔で、高さは一二〇mだったという。永寧寺の塔跡は発掘調査が行われ、塔の初重は一辺が三〇m、九間四方の規模であること、焼けた柱の痕跡があったことから木造の塔であったことが明らかとなっている。

仏塔は、釈迦の舎利塔として尊重され、永寧寺などでは寺院の中心部に建てられたが、やがて寺院の象徴として寺域の高い位置に建てられるようになる。

中国の塔は、各層そして最上層まで登ることができる構造となっている。これは日本の塔とは大きな違いである。最上層からの眺めはさぞかし絶景だろう。やがて塔は都市のシンボル、山河の点景として競って高い山の上

磚塔の全景　磚で積み上げた高さ約47mの八角七重塔。木造の軸組や組物の姿が磚を積んで巧みに表現されている。

に建てられることとなった。

最初期に木造で建てられた仏塔は、より堅固で永続性の期待できる磚造や石造に変わっていった。中国に現存する無数の塔のほとんどは磚塔で、木造の塔は数例しかないとされている。しかしその磚塔は、あくまでも木造の塔の姿を「磚」で表現したもので、雲巌寺の塔も木造を模した「磚塔」の姿や技法を今に伝えている。

雲巌寺の磚塔は建立以来千年余りを経て、随分あちこち破損が目立って痛々しい。塔の頂部にあるはずの「相《そう》輪《りん》」は失われ、最上層の七層目は明《みん》代末の一七世紀に造り替えられたものと考えられている。

さらに、見る者が誰でも気づくほどに大きく傾いている。「中国のピサの斜塔」と、観光パンフレットは宣伝するが、この傾きは修理技術者としてはとても看過できない。とは言ってもどのように修理をすればよいのか、その方策も簡単には見いだせない。均衡の取れた現在の状態がいつまでも変わらず続くことを祈るしかない。

初重の詳細　柱、頭貫、組物、連子窓などが磚を積んで形造られている。磚の上に漆喰を塗って仕上げていたようだ。

初重軸組の詳細　柱は丸形の磚を積んでいるようだ。組物は破損が著しい。

各層には丸柱と頭貫《かしらぬき》が磚を積んで表現され、各間の中央には火灯《かとう》形の入り口とその両脇に「連子窓《れんじまど》」がある。柱上には円形の大斗《だいと》、頭貫には四角な大斗を据えて「二手先組物《ふたてさきくみもの》」を組み上げて軒を支える。磚積みでは、さすがに木造のように出の大きな軒は造れない。磚を四五度に傾けて鋸《のこぎり》の歯のように迫り出して並べ、それを二段重ねて軒を表している。

二層以上は屋根の上に「腰組《こしぐみ》組物」を置いて縁を回し、その上に上層の軸組を組んでいる。組物は、柱上の大

二重の詳細　腰組と軒のいずれも「二手先組物」。柱上の大斗は円形、腰組は角形。支輪は直線状。漆喰の剥落した下に当初の「連子窓」が見える。

二重腰組の詳細　二手持ち出した組物や支輪を、磚で積み上げている様子がよく分かる。

初重の軒組物と二重の腰組組物の詳細　いずれも二手先組物となっている。

三重と四重の見上げ　積み上げられた磚の重量感に圧倒される。

三重の詳細　腰組は一手先で軒は二手先組物。縁の角に穴の空いた石材がある。ここに木製の高欄が付いていたらしい。

二重の軒組物と三重の腰組の詳細　よく見ると、肘木の下端曲線は磚を削って仕上げられている。その上に漆喰を塗り、赤い塗装が施されている。

斗が円形であることと、組物の間に斜めに直線状の「支輪《しりん》」が表されているのは注目だが、それ以外は日本の和様と形式的にとても類似している。

磚積みの表面には所々に漆喰《しっくい》が残る。そのほとんどは後世の補修と思われるが、当初からの仕上げを伝えているのだろう。部分的に赤い色や文様も残っている。建立当初は華やかに彩られていたに違いない。

日本に伝わった唐の時代の建築様式を残す、大規模で貴重な古塔である。

（見学日・二〇〇九年一一月一九日）

14 蘇州 羅漢院《らかんいん》 双塔《そうとう》

所在地　江蘇省 蘇州市 姑蘇区《こそ》 鳳凰街 定慧寺巷二二号
建立年代　北宋 太平興国七年（九八二年）

蘇州《そしゅう》の旧市街は、一二世紀の南宋《なんそう》の時代には「平江府《へいこうふ》」と称されていた。「府」は首都に次ぐ地方の中心都市に付けられた名称だという。平江府は東西三・五km、南北四・五kmの規模で、四周を高い城壁で囲まれた街であった。城壁は分断されながらも所々に現存している。

旧市街には、庭園や運河など多くの観光スポットがあるが、古塔も見どころである。その古塔の一つ、羅漢院双塔《らかんいんそうとう》を紹介しよう。

羅漢院は、九世紀、唐《とう》の時代の創建と伝えられる。今はすでに廃寺となっているが、仏殿の遺構と、その正面の東西に、同形同大の二基の塔が現存している。

「双塔」と呼ばれているこの二基の塔は、部材に残された墨書きによって、北宋《ほくそう》の九八二年に建てられたことが確認されている。塔は磚《せん》を積んで造られた八角七重塔で、解説書には「高さは相輪《そうりん》の頂まで約三三m。このうち相輪は塔全体の四分の一の約八mで、全体にバランスの取れた大型の相輪」とあった。確かに細身の塔身と釣り合いの取れた美しく大きな相輪である。

しかし日本の塔の相輪とは少し趣が違う。日本の相輪は下から、露盤《ろばん》、覆鉢《ふくばち》、請花《うけばな》、九輪《くりん》、水煙《すいえん》、龍車《りゅうしゃ》、宝珠《ほうじゅ》、

双塔の全景　北側の正殿遺構から見る。磚で積み上げた高さ約33m、八角七重塔が2基、並んで建っている。写真左が東塔。

東塔から西塔を見る　写真左の東塔の連子窓の横に１本の柱が建っているが、何故ここにだけ柱が建つのか、不可解だ。

西塔の相輪の詳細　日本のものとよく似ているが「九輪」は７つしかない。笠のような「宝蓋」は日本では室生寺五重塔にある。露盤と覆鉢は一体化して丸く、請花もお椀型で丸い。

という構成が定石である。

それに対してここでは、露盤と覆鉢は一体化して丸い形となり、請花は花弁ではなくお椀のように丸い。ただ望遠鏡でよく見ると、その表面には蓮弁が薄く陽刻されていた。九輪は輪が七つしかない。その上には「宝蓋《ほうがい》」と呼ばれる笠のような輪が載っている。その上に比較的小さな水煙があって、頂部には丸い玉が四個連なっているように見える。

中国には日本と比べものにならないほど沢山の塔が現存し、塔の形態も、その相輪もまた実に多様である。そんな中で、この羅漢院双塔の相輪は日本のものとは違う、とはいっても、日本の塔を見慣れた者にとっては親近感を覚える。特に笠のような「宝蓋」は注目である。

八世紀末に建立された奈良県の室生寺《むろうじ》五重塔の相輪の頂部には、日本で唯一この「宝蓋」が取り付いている。

しかも形がよく似ている。

「蓋」は「きぬがさ」と読み、「絹または織物で張った傘。天皇などの貴人が外出する際、背後からさしかざしたもの」と辞書にある。なるほど、釈迦を象徴する塔に、「宝蓋」はふさわしい部材のように思う。羅漢院双塔はじめ中国の塔にはかなり見られるが、日本で室生寺だけなのはどうしたことなのだろう。文化の伝播とその受容を考えたとき、日本という国の文化の独自性も見えるようである。

羅漢院双塔は、ほっそりした姿が美しい。各重の八面の柱間には火灯《かとう》形の出入り口と四角な「連子窓《れんじまど》」が交互に並んでいる。その火灯形の出入り口は上下の各重毎にズレて配置されている。出入り口で切り取られた壁面は構造強度が低下する。それが一重から七重まで同一面に連続すると、致命的な弱点となりかねない。双塔の出入り口の配置は、構造強度に配慮した新たな試みのようである。

西塔の四重から七重　各重で出入口と窓が交互に配置されているのは、磚積みの壁体の強度を考慮したもの。

西塔の初重から三重　初重に屋根はないが、当初は木造の庇と屋根があった。壁や組物に繋ぎ材の付いた穴が残る。

各重の柱は大きく面を取った角柱で、その上に「出組《でぐみ》」の組物を置いて軒を受けている。塔に角柱を用いる例は、中国でもまた日本でも珍しい。

柱の頂部には頭貫《かしらぬき》を通すが、頭貫の上端は柱の上から大きく飛び出している。そのため柱上の大斗《だいと》は頭貫に食い込むように納まっている。この特異な納まりは注目である。というのも、同様の事例が日本に二例存在している。一つは鎌倉時代の初め、中国に三度渡ったという俊乗房重源《しゅんじょうぼうちょうげん》が建てた兵庫県の浄土寺浄土堂で、重源が伝来したとされる「大仏様」という新様式で建てられている。もう一例は室町時代の一四二五年に建てられた岡山

西塔の七重の詳細　鋸の刃のように磚を斜めに並べて、軒を表している。組物は一手先。入口上部は火灯形となる。

西塔の六重と七重の詳細　柱は大面取りの角柱で、中国では珍しい。頂部は丸く「粽」をとる。軒平瓦は三角形の「滴水《てきすい》瓦」。

西塔の三重から五重の詳細　大斗が頭貫に食い込む納まりは注目である。日本では大仏様の特色とされる。

県の吉備津神社本殿の妻飾りに見られる。この建物も「大仏様」を用いて建築されている。双塔と「大仏様」の特異な頭貫の納まりは、そのルーツが中国にあり、それが中国に渡った重源を通して伝えられたことを物語っているようである。

次に屋根に注目したい。よく見ると七重塔の瓦葺きの屋根は六層分しかない。不思議に思って、屋根とその下の柱を一セットとして上から順に下に確認してみると、一階の柱に対応する屋根がない。一階と二階の間には小さな庇《ひさし》のようなものがあるが、これは二階の縁に相当する部分で屋根ではない。本来はこの縁の下に一階の屋根があったに違いない。

そう思って一階の軸部をよく見ると、柱の上やさらにその上に何か取り付いたような四角い穴が空いている。塔の基壇を見ると、現在の塔身より一回り以上大きい。解説書を見ると一階部分には大きな木造の庇が取り付いていた、とあった。

中国の磚塔は全てが磚で造られ

西塔の二重の詳細　本来は腰組の下に、木造の一重の屋根があった。

西塔の初重の詳細　初重は「粽」付きの丸柱。柱上に大斗がなく穴が空く様子は、庇の付いた痕跡のようだ。

ているものもあれば、磚と木造を混合した構造の塔も多い。この双塔もその一例で、一階の庇のほかに、各階の縁には木製の高欄《こうらん》が据えられていたという。また内部の各階の床と階段は木造で、相輪を受ける心柱《しんばしら》、中国で「刹柱《さっちゅう》」と称する柱も木製で、六階の床位置に架け渡した木製の大梁上に建てられているという。本来木造形式であった塔を磚で置き換えても、どうしても木に頼らなければならない部分があるということなのだろう。

双塔の一階部分を見ると本来柱の建つはずのない窓の横に大きな柱型が一本建っている。これは極めて不可解だ。かつてはどのような姿だったのだろう。長い年月を経た建物には忘れられた歴史の跡が沢山刻み込まれている。それらを見てあれこれ想像するのは、古建築を見る楽しみの一つである。

（見学日・二〇一六年一〇月二九日）

西塔の初重の内部　取り替えられた木製の心柱が置かれていた。中心室の天井は鏡天井となっている。

東塔の初重の内部　隅の角柱と大斗が45度回転しているのは珍しい。通路部分はドーム形の「藻井《そうせい》」天井となっている。

15 蘇州　羅漢院《らかんいん》　正殿《せいでん》遺構

所在地　江蘇省　蘇州市　姑蘇区《こそ》　鳳凰街　定慧寺巷二一号
建立年代　北宋　一〇世紀

羅漢院双塔《らかんいんそうとう》の後方、北側には中心仏堂の礎石や石製の柱などが遺構として残っている。双塔と同じ一〇世紀の宋《そう》代に建立されたと考えられる正殿《せいでん》の遺構である。寺院の中心となる建物は、日本では奈良時代には「金堂《こんどう》」、中世以降は「本堂」と一般的に呼ばれているが、中国では「正殿」または「大殿《たいでん》」と呼ばれている。

羅漢院の「伽藍《がらん》配置」は、奈良県の薬師寺と同じで、二基の塔の後ろに中心の仏堂が建つ「二塔一金堂」である。

正殿跡に残る礎石を見ると、正面も奥行きも柱間は五間で、一辺約一八ｍのほぼ正方形平面の建物が推定できる。礎

正殿の遺構を正面から見る　正面中央間には礎石と石製の丸柱、地覆が残っている。地覆に扉の軸受けがあって４枚建ての扉構えだったことが分かる。

正面中央間を右前方から見る　四角な礎石とその上の円い柱座、礎盤が１石から造り出されている。丸座と丸柱には一面に文様が彫り出されている。

石の配置を見ると、四周の柱間は中央の三間に比べると極端に狭い。どうやら周囲の一間分は、裳階《もこし》と呼ばれる差し掛けのように思われる。正殿の本体は三間四方の建物で、その四周に裳階が取り付き、外観は正殿本体と裳階の屋根が二重に重なっている姿が想像できそうだ。

正面、奥行きともに五間の方眼を想定すれば、三六本の柱が建つはずだが、現状の正殿跡で確認できる礎石は三〇個である。礎石が存在しないのは、両側面の隅から一本目の四箇所と、正面中央間の前から二列目

正面中央間の右柱部分の詳細　地覆には扉を吊る藁座や柱間装置を取り付けた仕口の痕跡が残っている。

正面中央間右柱を内側から見る　蓮の花と葉が交互に配置されている。

正面中央間右柱を内側から見る　文様は蓮を表した連続文で、『営造方式』によく似た図が掲載されている。

の二本の合計六本で、通常の仏殿に比べると随分特異な柱の配置となっている。

礎石は下方が正方形で、その上に円い柱座と低い「礎《そ》盤《ばん》」が二段に造り出されている。正面側の柱座の表面には牡丹の連続文様が彫り出されていて美しい。

礎石の上に建つ石製の柱は石材が白く、大理石だろうか。正面の柱は丸柱で全面に牡丹や蓮華の連続文様が見事に彫り出されている。

背面側には断面が八角形の柱や、八弁の花弁形の柱が用いら

背面東隅を見る 背面側には断面が八角の柱、八弁の丸い花弁形の柱が用いられている。柱は全長が残存している。

正面中央間左柱を内部側から見る 植物の連続文で、紅葉のような葉と回転した五弁花が特徴的だが、モチーフは不明。

正面中央間右柱の詳細 丸柱には一面に蓮が彫り出され、間にかわいらしい童子の姿がある。

右側面前から第３柱の足元の詳細　礎石と丸座と礎盤は１材から造り出されている。丸座と柱の彫刻はすばらしい。

背面西隅の礎石と柱の詳細　柱の断面と礎盤の形がそれぞれ同じものとなっている。

右側面前から第４柱の礎石と柱の詳細　礎石と丸座と礎盤は１材から造り出されている。礎盤と柱は八弁の花弁形となる。

れている。断面が花弁形の柱は、寧波《ニンポー》の保国寺《ほうこくじ》にも見られる。保国寺の柱は小径材を束ねた集成材だが、ここの柱は一本の石材から造り出されている。宋代には花弁形の柱が様式として確立していたようだ。

仏堂の柱を石で造る例は、果たして日本にはあるだろうか。まるでギリシャやローマの神殿のような羅漢院正殿の石製の柱は、中国の古建築の中でも特筆できる遺構である。

（見学日・二〇一六年一〇月二九日）

16 蘇州 瑞光塔《ずいこうとう》

所在地　江蘇省 蘇州市 姑蘇区《こそ》 東大街四九号
建立年代　北宋 大中祥符二年（一〇〇九年）

城壁で囲まれた蘇州《そしゅう》の旧市街の南西隅に、「盤門《ばんもん》」という一四世紀に造られた城門が残っている。その門を入ったところに、高さ約五四ｍの「瑞光塔《ずいこうとう》」が聳えている。

瑞光塔と城門の周囲を見渡すと低層の建物ばかりで、少し大きな三、四階建てのビルも屋根は瓦屋根となっている。この一帯は「盤門景区《ばんもんけいく》」と称され、蘇州の観光拠点として町並み全体が整備されているようだ。

瑞光塔の起源は、三世紀、三国志の時代、「呉《ご》」の「孫権《そんけん》」が母のために建てた普済禅寺《ふさいぜんじ》の十三重の舎利塔《しゃりとう》に遡るという。

瑞光塔の全景　八角七重塔で、初重だけが一回り大きくなっている姿はとても印象的だ。日本に類例はない。

修理前の古写真　30年ほど前の古写真が展示されていた。木造の軒廻りや初重の柱などは崩壊し、無残な姿となっていた。磚積み構造と木造を混合した塔である。

現在の塔は、礎石の上端に一〇〇九年の銘文が刻まれていることから、北宋《ほくそう》の時代に再建されたものと考えられている。塔の上にしばしば五色の光が現れたことから、塔を瑞光塔、寺名を瑞光禅寺と改めたという。

近代になって寺院は廃絶し、塔だけが残されたが、三〇年ほど前の写真を見ると、崩壊寸前の悲惨な状態であった。一九八七年に大修復が行われて現在見る姿が蘇った。

基壇の詳細　破損が痛々しいが、美しい彫刻で飾られている。当初のものであろう。中国の塔の基壇は「須弥壇」の姿である。

瑞光塔は八角七重塔で、塔の外壁は磚《せん》で積み上げられ、その内部は、中心に大きな八角断面の磚積みの構造体があり、外壁との間は廻廊《かいろう》となっている。塔の内部は公開されていて、最上層からの眺めは絶景だ。

初重の外部から内部の「塔心」を見る　入口上部の火灯形の繰形は独特である。

内外の主要部材には漆喰が塗られ、柱や組物の構造体は赤色、壁は黄色や白色に仕上げられている。部分的に漆喰の剥がれたところがあって、外壁や柱の磚積みの様子や、木造の梁や組物などが確認できる。また軒廻りや天井、組物の一部は木部のままの仕上げとなっている。この塔は磚と木を組み合わせて造られているのである。磚と木を併用した構造の塔は「磚身木檐楼閣《せんしんもくえんろうかく》塔」と言われ、中国でも江南《こうなん》地方の特色とされている。

外壁は六重まで、また中心の構造体部分は五重までが磚積みで造られ、その上は全てが木造となっている。六重の床位置から木造の心柱《しんばしら》を立てて、相輪《そうりん》を受けている。この最上層の木造部分の構造は日本の塔と似ているようにも思える。

初重の平面は塔身より一回り大きく、二四本の柱が吹き放しに建っている。日本の塔を見慣れた目からすると随分不思議な形に見える。しかし中国の江南地方にはこのような姿の塔は意外に多い。羅漢院双塔《らかんいんそうとう》も、最初はこのような姿だった。

初重と四重から上は各面に開口部と「連子窓《れんじまど》」を交互に配置し、二重と三重は各面に開口部を設けている。一つの塔で開口部の配置が異な

初重「塔心」の全景　磚積みで八角形に造られ、礎盤や柱、貫が造り出されている。壁面に仏像が安置されていた。上には木造で組物が組まれる。

初重「塔心」の下部の詳細　まるで塔の腰組のように造られている。

るのは、中国でもこの瑞光塔だけのようだ。

磚と木を混合した構造や、開口部の特異な配置は、中国の南北の建築文化が融合した「北宋」という時代を反映しているのかも知れない。古建築は時代の息吹を伝えている、そう思うのである。

構造的に上層に続く初重の本体部分は、一辺が約四・五mの八角形で、外壁は厚さが約二mもある分厚い磚積みの構造体となっている。外壁に開けられた出入り口部分は、壁が厚いために小さな一室となっている。そこを通り抜けると、幅二m程の廻廊が巡り、中心に一辺が約一・二mの八角の「塔心《とうしん》」がある。この「塔心」はすべて磚

初重内部の見上げ　左が塔心の組物。右は外廻りの磚積みの壁体と組物。その間が廻廊となる。組物や天井は木造である。

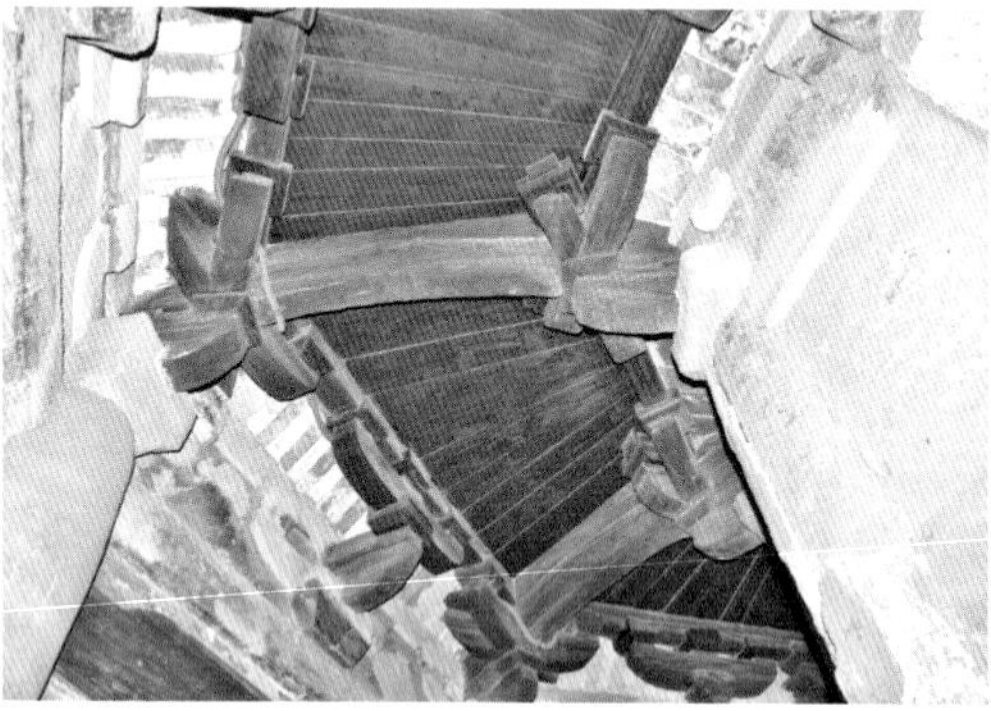

二重の内部の見上げ　組物が初重より簡略化され出組となっている。

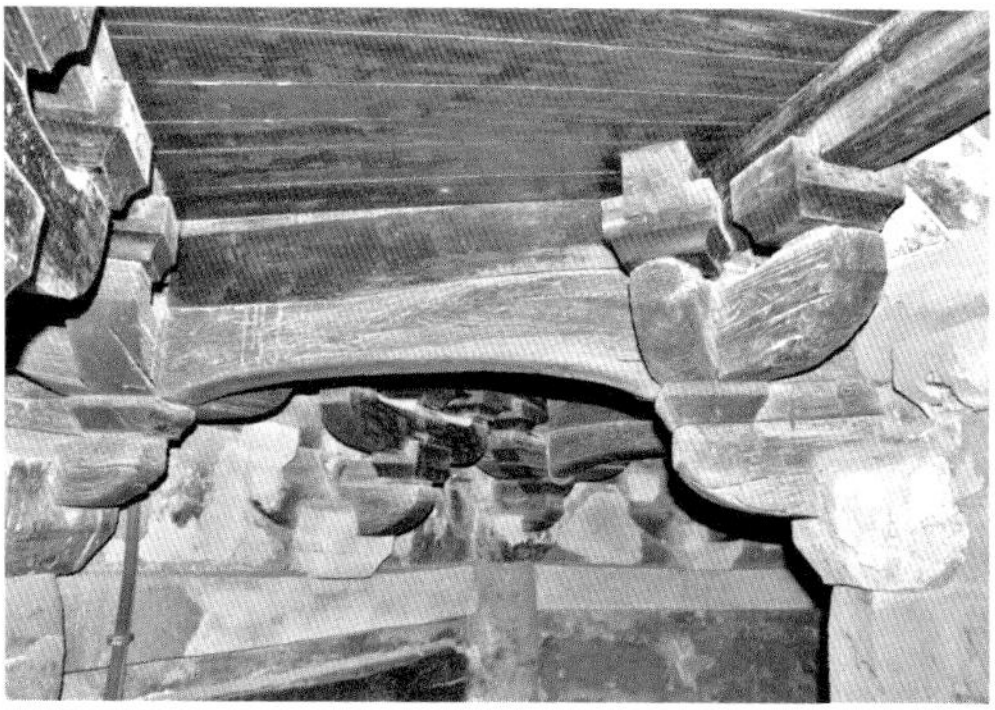

二重の内部組物の詳細　木部表面の風化の様子を見ると確かに古い。当初材だろう、肘木や巻斗の形は日本と似ている。

積みで内部に空間はないが、四方に壁面を彫り込んで「仏龕《ぶつがん》」を設け、そこに仏像が安置されていた。「塔心」の壁面には柱や貫の形が磚で造り出され、木造の組物が取り付いている。外壁の外側と内側の壁面にも柱や貫の形が造り出され、木造の組物が据えられている。内部の組物と「塔心」の組物との間には木造の梁が架けられ、天井板が張り込まれている。

塔の本体は、外壁の外側の柱列と内側の柱列、そして「塔心」の柱列と、三重に柱列が巡る構成となっている。「塔心」は建築的には「母屋《もや》」に相当し、その外側に「側柱《がわばしら》」や「庇柱《ひさしばしら》」を巡らした木造の塔を、部分的に磚積み

三重の内部　頭貫に短冊形の文様がある。組物と天井は木造で、頭貫の下の虹梁も漆喰が剥がれ木造である事が分かる。

外へ出る通路の天井の詳細　組物に虹梁を渡して天井桁を架け、鏡天井を張る。壁通りから天井桁にＳ形の支輪を架ける。

外へ出る通路の天井の詳細　粗く菱格子に組んだ支輪。場所によって自由に意匠を変えていた。

で置き換えて造り上げた、そんな建築の成り立ちの過程が想像できる。

　廻廊部分に架けられた狭く急な階段を登って行くと建物の様子を間近で詳しく見ることができ、柱や壁の磚積みの様子や、木造の梁や組物の様式や風化の様子などがよく分かる。ただ、磚の部分と、木造の一部も漆喰を塗って仕上げられているので、どの部材が磚で、どの部材が木なのか、また磚積みと木造がどのように組み合い、一体的な構造体を造り上げているのか、「磚積み木造混交構造」の実態は外観からでは知ることはできなかった。

　とはいえ、木造の組物や磚積みの柱や貫の形状に、日本建築との強い類似性を見ることができる。例えば柱の足元に造られた「礎盤《そばん》」、柱の頂部を丸めた「粽《ちまき》」、「塔心」に造り出された「飛貫《ひぬき》」や横に広がる二段重ねの「肘《ひじ》木《き》」、肘木の上角を少し切り取る「笹繰《ささぐ》り」という様式、また外部の各面に組物を密に置く「詰組《つめぐみ》」という組物の

四重組物の詳細　大斗が折れ曲がりに造られている。一手先目の赤い部材は風化の様子が異なる。修理の際の取替材だろう。

五重の外部の様子　頭貫が柱頂部より上に納まっている。そのため中備え組物の大斗が頭貫に食い込んでいる。

配置などは、鎌倉時代に日本に伝えられた「禅宗様式」と全く同じ手法となっている。

組物は「二手先《ふたてさき》」で「支輪《しりん》」が付く。支輪は直線、S形の曲線、菱形などの異なった意匠が見られるが、これらも日本に類似のものがある。

「頭貫《かしらぬき》」には短冊形の文様が付いている。寧波《ニンポー》の天封塔《てんふうとう》地《ち》宮殿《きゅうでん》や保国寺《ほうこくじ》大殿《たいでん》と同様で、唐《とう》の時代の建築様式が江南の地に根付いていたことを確信させる。

四重と五重では、頭貫が柱の頂部から飛び出して、大斗《だいと》が頭貫に食い込んで納まっている。この技法も大仏様式として日本に伝わっていた。

日本の大仏様式や禅宗様式の建築を見慣れた目でこの塔を見ると、全く違和感を抱かせない。それほどまでに瑞光塔は日本建築と様式的な類似性に満ちているのである。

（見学日・二〇〇九年一一月一九日）

五重の床梁組みに建つ心柱　この心柱で相輪を受けている。

五重から心柱を見上げる　心柱を取り囲む部分は全て木造で、その構成は独特である。

17 蘇州 甲辰巷《こうしんこう》 磚塔《せんとう》

所在地	江蘇省　蘇州市　姑蘇《こそ》区　市橋頭一〇号
建立年代	北宋　一〇世紀

蘇州《そしゅう》旧市街の東側の城壁近くにある蘇州大学の広い敷地に隣接して、民家の建ち並ぶ小さな通りの一角に、八角五重の甲辰巷磚塔《こうしんこうせんとう》は鉄柵に囲まれてひっそりと建っている。「甲辰巷」はこの辺りの町の名である。つまりこの塔は町の名前で呼ばれているだけで、その由緒も来歴も分からない。ただ一二二九年に造られた蘇州の地図「平《へい》江《こう》図碑」にその姿が描かれていて、少なくても宋《そう》代には存在していたとされている。

三〇年ほど前までは民家の庭に取り込まれ荒れ果てていたらしいが、一九九三年に修復されて、現在見る姿になった。五重目と石製の相輪《そうりん》はその際に新たに整えられたものだという。

塔の全景　磚積みで造られた高さ6.8mの八角五重塔。民家の密集した狭い路地に建っている。

三重～五重を見る　組物や軒の出が大きいことが特徴である。五重と相輪は修理の際に復元されたもの。

建立年代は明らかでないが、様式からみて、唐《とう》から宋にかけての一〇世紀頃のものと想定されている。修理の際に、塼《せん》を「熱ルミネッセンス法」という科学的な年代測定法で調べたところ、およそ一〇世紀初頭という結果だったという。どうやら蘇州に残る最も古い建築ということになりそうだ。レンガのような焼き物の「塼」を積み上げて造られたこの塔は、高さが六・八m、初重の一辺が〇・五m程と小ぶりだが、その造形は実大の木造の塔に比べて全く遜色なく見応えがある。

三重の詳細　一手先の組物、ノコギリの歯のように塼を並べた軒など、木造の意匠が塼で見事に表されている。

二重の軒の見上げ　ノコギリの歯のように塼を並べて軒が見事に表現されている。大斗は円形である。

二重の詳細　壁面の上部が１段飛び出しているのは「台輪」のようだ。火灯形の入り口、連子窓が巧みに表現されている。

軸部に柱の形はないが、壁面には、上部に火灯《かとう》形の繰形《くりがた》の付いた入り口と、「連子窓《れんじまど》」が交互に並ぶ。壁面の上部には「台輪《だいわ》」のような一段飛び出した横材を渡して、その上に「一手先《ひとてさき》組物」を置いて「桁《けた》」を架けている。組物の「大斗《だいと》」が円形であること、肘木《ひじき》の上角に「笹繰《ささぐ》り」という面を取ること、桁の下に「実肘木《さねひじき》」を置くことなどは注目である。

桁の上には磚を四段に迫り出して軒を造り、本瓦葺き形式の屋根を架けている。軒は磚をノコギリの歯のように傾けて並べているのが特徴的で、それが二段になっているのは、「地垂木《じだるき》」と「飛檐垂木《ひえんだるき》」を表しているようで、隅には「隅木《すみぎ》」のように磚が据えられている。ノコギリの歯のように斜めに置かれた磚は「扇垂木《おうぎだるき》」のようにも見える。

軸部に比べて組物が大きいこと、軒の出が大きく、屋根の勾配が緩いことなどが、年代的な古さを思わせる要素だと、解説書にはあった。

初重の屋根 本瓦葺き形の屋根が磚で造られている。軒丸瓦の先端や隅棟は、磚を彫って文様や形が作られている。

初重の軸部の詳細 磚積みの軸部の壁面には僅かな凹凸があって、礎石や地覆、窓框《まどかまち》、台輪が表現されているようだ。

いずれにせよ、この塔の造形の基本は木造で、それを磚で表そうとした様子が見て取れる。肘木などは四角い磚を削って形を造り出している。これは、木材を加工するように、硬い焼き物の磚を削って部材の形を造り出す、「磚雕《せんちょう》」と呼ばれる中国独特の技法である。清《しん》代には多くの建物に、様々な文様や動植物が「磚雕」で造られ飾られている。

森林資源に恵まれた日本では木造建築に終始し、磚で建物を造ること、また磚を加工したり、彫刻することなどの技法は遂に伝わらなかった。

磚の技法は、中国からではなく、ヨーロッパから「レンガ造」として、明治になって初めて日本に導入されたのである。

（見学日・二〇一六年一〇月二九日）

二重と三重の詳細　軸組に比べて組物や軒が大きい。古式といわれるプロポーションである。火灯形、連子窓も古式だ。

初重の全景　基壇も磚で造られている。柱は省略されているようだ。連子窓の下の壁が少し奥に引き込まれている。

18 蘇州 報恩寺《ほうおんじ》 磚塔《せんとう》

所在地　江蘇省蘇州市姑蘇区《こそ》人民路一九一八号
建立年代　南宋　紹興二三年（一一五三年）

私が二度目に蘇州《そしゅう》を訪れた二〇一六年、旧市街の北に位置する蘇州駅を出ると、駅前広場の向こうには壮大な城壁と城門が聳え、かつて見た雑然とした駅前風景は一変していた。

拙政園《せっせいえん》など旧市街九箇所の庭園が世界遺産に登録されてから、古都に相応しい姿を目指して、城壁の大規模な復原などの再開発が進められたようだ。

復原された城壁と城門の奥左手には塔が高く聳えている。旧市街では建物の高さが規制されているようで、聳え立つ塔は印象的だ。

これは報恩寺磚塔《ほうおんじせんとう》という蘇州旧市街最大の八角九重塔である。高さは七六mで、中国でも恐らく二番目か三番目の高さだ。旧市街の北のほぼ中央に位置することから「北寺塔《ほくじとう》」とも呼ばれている。

報恩寺は一〇世紀にこの場所に建てられ、その時は十一重塔であったがその後火災に遭い、南宋《なんそう》の時代一一五三年に九重塔として再建されたのが現在の塔とされている。

再建後も塔は兵火や落雷に遭い、七重から九重は明《みん》代の一六世紀末の改修で、縁や軒廻りなどの木造部分はさ

蘇州駅前広場の風景　広場の正面に近年復原された城門と城壁が立ちはだかる。左手に報恩寺塔が高く聳えている。

らに下って清《しん》代の一九世紀末に大規模に改修されたと考えられている。塔身に比べると軒の出が少し小さいようで、軒先は隅で大きく反り上がっている。最上層の屋根は急勾配で大きい。これらの姿は清代の改修の結果なのかも知れない。それでもなお二重から六重までの内部には宋代の構造様式がよく伝えられているという。

報恩寺塼塔は、塔身は塼《せん》を積んで造られているが、床や組物、軒などは木造で造られている。これは瑞光塔《ずいこうとう》と同じく、塼と木を併用した構造の「塼身木檐楼閣塔《せんしんもくえんろうかくとう》」で、中国でも江南《こうなん》に特徴的な構法の塼塔である。八角平面の一辺は、初重で約七m。この各面に柱形を造り出して三間《ま》としている。八角平面の塔で一辺を三間にしている例は珍しい。

最上層では柱の上に「尾垂木《おだるき》」の付いた「三手先《みてさき》組物」を置いている。日本の塔では、尾垂木付きの三手先組物は定石となっているが、中国の塔ではとても珍しい。

八重から下の各重は、柱の上と中央間

塔の遠望　大都会だが高い建物が無く、八角九重、高さ76mの報恩寺塔が高く聳えているのは印象的だ。

五重から九重の詳細　八角平面で１辺の柱間を３間とする塔は中国でも珍しい。大きな塔身に比べると軒の出は小さく見える。

九重軸組の詳細　塔身は磚で積み上げられ、縁や組物、軒廻りは木造である。隅の反り上がりが大きい。

九重の組物の詳細　尾垂木の入る三手先組物。ただし尾垂木は見せかけだけの「仮昂《かこう》」である。柱も大斗も八角である。

八重の組物の詳細　尾垂木はなく、形式的には二手先組物だが、一手先目の肘木の出が大きく、二手分ある。珍しい姿だ。

の中央に「二手先組物《ふたてさき》」を置いている。そのため中央の柱間は脇間のほぼ二倍ほどとなっていて、中央の柱間が脇間に比べて少し広いように感じる。なお不思議なことに九重と五重、六重の組物だけに尾垂木を用いていて、何故か様式的に統一されていない。

この塔の構造は磚積みの壁体なので、柱は単なる見た目だけで構造的な制約は受けない。柱の建つ位置は、恐らく壁体の上に置かれる組物を等間隔で配列することを先に計画し、その結果として柱の位置が決められたように思われる。

日本の禅宗様式では、組物の間隔を基準として柱間を決める「アイタ」という設計法があると伝えられているが、この塔の柱と組物の関係はその源流を思わせる。

塔は最上層まで登ることが可能で、最上層からは蘇州の市街が一望できるという。二〇一六年秋に訪れた時、塔は改修工事中で、近くに立ち入ることも、宋代の意匠を伝えているという内部も残念ながら見ることはできなかった。是非再び訪れ、詳細を報告したいと思っている。

（見学日・二〇一六年一〇月三一日）

八重の組物の詳細　柱の頂部が削り取られている。柱上に「台輪」はない。組物は長短の肘木を重ねる「重栱《じゅうきょう》」となる。

六重の組物の詳細　尾垂木が２段入る三手先組物。九重と同様である。

19　上海　興聖教寺塔《こうしょうきょうじ》（松江方塔《しょうこうほうとう》）

所在地　上海市 松江区 中山東路二三五号
建立年代　北宋　元祐年間（一〇八六～九四年）

上海の中心部から南西に約三〇km行くと「松江《しょうこう》」という街がある。今は上海市松江区となっているが、元《げん》代から清《しん》代までは「松江府《しょうこうふ》」という、現在の上海市域の政治経済の中心地であった。

かつて城壁で囲まれていた旧「松江府」の中心部に「松江方塔《しょうこうほうとう》」と呼ばれる高さ四二m余りの九重塔がある。かつてここにあった興聖教寺《こうしょうきょうじ》という寺院の仏塔である。寺院は一九世紀の太平天国の乱で廃絶し、塔だけが残され、いつしか「松江方塔」と呼ばれるようになった。現在は一帯が「方塔園」という歴史公園として整備され公開されている。

塔は「方塔」と称されるように、平面が正方形で、初重の一辺は約六mである。塔の平面が正方形なのは、日本の五重塔、三重塔ではごく当たり前だが、中国では、わざわざ「方塔」と称しているようにとても珍しい。中国で「塔」といえば平面は八角形がほとんどである。ただ、中国でも九世紀の唐《とう》代末までは正方形平面の塔が主流であった。日本にはその唐代の様式が伝わったのである。この「松江方塔」も中国の解説書では「唐代の制を伝えている」と紹介されている。

塔の全景　正方形平面の九重塔。初重に吹き放しの庇柱を建て、大きな屋根を架ける。日本の塔とは随分印象が違う。

興聖教寺塔は、日本の平安時代に当たる一一世紀後半、北宋《ほくそう》の時代の建立とされている。塔身は磚《せん》を積んで造り、床や組物、軒などを木造とする「磚身木檐楼閣《せんしんもくえんろうかく》塔」である。

建立以来多くの修理を経ていて、清代の一八世紀には七、八、九重と相輪《そうりん》が全て改修されたという。それでも、一九七五年から行われた修復工事で、一七七箇所の木造の組物のうち、一一一箇所が宋《そう》代のものである事が確認されたと、解説書にあった。また、初重には塔身より一回り大きな吹き放しの庇《ひさし》が付き、大きな屋根が架けられ

初重と二重の詳細　縁と組物、軒廻りは木造だが、塔の構造体は磚を積み上げた、いわば「レンガ造」である。

縁先の詳細　縁の組物は簡素な「出三つ斗」。縁の先端は、浮き彫りに文様を押し出した「磚」で飾られている。

二重の隅の詳細　中国の軒の隅の反りの造り方は独特で、日本の建築とは大きく異なっている。

ているが、この部分は発掘調査で検出された礎石を元に修理の際に復原されたものだという。

平面が方形の興聖教寺塔は、一辺が三間で、組物と軒は木造で、軒の出も中国の塔としては大きい。しかしその細く高くそそり立つ姿は、日本の塔の造形とは随分違う。日本に九重塔はないので、見慣れていない、ということもあるだろうが、興聖教寺塔の姿に違和感を感じるのは、各重の平面寸法の縮小率が小さいこと、二重以上の各重の軸組が高いことに起因しているようだ。

軒先隅の詳細　日本と同じ「本瓦葺き」だが、棟の隅の納め方は全く違う。また中国でも江南の瓦葺き技法は独特である。

初重庇の隅部分の見上げ　庇が複雑な木組みとなっているのに対し、塔本体の組物は簡素で、大斗が丸いのは注目である。

初重の塔本体と庇の取り合い　塔本体の組物は簡素な「平三つ斗」で、庇の付くことが前提となっているようだ。

構造的には中国の塔が「磚」を積み上げた、いわばレンガ造で、しかも各重の内部に仏像を安置し、最上層まで登りながら礼拝する空間となっている。そのため、上下で平面寸法を大きく変えることは難しい。

一方日本の仏塔は、初重だけが仏の空間として荘厳され、二重以上に人は上がらない。構造的には木造の軸組を順次積み重ねているので、上重を小さくまた低くする方が安定する。日本の塔と興聖教寺塔の造形的な違いは、信仰の形態や建築構造が深く係わっているのである。

この塔は、磚と木を混ぜ合わせて造られた構造で、磚の表面には漆喰《しっくい》が塗られ、しかも表面が赤色や白色、黒色に塗装されているので、どこが磚造なのか、木造なのかよく分からない。

塔の内部に入り、階段を登って間近で見ると、木目や風化の様子から組物などが木材で造られている事が確認できる。そして黒色に塗装された部分がどうやら木材のようだ。軸組の丸柱と、その頂部の頭貫《かしらぬき》は、恐らく磚積

初重の入口の詳細　入口の上部は「火灯形」に造られている。中国では一般的な意匠だが、日本ではあまり見られない。

初重内部から入口を見上げる　入口から内部に至る間は短い廊下で、この間が分厚い磚の壁体となっている。

みで、形だけ造り出されているのだろう。

縁に出ると軒先の組物がよくわかる。柱の上と、中央柱間の中間に木造の二手先《ふたてさき》組物が置かれ、木造の軒が架けられている。組物の一番下の「大斗《だいと》」は、中央のものだけが角形で、柱上の大斗は日本では見慣れない円形となっている。特異な円形の大斗は、蘇州《そしゅう》の雲巌寺塼塔《うんがんじせんとう》（九六一年建立）にも見られ、江南《こうなん》の特色のようである。

壁付きの肘木《ひじき》は長短二種の材を二段に重ねる「重栱《じゅうきょう》」という形式となっている。これは日本では禅宗様式の特

初重中心室と廊下部の天井を見上げる　いずれも円形ドームのような「藻井《そうせい》」という中国独特の最高格式の天井である。

初重の天井　角材を八角形に組み、ドーム状に積み上げている。「藻井」というこの天井の形式は日本には伝わらなかった。

二重の内部　日本で見慣れた「組入れ天井」となっている。入口上の円弧を描いた虹梁が印象的だ。

色とされているが、中国では八世紀頃からかなり一般化した技法である。この壁付きの肘木は、漆喰が塗られ赤色に仕上げられているが、漆喰の剥がれた部分を見ると、木造であった。

壁から外に出た組物部分は黒色塗装で覆われているが、その表面の荒々しい仕上げや摩滅した風化の様子から、木造であることと、遙かな時代を経た古さと風格が感じられる。中央の組物は、肘木と巻斗《まきと》が交互に積み上げられているが、柱上の組物は少し様子が違う。肘木と肘木の間に隙間がない。大きな材木を積み重ね、その材の側面に肘木の形が彫り出されている。屋根荷重を受ける手先の肘木に、構造的な工夫がされているのである。日本にも「力肘木《ちからひじき》」の技法は見られるが、中国ほどには普及しなかった。

組物の上方は、通常は格子に組んだ「軒小天井《のきこてんじょう》」と、連子《れんじ》のような「支《し》輪《りん》」という材で塞ぐが、ここでは簡素な板張りとなっている。このような板を用いた納まりは、日本には禅宗様式として導入された。

塔の内部は各階とも中央に方形の一室があり、四方に開いた開口部と

二重組物の詳細　組物の構成がよく分かる。鋸刃状に磚を斜めに並べた持送りが独特だ。

三重外部の組物間枇杷板に残る仏画　かつては壁面はこのような仏画で埋め尽くされていたのだろう。

の間は廊下状の通路となっている。この通路の長さ分が、磚が充填された構造体となっている。

中央の部屋は、四隅に丸柱が造られ、その上と中央に組物を置いて天井を架けている。組物は一階から四階までが「二手先組物」で、五階は「一手先組物」となっていた。

一階の天井は、八角形に組んだ角材を迫り出すように五段に重ね、ドーム状に組み上げた「藻井《そうせい》」という中国独特のものとなっている。二階から上は角材を格子に組んだ「組入れ天井《くみいれてんじょう》」で、その室内空間は日本の建物と極めて似ている。

この興聖教寺塔を見ていると、遙か遠い中国江南の建築様式や技法が、確かに日本に伝わったのだ、と思うのである。

（見学日・二〇一五年一一月二日）

五重の外部　漆喰の剥がれ落ちた下を見ると、柱通りの赤く塗られた組物は、木材であった。

二重の外部の詳細　外部の組物は二手先で円形の大斗が特徴的。手先肘木の表面は大きく風化し、時代の古さを感じる。

20 蘇州 寂鑑寺《じゃくかんじ》 石殿《せきでん》

所在地　江蘇省 蘇州市 呉中区 蔵書鎮 天池山
建立年代　元　至正一七年（一三五七年）

蘇州《そしゅう》市街から西に一五㎞ほどの辺りに「天池山《てんちさん》風景区」という景勝地がある。小高い山並みの上に美しい澄んだ池があることから「天池山」と名付けられたという。

遙か昔、五世紀にこの地を治めた「張裕《ちょうゆう》」という行政官が屋敷を構えたと伝えられている。その後も有力者の別荘が営まれたとされるが、元《げん》の一三五七年に、「道在和尚《どうざいおしょう》」という一人の僧侶がここに「寂鑑禅庵《じゃくがんぜんあん》」という庵《いおり》を構えたと伝えられている。しかしその庵の全体像や建立後の歴史的経緯は必ずしも明らかでない。

現在ここには、中国の「全国重点文物保護単位」として指定された「寂鑑寺石殿《じゃくかんじせきでん》」という三棟の石造建造物が

西天寺：正側面の全景　正面が３間、屋根が入母屋造りの石造の仏殿。

西天寺：左側面の全景　一面が石積みの壁体で、背面の石垣に取り付いている。開口を境に、前後で石の積み方が異なる。

西天寺：正側面の全景　礎石の上に礎盤を置き丸柱を建てる。軸組は簡素だが、屋根の姿は美しい。大棟には鯱を飾る。

西天寺：棟飾りの詳細　大棟の端に「鯱」が据えられている。鯱は中国では「鴟吻《しふん》」或いは「螭吻《ちふん》」と称される。

西天寺：棟飾りの詳細　妻側から見る。鯱の後ろ下方に花瓶が据えられている。不思議な姿だ。

残されている。その石殿とそこに安置されている石仏が、一三五七年に創建された「寂鑑禅庵」の遺構である事が、銘文などから明らかとなっている。

三棟の石殿は、中央のものが「西天寺《さいてんじ》」、二棟はその左右に離れて建ち、西のものが阿弥陀仏を祀る「極楽園《ごくらくえん》」、東のものが弥勒菩薩《みろくぼさつ》を祀る「兜率宮《とそつきゅう》」と称されている。塔と橋以外で、全てを石造とした建造物は中国でも珍しいと、解説書にあった。

「寂鑑寺」と呼ばれる寺院の中心の建物が、なぜ「西天寺」と称されているのか、またその本尊は何という仏なのか、案内板や説明書を見ても、知ることはできなかった。

「西天寺《さいてんじ》」石殿

「西天寺」石殿は、正面が三間で七・六m、奥行きが二間で四・五m、入母屋《いりもや》造りの建物で、中央間の奥に凸型の張り出しを設けている。正面は礎石の上に「礎盤《そばん》」を置き、石製の丸柱を建て、柱間は三間とも開口となって

西天寺：屋根の隅の詳細　隅木の形状は風変わりで、日本では見られない。降棟に花瓶、隅棟に獅子が据えられている。

西天寺：妻面の全景　屋根は一面の板石だが、どんな葺き材がモデルなのだろう。隅棟の姿も独特だ。破風上に花瓶が載る。

西天寺：懸魚の詳細　日本の「蕪懸魚《かぶらげぎょ》」そのものである。まさにルーツだ。

西天寺：背面側の屋根の全景　内陣中央間の屋根が背面に張り出している。何となく「唐破風」屋根のように見える。棟上の丸い部分は「藻井《そうせい》」天井の頂部のようだ。

西天寺：左側面後ろ隅の屋根の詳細　側面と背面で、屋根の葺き石の並べ方が縦横異なっている。隅棟には獅子を据える。

西天寺：右側面後ろの隅棟　降棟の端には人の姿、隅棟には獅子を据える。獅子の先は日本の稚児棟のように造られている。

いて、木製の縦格子の扉を建て込んでいる。この扉は近年の補修材のようで、本来どのようになっていたのかは明らかでない。柱の上に組物はなく、石製の横材を渡して屋根を架けている。正面以外は切石を積み上げた壁面となっていてその上に屋根を置く。軸組の外観は比較的簡素だが、入母屋造りの屋根は軒の出が大きく、軒先は隅で軽快に反り上がり、棟の先端には獅子や鯱《しゃち》などを据えた凝った造りとなっている。

軒反りは大きいが、日本の禅宗様式の建物のようで違和感はない。足元の礎盤の形は中国でも日本でも類例は少ないが、京都にある禅宗寺院の建仁寺《けんにんじ》勅使門《ちょくしもん》と類似していることは注目である。

屋根で特に注目されるのは、妻飾りの「懸魚《げぎょ》」である。日本で「蕪懸魚《かぶらげぎょ》」と称されるもので、鎌倉時代以降に現れるが、それは漠然と「禅宗様式」とされているだけで、そのルーツを明確にした解説はない。しかしこの「西天寺石殿」の懸魚は日本の「蕪懸魚」と全くうり二つである。そして「蕪懸魚」の初期の例とされている京都の建仁寺勅使門や東福寺の禅堂《ぜんどう》や東司《とうす》とよく似ている。

このような懸魚は恐らく中国ではここ以外には無いように思う。懸魚のような風雨に晒される部材はなかなか残りにくい。石造だからこそ残された貴重な事例だと思う。「西天寺石殿」の懸魚は、「蕪懸魚」という形式のルーツが、正に中国にあったことを証する貴重な存在なのである。

石殿の内部は前後に二分され、奥が内陣《ないじん》、正面側が礼拝のための外陣《げじん》となっている。さらに内外陣はそれぞれ三室に区切られ、合計

西天寺：正面中央間を見上げる　手前が外陣中央間で鏡天井。奥は内陣中央間でドーム形の「藻井《そうせい》」となっている。

西天寺：外陣中央間の天井の見上げ　天井は、回り縁を３段重ねに構成され、双龍と瑞雲を浮き彫りにした板石を置く。龍には鮮やかな赤や青の彩色が残る。

西天寺：内部の様子　6室から構成され、写真左の前3室は「外陣」、奥の3室は「内陣」となっている。

西天寺：外陣左脇間の側面　外部は石積みの壁面だが、内部には桟唐戸が造り出されている。桟は三角形断面である。

六室となる。内陣の三室には石製の須弥壇《しゅみだん》が置かれ、その上に石仏が安置されている。しかしこの石仏は後の時代に安置されたもので、本来の本尊は、石殿が取り付いている巨大な岩壁に、磨崖仏《まがいぶつ》が刻まれているのではないかと思うのだが、様々な奉納品が辺りを埋め尽くしていて詳しいことはわからなかった。

石殿の内部で注目されるのは、天井である。内陣中央間の天井は八角形のドーム状となっている。これは「藻《そう》井《せい》」と呼ばれる中国独特の形式で、最高級の天井である。北京故宮《こきゅう》の建物では、皇帝の玉座《ぎょくざ》の上にだけ、この形式の天井が用いられている。寧波《ニンポー》の保国寺《ほうこくじ》のものが中国でも初期の貴重な事例とされている。

三段に重なるドーム状の天井は、上の二段が大きな石材から蓮弁が彫り出されている。これは石造だからこそできた造形なのかも知れないが、恐らく中国でも他に例のない、素晴らしい装飾天井である。

内陣の両脇間、外陣の中央間、外陣の両脇間はそれぞれ意匠の異なる、部屋一面の平らな天井となっている。これは日本の禅宗様建築の特徴とされる「鏡天井《かがみてんじょう》」という形式を彷彿とさせる。日本の「鏡天井」のルーツは中国にあると考えられているが、保国寺の天井の一部に類似の事例があるものの、部屋一面の鏡天井が、ここにあったのである。

もちろん、これは石造だから特別なのだ、と反論されそうだが、この石殿の各部は、木造の意匠をとても良く表現している。少なくてもこの江南《こうなん》地方には、ある時期、このような鏡天井が木造建築にもあった、と考えることができる貴重な例だと思うのである。

もう一つ驚く意匠は、外陣の中央間の鏡天井に素晴らしい龍の浮き彫り彫刻が施されていることである。日本の鏡天井には龍の絵が描かれている例が多い。日光東照宮の「鳴龍《なきりゅう》」は有名で、天

西天寺：外陣左脇間から内陣を見る　外陣は繰形のついた持送りで天井桁を受け、一面の鏡天井となる。内陣も鏡天井。

西天寺：内陣中央間の様子　中央に須弥壇を置き、脇間境は桟唐戸を建てたように造られている。天井はドーム形の「藻井《そうせい》」。

井に龍を描く意匠は日本では普通だ、と漠然と思っていたのだが、そのルーツは、実は中国にあったのだと、この寂岩寺石殿の天井を見て、改めて確信したのである。

「極楽園《ごくらくえん》」石殿

次に、寂岩寺に建立された三棟の石殿のうち、「極楽園」を紹介しよう。

「極楽園」は巨大な岩石に彫り出された阿弥陀如来立像を囲う石造りの覆い屋である。正面一間、奥行き一間、二重、入母屋造りとなっている。二重は柱間を三等分して「格《こう》狭間《ざま》」のような窓を開けている。堂内に明かりを取り入れる工夫のようである。

この石殿は高い基壇《きだん》の上に建っているが、その基壇は、足元に不思議な曲線の「脚」を彫り出し、中間の部分を内側に引き込んで、凹凸を造るなど、装飾的で注目である。

中国では建物の建つ基壇は、日本とは比較にならないほど、建築の重要な構成要素だった。基壇をいかに高く、

西天寺：内陣中央間の天井　八角形で、部材を六段に積み上げてドーム状に造る。蓮弁が二重に重なる意匠が美しい。４隅の繰形付きの持送りは日本の木鼻によく似ている。

西天寺：須弥壇の詳細　腰の格狭間部分と彫刻類は漆喰で造られているように思われた。

豪華に築くかが、建物の格式を現していたのである。この「極楽園」のような基壇は中国では「須弥座《しゅみざ》」と称されている。

日本の仏堂にこのような形式の基壇は造られなかったようだが、禅宗様仏殿の内部に据えられた須弥壇にほぼ同じ形のものを見ることができる。特に足元の「脚」の部分は、中国では「亀脚《ききゃく》」、日本では「猫足《ねこあし》」と称され、京都の東福寺三門などに全く同じ形のものを見ることができる。禅宗様須弥壇のルーツが中国にある事を確認できる事例である。

須弥座の上には丸い礎石を据え、その上に礎盤を置いて丸柱を建てている。礎盤の形状は京都の建仁寺勅使門のものとよく似ている。ところで、一二世紀初めに著された中国の建築書『営造方式《えいぞうほうしき》』に「礎盤」の記載はない。

極楽園：正面全景　１間四方二重の仏殿で、内部に祀られている大きな阿弥陀如来立像の覆い屋である。

極楽園：側面の全景　礎石、丸柱、屋根など、木造建築を表している。高い二重の姿は、像の大きさを考えた姿なのだろう。

礎盤は、中国でも江南地方の特定の時期の特色ある部材で、それが一三世紀頃日本に伝わり、日本では禅宗様式の部材としてその後永く用いられたのである。

一重の正面は、中央が開口となっていて、その両脇に「桟唐戸《さんからと》」が建て込まれたような姿となっている。この扉は固定されて開閉ができないので実質は壁なのだが、四枚建ての扉のうち中央の二枚が開け放たれたように見える構成となっている。

この桟唐戸の桟の断面が三角形なのは注目である。一二世紀初頭に東大寺再建の責任者であった俊乗房重源《しゅんじょうぼうちょうげん》の手がけた、東大寺開山堂の桟唐戸は、桟が三角断面で、恐らく日本で最初の事例である。宋《そう》に渡った重源、そして重源とともに東大寺再建に参画した宋の工人達の技法が、ここに残っているのである。この三角断面の桟は、一二世紀初めの寧波の天封塔《てんふうとう》地宮殿《ちきゅうでん》にもあり、中国では一定の形式として確立していたことも、ここで確認できるのである。

極楽園：背面の全景　背面に接する巨石に阿弥陀如来立像が彫り出されている。

極楽園：背面二重部分の詳細　入母屋屋根の大棟に「鯱」が据えられている。隅棟は簡素で、丸瓦を伏せたような姿である。

この桟唐戸の構えは、『営造方式』に「格子門《こうしもん》」として記述され、柱間に四枚の扉を建て込むと規定されている。中国では、「版門」と称する板扉は、柱間に扉を二枚建て込んで両開きとするが、「格子門」は、柱間に建て込んだ四枚の扉は、それぞれ一枚ずつが開く構えとなっている。日本に扉の形式は伝わったが、柱間に四枚の扉を建て込み、しかもそれが個々に開閉する方式は伝わらなかった。技術や文化の伝播に取捨選択のあったことを改めて感じるのである。

極楽園：棟飾りの詳細　「尾鰭」と鋭い鋸刃のような「背鰭」があって、日本の「鯱」を思わせる。中国では少数派で貴重。

極楽園：基壇の詳細　日本で仏堂の中に置く「須弥壇」形をしている。足元には「猫足」という飾りが造り出されている。禅宗様須弥壇のルーツである。

「兜率宮《とそつきゅう》」石殿

次に、弥勒菩薩《みろくぼさつ》を祀る「兜率宮」を紹介しよう。

「兜率宮」は、巨大な卵形の岩石を半裁し、そこに彫り出した弥勒菩薩立像の覆い屋として建てられた石殿である。正面一間、入母屋造りとなっているが、建物の後ろの部分は、弥勒菩薩立像を彫り出した巨岩に取り付いているので、造られていない。

正面に丸柱の建つ「礎盤」や軒廻りの造形は、「西天寺」や「極楽園」と同じだが、入母屋屋根の棟の姿だけは他の二棟と違っている。

「兜率宮」の棟は、断面が「かまぼこ」形で、両端に向かって大きく反り上がり、その反り上がりを強調するかのように、棟の先端は斜めに切断されている。

極楽園：正面軸組の詳細　丸い礎石の上に「礎盤」を置き、丸柱が建つ。桟唐戸が造り出され、奥に尊像が見える。

極楽園：桟唐戸の詳細　桟の見付は三角に造られている。日本にも類似の桟唐戸があって、注目である。

古代において、このような単純な棟の先端が次第に大きく反り上がるように変化して、「鴟尾《しび》」の原型が出来上がったと、中国古建築の専門書にあったが、この兜率宮の棟を見ると、なるほどと思えるのである。一方、「西天寺」と「極楽園」の棟の先端は「鯱《しゃち》」となっている。「鯱」は字の如く、頭が「虎」で体が「魚」である。「鯱」という字は日本で造られたもので、中国では「鴟吻《しふん》」と称する。鯱は日本では城郭建築にもっぱら用いられているが、お城の鯱の起源は信長の安土城天主とされている。安土城の瓦は「唐人の一観《いっかん》」に命じ「唐様」に造らせた、と記録にある。「一観」は本国中国で、このような鯱を見ていたに違いない。鯱のルーツは中国にあったのである。

鯱の事例は寧波の天封塔地宮殿にもあるが、中国での現存例は実は少ない。中国古代の宮殿や仏殿では大棟の先端には「鴟尾」が載せられていた。「鴟」は漢和辞典を見ると鳶《とび》や梟《ふくろう》とあ

兜率宮《とそつきゅう》：全景　巨石から彫り出した弥勒菩薩立像の前に建てられた、石造、入母屋造りの覆い屋である。

兜率宮：正側面の全景　建物は巨岩に張り付いていて、後ろ側は造られていない。軒先の反りは緩やかで日本建築のようだ。

り、「鴟尾」はその尾羽ということになる。確かにそのように見える。やがて九世紀の唐代末頃から変化し始める。大きな口で棟を飲み込むような姿が作られ、羽が鱗のようになって、先端は魚の尾鰭のようになった。「鯱」の誕生である。

しかし中国ではさらに変化した。尾鰭が蛇のように丸くなったのである。中国では皇帝の象徴である「龍」に対する特別な意識があって、魚よりも龍が重んじられたのであろう。龍のような棟飾りは「螭吻《ちふん》」と称された。

兜率宮：屋根の詳細　入母屋屋根で、大棟は単純だが反りがあり、他では見られない。屋根葺き材のモデルは何だろう。

兜率宮：軒の見上げ　軒下の繰形状の部材は何を象っているのか興味のあるところだ。

兜率宮：柱足元の詳細　丸い礎石と礎盤が1材から造り出され、その上に丸柱が建つ。礎盤の形は日本のものに似ている。

龍には「龍生九子《りゅうせいきゅうし》」という九匹の子供がいるとされ、「螭吻」はその内の一子で、高いところに登って遠くを眺めるのを得意とする、とされている。単なる俗説に過ぎないかも知れないが、このような「俗説」によって、明《みん》代以降の中国では「鯱」は姿を消し、「螭吻」に統一されていったのである。

「寂鑑寺石殿」は、「石造」だったからこそ、懸魚や棟飾りのような失われやすい部分が今に残り、日本との文化の交流の足跡を伝える貴重な存在となっているのである。

（見学日・二〇一六年一〇月三〇日）

兜率宮：側面の全景　仏像を彫り出した巨石は元々このような姿で存在していたのか、人為的に立てたのか、不思議な姿だ。

21 杭州 霊隠寺《れいいんじ》 石塔

所在地　浙江省 杭州市 西湖区 霊隠路 法雲弄《ろう》一号
建立年代　北宋 建隆元年（九六〇年）

上海から西へ約二〇〇km、新幹線で四五分ほどのところに、浙江《せっこう》省の省都、杭州《こうしゅう》がある。杭州は一二世紀に南宋《なんそう》の都として栄えた。市街の西には「西湖《せいこ》」という湖が広がる。松尾芭蕉は「奥の細道」で仙台松島の風景を「中国の西湖に劣らない」と評している。風光明媚な西湖は古くから日本の文化人のあこがれであった。この西湖を取り囲む山並みの西の山中に霊隠寺《れいいんじ》がある。

霊隠寺は四世紀にインドの僧によって創建されたと伝えられる古刹で、宋代には中国の禅宗五山第二位の寺格を誇る大寺であった。

東塔の全景　高い基壇の上に建つ、石造の八角九重塔。塔身が上に向かって小さくなっていて、安定感がある。

西塔の全景　中国の専門家の解析によると、木造の塔を正確に5分の1に縮小しているという。部分的に破損が痛々しい。

寺院は興亡を繰り返したが、一九七〇年代以降に堂塔伽藍《がらん》が復興され、近年は多くの参拝者で賑わっている。寺では布教活動としてホームページを開設しており、そこでは寺の歴史や境内の様子、法話などが詳しく、しかも日本語でも紹介されている。

霊隠寺伽藍の中心、大雄宝殿《たいゆうほうでん》の正面の東と西に石塔が建っている。石質は白く緻密で、大理石といわれている。これは唐《とう》の滅亡後にこの地方を治めていた「呉越国《ごえつ》」の王「銭《せん》弘俶《こうしゅく》」が、九三〇年に寺を再興した際に建立した石塔だと伝えられている。

八角九重塔で、初重の一辺の柱間が一・一m、高さは相輪《そうりん》部分が失われているが初重の柱下から九重の屋根の上まで約一二mである。石材を精巧に彫り出して造られ、模型のようだが、木組みの様子が実に細かく表現されていて、古代の建築様式を知ることのできる貴重な事例である。

特徴的な建築様式を紹介しよう。各重は隅に丸柱を建て、柱の上下を「地覆《じふく》」と「頭貫《かしらぬき》」で繋ぎ、その上に組物

東塔：初重〜三重を見る　各重の上下同じ位置に扉口が設けられている。

東塔：台座の詳細　石塔は「須弥壇」の上に建つが、須弥壇の下に「須弥山」を取り巻く「九山八海」の台座がある。

を置き、垂木《たるき》を架け、屋根は本瓦葺き形式となっている。

柱は上方で径を小さく造っている。「エンタシス」といわれる、法隆寺金堂に見られる胴張りの柱の名残である。そして柱は内側に倒れるように建てられている。これは「内転《うちころ》び」という技法で、建物を安定させるとして中国では広く行われていたことが、この事例からもわかる。「内転び」の技法は日本にも伝わり、奈良県の栄山寺《えいざんじ》八角堂など古代の建築にわずかな事例が確認されているものの、それ以後は普及しなかった。

頭貫の側面にある短冊形の彫り込みは注目である。寧波《ニンポー》の保国寺《ほうこくじ》大殿《たいでん》（一〇一三年建立）や天封塔《てんふうとう》地宮殿《ちきゅうでん》（一

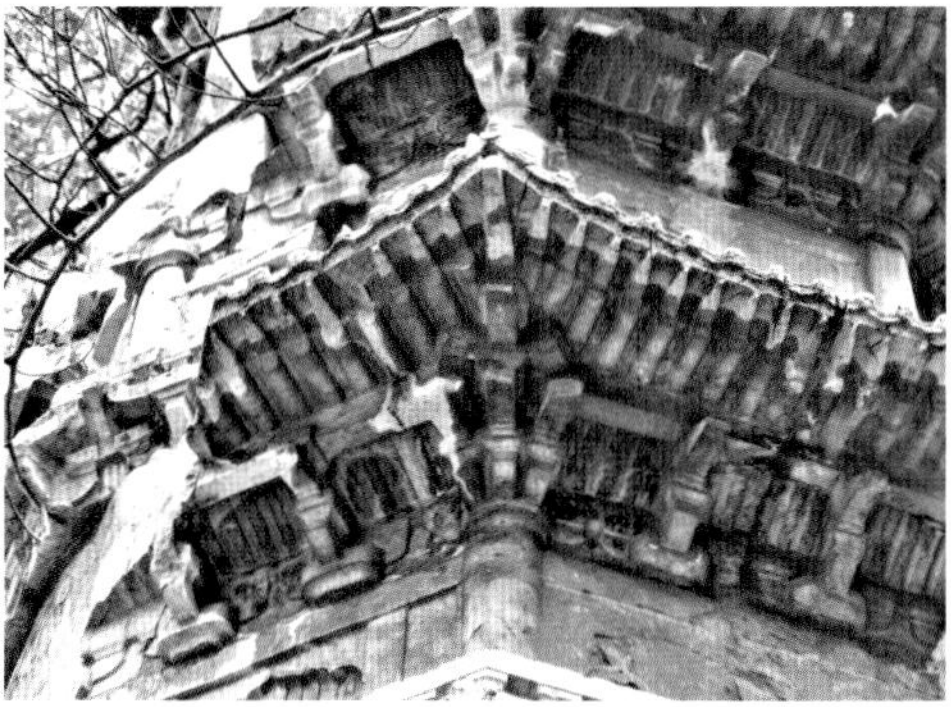
東塔：六重の軒の詳細　「二手先組物」だが、尾垂木上の巻斗で桁を受けること、桁が角断面なことは特異。垂木は平行垂木のようだ。

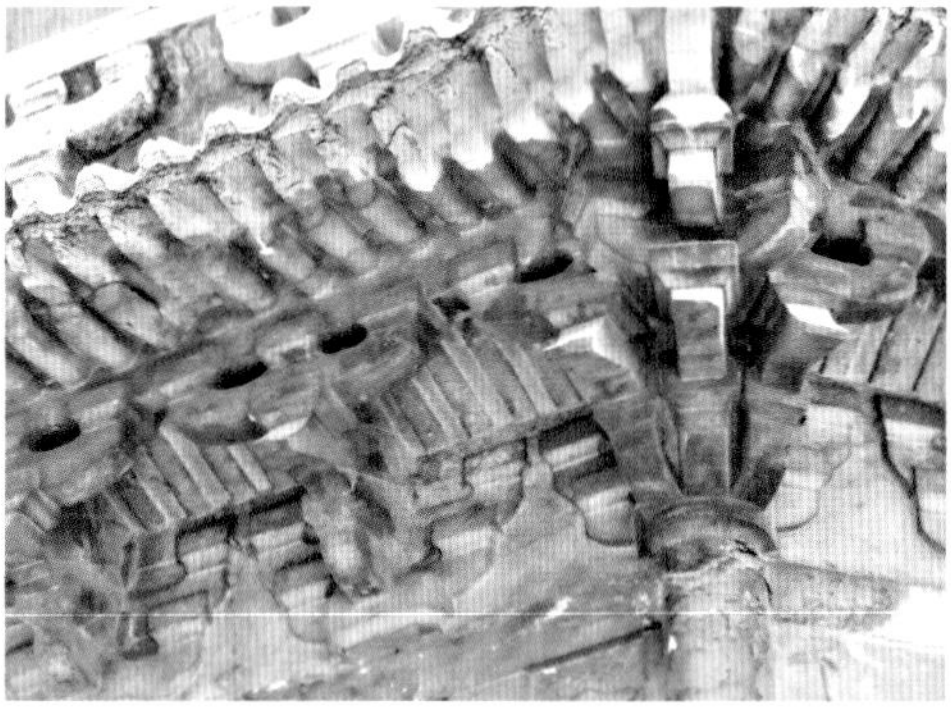
東塔：三重組物の詳細　尾垂木付きの二手先組物で、柱通りから桁に支輪を架ける。隅の大斗は円形でその他は隅丸となる。

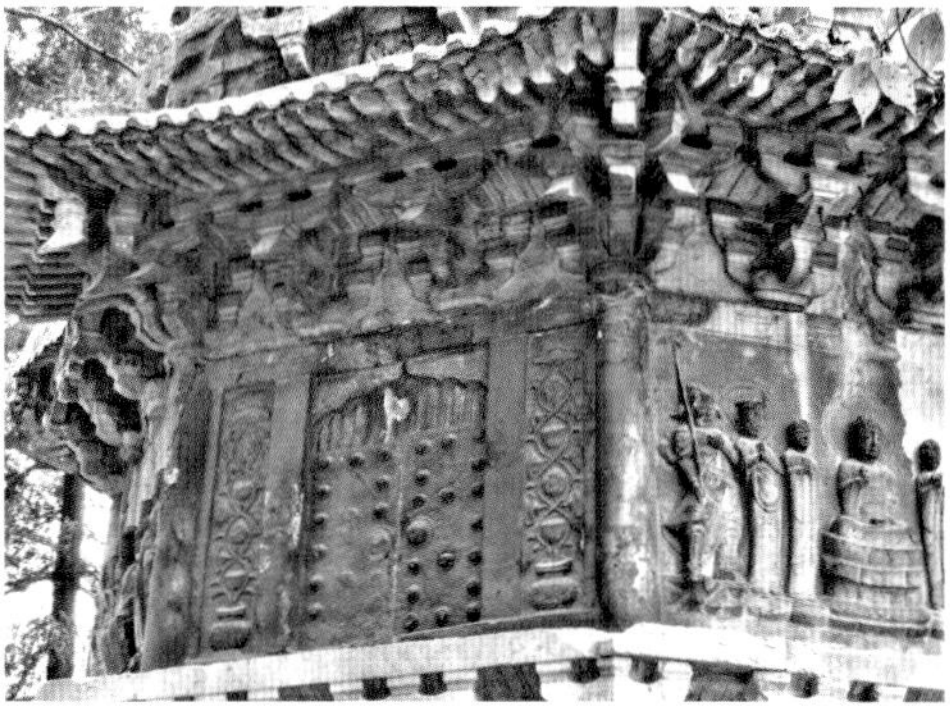
東塔：三重の詳細　壁面には仏の姿が浮き彫りで表されている。扉の両脇は、花瓶と蓮華の浮き彫り彫刻で飾られている。

一四四年建立）にもあり、中国では唐代までの建築と、それ以降は江南《こうなん》の建築に受け継がれた特色ある意匠である。

組物は尾垂木《おだるき》を用いた「二手先《ふたてさき》組物」で、柱上とその間にも密に組物を配する「詰組《つめぐみ》」となっている。そのほか、先端が細くなる尾垂木の形、長短二種の肘木《ひじき》を重ねる技法など、一二～一三世紀に日本に伝わった禅宗様式の手法がふんだんに用いられている。日本に伝わった禅宗様式が、中国ではどのように形作られていったのか、霊隠寺石塔は中国の建築の様相を物語る貴重な事例である。

塔は「須弥壇《しゅみだん》」と呼ばれる台座の上に建てられている。「須弥壇の下には五代呉越《ごだいごえつ》の宝塔に特徴的な「九山八海《くせんはっかい》」がある」と霊隠寺のホームページにあった。

そもそも「九山八海」とは何だろう。仏教の世界では、宇宙の中央に帝釈天《たいしゃくてん》の住む須弥山《しゅみせん》が聳え、その周囲を八つの山が巡り、山の間には大海がある、と辞書にあった。

東塔：二重組物の詳細　柱通りに長短の肘木が２段に組まれる。尾垂木上端は端に向かってそぎ落とされ、先端で薄くなる。頭貫正面に短冊形がある。

東塔：二重の詳細　柱は中央が太く、上下で細くなる「エンタシス」で、大きく内側に傾いて立つことが目視で分かる。

石塔をよく見ると、台座の下にもう一回り大きな八角の台石があって、その側面に山形の連続文様が彫りだされ、上端は摩滅して明瞭でないが波のような彫り込みがある。これは確かに「海」のように見える。

仏像や厨子《ずし》を安置する台「須弥壇」は、須弥山になぞらえてその名が付けられたとされる。とすれば、「須弥壇」の外側に大海をかたどった造形を配置するのは本来の姿なのだろう。しかしこんな意匠は日本では見られないようだ。

次に扉に注目したい。各重の八角形平面の正背面と両側間には扉が建て込まれている。扉の表面には沢山の円形の突起が彫り出されていて、「唄《ばい》金具」を打った板戸が表現されている。そして扉の上方には明かり取りのために連子《れんじ》が彫り出されている。「桟唐戸《さんからと》」という形式の扉で、上部に連子を入れ込んだものは中国でも日本でもよく目にするが、沢山の唄金具を打ち付けた板戸に連子の付く例は珍しい。ところが、これと同じデザインの扉が日本にも一例だけある。それは法隆寺金堂の裳階《もこし》の扉である。法隆寺は七世紀、霊隠寺石塔は一〇世紀のものなの

西塔：八重と九重を見る　破損箇所を見ると、驚くことに、軸部、組物、屋根が１個の石材から彫り出されている。

西塔：五重の詳細　組物の様子がよく分かる、軒は地垂木が円形、飛檐垂木が角形の２軒。ほぼ平行に配され、端の飛檐垂木２本が、くの字に納められているように見える。

で、この両者を直接比較することはできないが、少なくても法隆寺に伝えられた中国古代の様式技法が、中国ではその後も連綿と伝承されていたのである。

扉の表面に打ち付けられた丸い金具のうち、召し合わせ部分の二つが特に大きく表現され、よく見ると、中央に丸い輪が見える。扉の引き手である。これは「鋪首《ほしゅ》」といって中国の扉ではとても一般的だが、日本では法隆寺に見られるだけで普及しなかった。

扉の建て込まれている開口部は、上下の貫材と左右の柱で四角な開口部が造られ、その上部には曲線の連続した釣り鐘形の材が取り付けられている。

この開口部は一三世紀に禅宗様式として日本に伝えられた「火灯《かとう》口《くち》」と似ている。窓の場合は「火《か》灯窓《とうまど》」という。しかし日本の「火灯口」には左右に柱はなく、頂部の繰形《くりがた》から足元まで連続した材で形作られている。

霊隠寺石塔の開口部は、「火灯口」「火灯窓」の出来上がる前段階の姿を思わせる。中国では随分

西塔：四重の詳細　扉口上部の火灯形、扉上部の連子、六弁となっている扉の唄金具などは注目だ。

西塔：四重屋根の詳細　屋根は本瓦葺きを模し、隅棟先端に人型の像を据える。腰組組物間の網代型と支輪も注目である。

古くから一般的な様式となっていたようである。中国ではこれを「歓門《かんもん》」といい、本来は仏像などの前面に飾り付けたカーテン状の垂れ幕を引き開けた様子が、建築的な造形となった、つまり高貴なものを象徴する造形であると、中国建築の解説書にあった。なるほど、火灯口にはそのような意味合いがあったのかと改めて思ったのである。

（見学日・二〇一一年三月三日）

西塔：三重軸組の詳細　破損しているが扉上に扁額がある。ここが正面だ。組物は「六支掛《ろくしがけ》」に見える。偶然だろうか。

西塔：二重軸組の詳細　扉中央の大きな唄金具に引き手の輪が彫り出されている。小脇板の菩薩像も驚きの意匠だ。

22 杭州 霊隠寺《れいいんじ》 経幢《きょうどう》

所在地　浙江省 杭州市 西湖区 霊隠路 法雲弄《ろう》一号
建立年代　北宋 開宝二年（九六九年）

杭州《こうしゅう》の霊隠寺《れいいんじ》に「経幢《きょうどう》」という珍しい石塔があったので紹介しよう。伽藍《がらん》正面の「天王殿《てんのうでん》」の前、東と西に同形のものが建っている。

そもそも経幢とは何なのか、辞書には「中国の仏寺の大殿の前庭などに建てられる、表面に経文を刻んだ石柱。唐《とう》代に創始された形式で、宋《そう》・遼《りょう》時代に盛行したが、以降は衰退する。一般に、八角形の柱状をなし、幢頂《どうちょう》・幢《どう》身《しん》・台座の三部分より構成される」とある。経文を刻んだ石柱のことらしい。

この霊隠寺の経幢には、東幢に「尊勝陀羅尼経《そんしょうだらにきょう》」、西幢に「大自在陀羅尼呪《だいじざいだらにじゅ》」が刻まれているという。北宋の

西経幢の全景　様々な形の石材が25段ほど積み重なる。中央の八角柱が幢身で、ここに経文が刻まれている。

頭部の詳細　珠を連ねた「連珠座《れんじゅざ》」、雲文を彫り出した笠。仏像を彫りだす「仏龕柱」、蓮の花弁の「仰蓮座《ぎょうれんざ》」、さらに「宝蓋《ほうがい》」「傘《さん》蓋《がい》」が重なる。

時代九六九年に奉先寺《ほうせんじ》という寺院に建てられ、その後一〇五三年に霊隠寺に移築された。その経緯はこの経幢に銘文として刻まれている、と霊隠寺のホームページにあった。

　この経幢が最初に建てられた奉先寺は、当時この地方を領していた「呉越《ごえつ》国」の王の墓所のあった寺院で、王「銭《せん》弘俶《こうしゅく》」は仏教に深く帰依していた。王の建立したこの経幢は、当時最高の技術で、最高の造形を造り出したものだったに違いない。

　経幢は八角形で、高さは一一m、様々な形状の石材が二五段以上積み上げられている。

　その構成を下から順次見てみよう。下方は「台座」で一番下に、霊隠寺石塔と同じ「九山八海《くせんはっかい》」という、大海を模して波文を彫り出した基台がある。その上に「須弥座《しゅみざ》」を置く。須弥座は三段に重なっていて、一段目の腰の部分には四匹の龍が浮彫りで彫り出されている。二段目、三段目には「仏龕《ぶつがん》」を作って、様々な如来や菩薩像

幢身の上の仏堂をかたどった「宝蓋《ほうがい》」　幢身の上にある、建物を模した宝蓋は、他の経幢には見られない特色である。

基壇部の詳細　須弥座は３重で、１段目に龍、２段、３段目には「仏龕《ぶつがん》」を作って、様々な如来や菩薩像が刻まれている。

が刻まれている。

その上に八角柱の「幢身」が据えられ、各面にとても細かな文字で経文が刻まれている。

幢身の上が「幢頂」部分となるが、最初に八角平面の仏堂をかたどった屋根を架けた「宝蓋《ほうがい》」を置く。宝蓋は差し掛けの傘である。その上には八枚の花弁を隅飾りとして配した「請花《うけばな》」を置き、その上に珠を連ねた「連珠《れんじゅ》座《ざ》」、蓮の花を表した「仰蓮座《ぎょうれんざ》」、四方に仏像を彫りだした小さな「仏龕柱」、さらに「宝蓋」と重ねる。その上には、破損して形状の明らかでない笠と、雲文を彫り出した花弁形の笠を挟んで、「連珠」「仰蓮座」「仏龕柱」「宝

台座の詳細　これは須弥山を取り巻く「九山八海」で、中国江南の10世紀の石塔の特色とされている。

仏堂形宝蓋の詳細　軸部は、「絹布」で覆われているようだ。組物と軒廻りは木造の架構が忠実に彫り出されている。

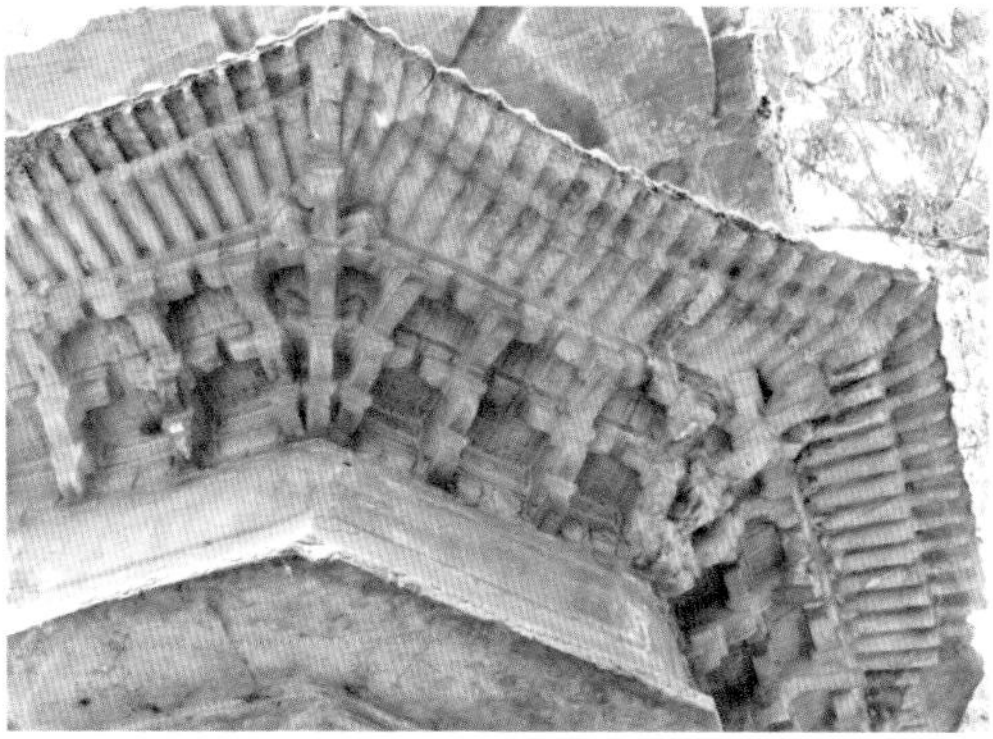

軒の見上げ　組物は尾垂木のある三手先組物。軒は、地垂木円形、飛檐垂木角形の２軒である。

蓋」をさらに二重に積み重ねている。最上部には八角の大きな傘「傘蓋《さんがい》」を置き、その上は破損もあって、どのような形状だったのかよく分からない石材が二段ほど重なっている。実に見事に積み重ねたものだ。

　特に幢身の上にある、建物を模した宝蓋は、他の経幢には見られない特色である。その組物は「尾《お》垂木《だるき》」の付いた「三手先《みてさき》組物」で、軒は二軒。その姿は木造の架構を忠実に彫り出している。尾垂木の先端が鳥の嘴《くちばし》のように尖っていることを除けば、日本の奈良、平安時代の三手先組物ととてもよく似ている。

　このような姿の経幢は日本には伝わらなかったようだが、ここに見られる組物は、日本建築との類似性を強く感じさせるのである。

（見学日・二〇一一年三月三日）

軒の見上げ　軒反りは穏やかで、垂木の配置は平行垂木のように見える。支輪、軒小天井も表現されている。隅木の形状も日本建築に似ている。

組物の詳細　三手先組物の構成、軒小天井や支輪など、日本の組物と、とても似ている。

23 杭州 六和塔《りくわとう》

杭州《こうしゅう》の南に、銭塘江《せんとうこう》という浙江省《せっこうしょう》第一の大河が流れている。別名「浙江」とも称され、省の名の由来となっている。やがて杭州湾に注ぐこの銭塘江は一年に一回大潮の時に海水が川を大逆流することで有名だ。

その大河を見下ろす北岸の段丘の上に、高さ約六〇m、八角一三重の「六和塔《りくわとう》」が聳えている。

この塔は銭塘江の大逆流を鎮めるために九七〇年に創建され、夜には灯りをともして、往来する舟の標識としたという。その塔は戦乱で焼失し、一一六三年に再建されたのが現在の塔だとされている。間近に見るとそのボリュームには圧倒されるが、これまで見てきた中国の塔とは違和感がある。

外部は木造だが柱に比べて貫の成が異様に大きく、まるで壁のように見える。組物はなく、柱から飛び出した四角な梁の先端で「軒桁《のきげた》」を受けているだけで、随分素っ気ない。そして軒の出は短い。各柱間に四角な窓があって、その連続する姿はまるでビルのようだ。

この塔の外観部分は清《しん》代の末、一九〇〇年の修理で新たに造られたもので、この外壁の内側に、磚《せん》で造られた

所在地　浙江省 杭州市 西湖区 之江路16号
建立年代　南宋 紹興二二年（一一五二年）着手
隆興元年（一一六三年）完成

塔の全景　現在の姿は1900年の修理で造られたもので。十三重塔に見える。しかし内部は磚で造られ七重となっている。

八角七重塔の塔身が包み込まれている。本来七重塔だったものを、一三重塔の姿で覆ったので、二階から一二階までの偶数階は、人の立ち入れない見かけだけのものとなっている。

中に包み込まれた、一一六三年再建の古塔の姿は、隣接する資料館に展示されていた古写真で知ることができた。写真には六階分が写っている。砲弾型に上層がすぼまる姿は中国の塔の特色とされている。軒や屋根、腰組《こしぐみ》や高欄《こうらん》が全く見えないのは、本来木造で造られていたものが朽ち果て、磚造《せんぞう》の塔身だけが残ったのである。本来の姿は、蘇州《そしゅう》の瑞光塔《ずいこうとう》と同様で、磚で塔の本体を組み上げ、軒や高欄を木造とした「磚身木檐楼閣塔《せんしんもくえんろうかくとう》」だった。

資料館に展示されていた古写真　塔身部分が磚造だったことがわかる。この塔身が外壁に包み込まれ残っている。

二重の塔心室の詳細　全て磚で造られ、表面に漆喰を塗って、鮮やかに彩色される。この部屋は何故か横長平面である。

四重の塔心室の詳細　鋸刃のような持ち出しや、アーチ形の天井は、磚積みの独特の技法である。出入口の火灯形も独特。

磚で造られた八角平面の塔身の一辺は、一階部分で約九・六m、建築面積で四四〇㎡ほどもある。各階とも、塔身の中央には四m四方ほどの「塔心《とうしん》」室があり、「甬道《ようどう》」と呼ばれる通路で、周囲に巡る八角の廻廊《かいろう》と繋がり、廻廊の八方に内外を繋ぐ通路が設けられている。「塔心」室と、幅二mほどの通路と廻廊の他は、全て磚を積み上げた分厚い壁体となっている。磚で塔を築く技術は、なぜか日本には伝わらなかった。

中国の多くの塔は、内部に入り、最上階まで登ることができる。日本の塔は初重には入れても上層に登れるも

五重の塔心室の詳細　組物彩色は『営造方式』の彩色文様の図と似ている。秤肘木に「拳鼻」が付いているのは注目である。

須弥壇の詳細　塔内には各重に28箇所、７重で合計196の須弥壇がある。その側面は様々な文様で飾られている。

須弥壇の詳細　「雷文」という中国独特の文様。

のはほとんどない。この違いは建築的にも興味のある課題だ。

日本の塔は、そもそも「仏舎利《ぶつしゃり》」を納める釈迦の墓標として建てられた。これに対して中国では仏教伝来以前から「楼閣《ろうかく》」という高層建築の伝統があり、それを引き継いで、塔は最初に、様々な仏を安置し、登楼しながら参拝する「高層の仏堂」として建てられ、やがて釈迦を祀る「仏舎利塔」にも用いられたらしい。中国では、塔の建てられた目的に多様性があったようだ。

六和塔の内部の壁面には、仏像を安置するための「仏龕《ぶつがん》」という彫り込みが設けられている。各階に二八箇所、総数で一九六箇所になる。それだけ多くの仏像が祀られていたことになる。

この仏龕の下方は「須弥壇《しゅみだん》」となっていて、その腰壁は様々な彫刻で飾られている。須弥壇は上下に繰形《くりがた》が付き、床との接地面に「猫足《ねこあし》」という部材が付いている。上下の繰形は随分単純だが、日本の禅宗様須弥壇の祖型として注目である。また腰板部分の両端にスペード形の文様があるのも注目である。腰壁の彫刻は宝相華《ほうそうげ》の連続

須弥壇詳細　『営造方式』に「海石榴華」（ざくろ）と名付けられた、よく似た文様が掲載されている。

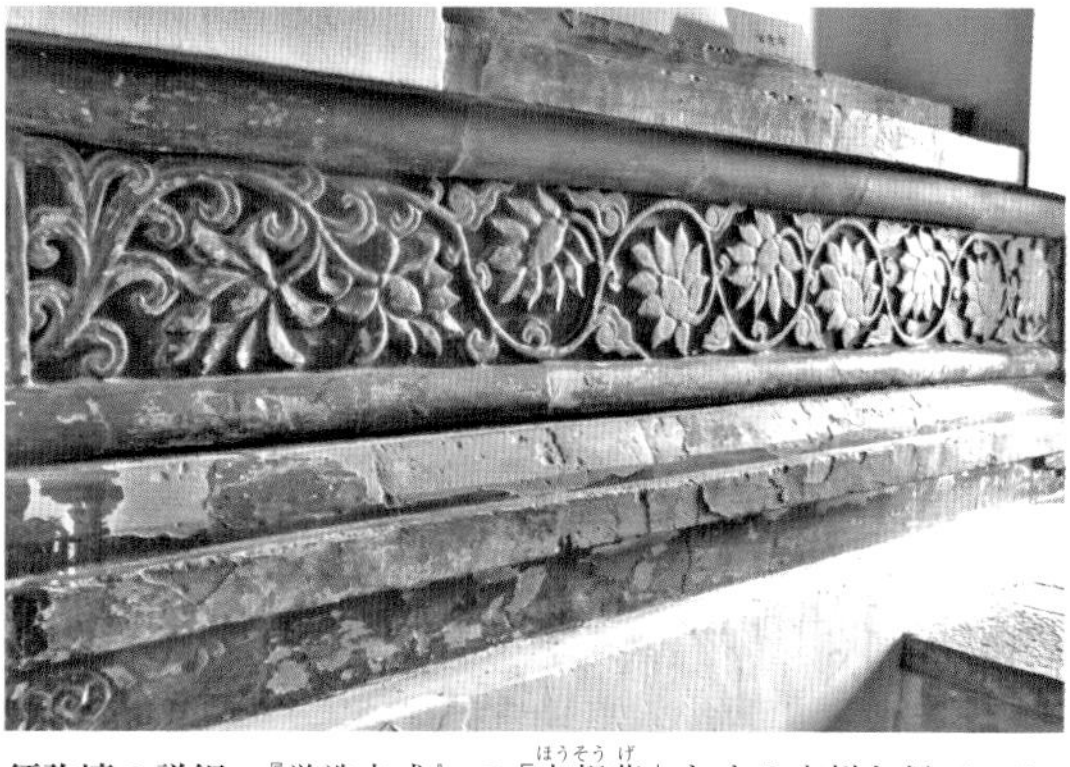

須弥壇の詳細　『営造方式』で「宝相華《ほうそうげ》」とする文様と似ている。

文様や霊獣、瑞鳥《ずいちょう》、迦陵頻伽《かりょうびんが》など実に多彩で、しかもそのデザインが一二世紀初頭に書かれた建築書『営造方式《えいぞうほうしき》』の挿図ととても似ていることで、中国の歴史家の間では有名な存在となっている。

塔の内部は全てが「磚」を積んで造られているようだが、塔身の中央にある「塔心」室が、最も木造建築に近い姿に造られている。四隅に丸柱があって、柱は「頭貫《かしらぬき》」と「飛貫《ひぬき》」で繋がれ、頂部に丸い「大斗《だいと》」を据えて「一手先《ひとてさき》」の組物を「詰組《つめぐみ》」に置いて天井を架けている。天井は磚を積んで造られているので、水平に張ることはできず、必然的に、アーチ形に造られている。

内部の貫や組物、天井は鮮やかな彩色で彩られている。これは清代末の修理で再現されたもののようだが、中でも五階の彩色が最も豪華で美しい。特に大斗と肘木《ひじき》と巻斗《まきと》の彩色文様は他に類例が少なく珍しい。しかもこの組物の文様は『営造方式』に載せられた彩色文様の挿図と似ている。幾度かの修理を経ながらも、古い形式が伝えられているのではないだろうか。

須弥壇詳細　上下に繰形、下方の端に「猫足」、側面端部にスペード形の如意頭文が付くのは注目で、日本にも類例がある。

須弥壇の詳細　鹿と雲が浮き彫りとなっている。「鹿（ロク）」は「禄」を象徴する。端部の文様は『営造方式』の彩色文様と類似して注目である。

天井を受ける内部組物の、「秤肘《はかりひじ》木《き》」に「拳鼻《こぶしばな》」が付いている。特に拳鼻の「見付け面」に、彩色で渦文が描かれているのは、日本の拳鼻に通じるものがあり、注目である。「拳鼻」という建築部材は、日本には一二世紀末以降に大仏様式、禅宗様式とともに伝えられた。

当時中国に渡った日本の僧達は、恐らくこの塔を見たに違いないと思うのである。

（見学日・二〇一一年三月三日）

須弥壇の詳細　翼のある龍「飛龍」のようだ。

須弥壇の詳細　花をくわえた瑞鳥。間の花文は珍しい。

24 上海 龍華塔《りゅうかとう》

所在地　上海市 徐汇《じょかい》区 龍華路二八五三号
建立年代　北宋 太平興国二年（九七七年）

上海の中心地から南西に約六㎞の辺りに、龍華寺《りゅうかじ》という上海で最も古いといわれる寺院がある。三世紀の中頃、三国志で有名な「呉《ご》」の「孫権《そんけん》」が創建し、母の恩に感謝して「報恩塔《ほうおんとう》」を建てたと伝えられている。それはいつしか廃寺となり、その後、宋《そう》代に復興され、現在に法灯を伝えている。しかし伽藍《がらん》は興亡を繰り返し、一九世紀末の清《しん》代に再建されたものが現在見る伽藍の基礎となっているようだ。ただ先の大戦と文化大革命で、建物や仏像などの多くが破壊されたという。一九八〇年代以降に寺院としての復興が進められ、現在では僧侶五〇名ほどを擁する上海最大の寺院となり、多くの参詣者で賑わっている。

この龍華寺の伽藍は南の正面から「山門殿《さんもんでん》」「天王殿《てんのうでん》」「大雄宝殿《たいゆうほうでん》」「三聖殿《さんせいでん》」「華林丈室《かりんじょうしつ》」「蔵経楼《ぞうきょうろう》」と仏堂が直線状に並び、その両側に鐘楼《しゅろう》、鼓楼《ころう》など様々な建物が所狭しと建ち並んでいる。

一連の伽藍を区切る南の門のさらに南に、中心軸を揃えて、「龍華塔《りゅうかとう》」が建っている。塔は八角七重で、高さは相輪《そうりん》の上まで約四〇・五m。塔身を磚《せん》で積み上げ、外部の組物や軒廻りを木造で造る「磚身木檐楼閣塔《せんしんもくえんろうかくとう》」である。

塔の全景　八角七重塔で、ほっそりとした姿が美しい。五重から上で軒の出が小さくなっている。出入口が上下で異なる。

塔の建立年代は北宋初期の九七七年、或いは南宋の一一四七年の両説がある。磚で積まれた塔身部分はこの時のものが現存しているると考えられている。

　頂部の高さ約九mの相輪には、明代《みん》の一五〇三年の銘文が発見されている。この相輪の姿は日本では見られないが、中国ではかなり一般的である。蘇州《そしゅう》の羅《ら》漢院双塔《かんいんそうとう》の相輪と比べてほしい。相輪の構成は羅漢院双塔とほぼ同じだが、「九輪《くりん》」とか「宝輪《ほうりん》」と呼ばれる円形の輪の部分が、ここ龍華塔では下から上に向かって中央で大きく膨らみ、上で再びすぼまっている。これに対して羅漢院双塔では下から上に向かって順次小さくなっている。両者を比べると、羅漢院双塔の相輪は日本のものと似ている。

「宝輪」は日本では「九輪」と称するように、ほとんどが九輪だが、中国では七輪が一般的である。「九輪」は上海の興聖教寺《こうしょうきょうじ》塔が中国では唯一の例のようである。

外部の木造部分は建立後何度も修理が繰り返されていて、特に四重から五重にかけて軒の出が急に小さくなっ

最上部の詳細　日本で「九輪」と称する「宝輪」は7輪で、中央の径が大きく、上下で小さい姿は、中国では一般的である。

七重の見上げ　塔身は磚積み、外部の高欄や組物、軒廻りは木造である。木負いの成に増しがあるのは注目である。

ている現在の姿は、一九世紀末の修理によるものだと考えられている。

しかし、木造で造られている縁《えん》の「卍崩《まんじくず》し」の高欄《こうらん》は、一二世紀初頭の宋代に書かれた建築書『営造方式《えいぞうほうしき》』の挿図ととても似ている。日本には法隆寺の金堂、五重塔に類例がある。恐らく修理を繰り返し、部材は更新されながらも、形式は伝えられてきた、と思えるのである。

一階の周囲に吹き放しの「庇《ひさし》」が巡ることも、浙江《せっこう》省の古塔に共通する形式である。庇の頭貫《かしらぬき》の見付け面に、短冊形の彫り型が並んでいるのも注目である。杭州《こうしゅう》の霊隠寺《れいいんじ》石塔、寧波《ニンボー》の保国寺《ほうこくじ》大殿《たいでん》、天封塔《てんふうとう》地宮殿《ちきゅうでん》、蘇州の

六重の見上げ　組物は二手先組物。縁の「卍崩し」の高欄は注目である。

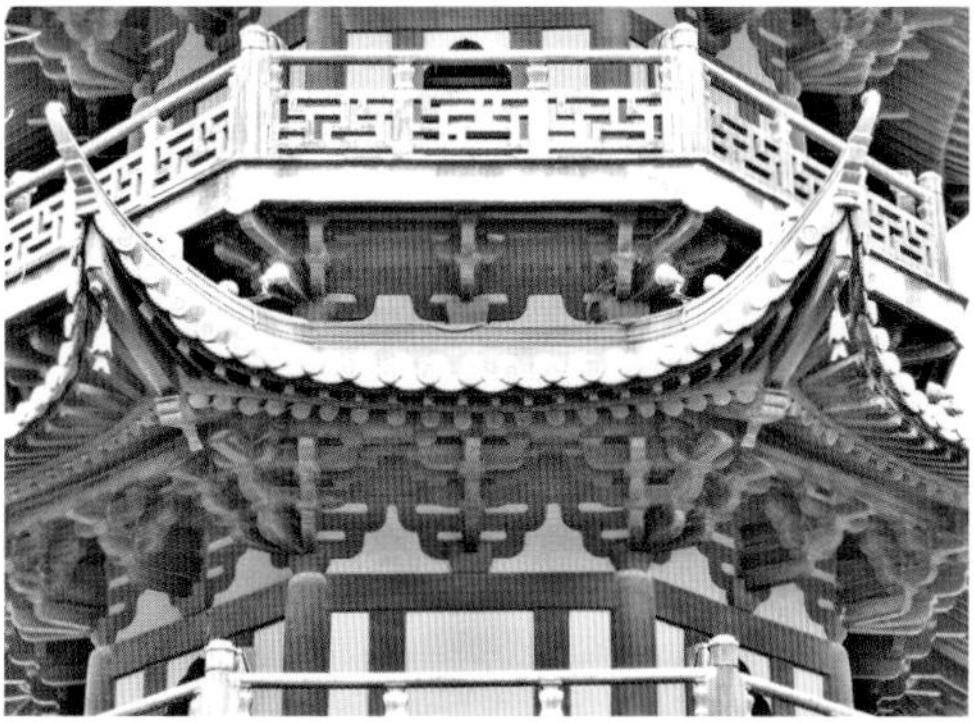

二重と三重の詳細　縁の腰組は二手先組物だが、軒の組物よりは簡素な構成となっている。大斗は柱上が円形、中間は四角。

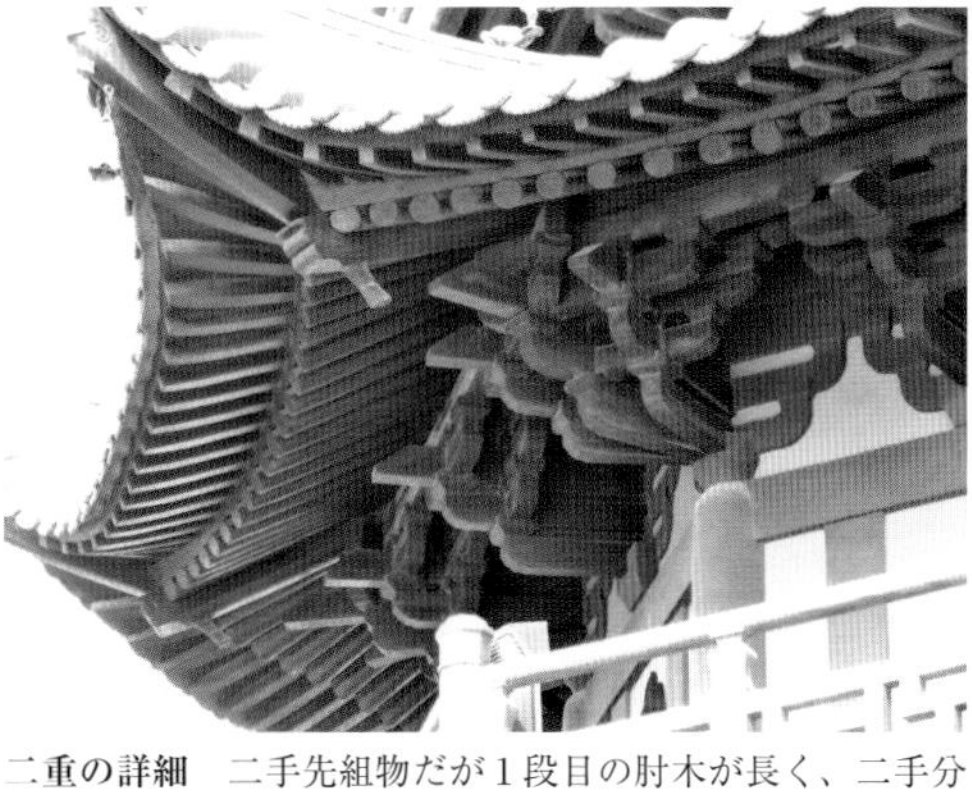

二重の詳細　二手先組物だが１段目の肘木が長く、二手分あるのは特異だ。飛檐隅木の納まりは日本とは全く違う。

瑞光塔《ずいこうとう》などにも見られ、一〇～一二世紀にかけての江南《こうなん》の建築的特徴のようだ。また頭貫の両端にはスペード形の如意頭文《にょいとうもん》が刻まれている。これは杭州の六和塔《りくわとう》の須弥《しゅみ》壇《だん》の意匠とよく似ている。これらの姿を見ると、木材は更新されても、恐らく古い形式は伝えられているに違いない、と思えるのである。

次に甎《せん》で造られた塔身部分の造形を見よう。柱は丸柱で、柱の頂部が丸くすぼまっている。日本では「粽《ちまき》」と称する。柱の足元には算盤《そろばん》の珠のような「礎盤《そばん》」が付いている。これらは禅宗様式とよく似た姿である。

柱の上とその中間に「二手先《ふたてさき》」の組物を置いて軒を架けている。「大斗《だいと》」は柱上が円形で、中央は角形である。これまで見てきた事例からすれば、大斗は円形と角形の二種を用い、柱上を円形とするのが、一〇～一二世紀代の中国建築の通例のようだ。しかしこのような使い方は、日本には導入されなかった。

壁付きには、長さの異なる長短二種の「肘木《ひじき》」が二段に重ねて積まれている。先端は木口から下端にかけて円

初重の全景　初重の周囲に吹き放しの庇が巡り、大きな屋根を架けている。塔身と庇の柱の足元には「礎盤」が付く。

庇の詳細　頭貫の見付けに「短冊形」、端に「如意頭文」を彫る。

弧状に造られている。これらも日本では禅宗様式の特色である。

肘木の上端は、緩やかな弓なり状に見えるよう、上角を斜めに切り落としている。これは「笹繰《ささぐ》り」という技法で、中国では古代から一貫して用いられているが、日本では奈良時代の建物と、禅宗様、大仏様建築の特色である。

この龍華塔は、一二世紀以降に禅宗とともに日本に伝えられた、禅宗様式との類似性を色濃く感じさせる。ただ、日本の禅宗様式では柱の上に「台輪《だいわ》」という横架材を架けるが、この塔に台輪は用いられていない。

ところが、一三二〇年建立の上海の真如寺《しんにょじ》大雄宝殿《たいゆうほうでん》では、台輪が用いられている。同じ上海にある龍華塔と真如寺での「台輪」の有無は、恐らく、北宋から南宋、そして元《げん》へと、社会体制が移り替わり、それに伴って文化や建築様式が伝播、変化したことが、その要因であったと私には思える。

古建築は、社会の変化や歴史の流れを語りかけているのである。

（見学日・二〇一一年三月四日）

初重の軒の隅の詳細　飛檐隅木を極端に上向きに取り付けて、隅の大きな反りを造っている様子が分かる。

初重の隅棟の詳細　隅棟の先端の納まりは独特で日本には無い。棟と丸瓦には全面に漆喰のようなものを塗っているようだ。

25 上海 南翔寺《なんしょうじ》　双塔《そうとう》

所在地　上海市 嘉定区 南翔鎮 人民街七五号
建立年代　北宋　一〇世紀

上海市の西北に嘉定区《かていく》という行政区があり、そこに南翔《なんしょう》という街がある。かつて南翔寺という寺院があり、その寺を取り囲むように、この地方の商業の中心地として繁栄してきたところである。現在は古い地方都市の面影を残す「南翔古鎮《こちん》（古い街）」として、また上海名物の「南翔小籠包」の発祥の地として、観光スポットにもなっている。

「古鎮」として再整備された繁華街の広場の中に、南翔寺双塔が建っている。南翔寺の創建は六世紀に遡るとされるが、九世紀の唐《とう》代、一三世紀の南宋《なんそう》の時代と、順次整備されたという。清《しん》代の一八世紀中頃に火災に

双塔の全景　写真左が東塔。塔は周囲より１段低い場所に建つが、これが発掘で確認された建立当初の地盤面である。

東塔の六重〜相輪を見る　高さ11m、八角七重、磚積みの塔で、大きくはないが見上げると堂々として風格がある。

遭ってからは衰退して廃寺同然となり、この双塔だけが、大きく破損しながらも、市街地の中にかろうじて残されていたようだ。塔の建立年代は明確でないが、一〇～一一世紀の北宋《ほくそう》の時代とされている。

一九八〇年代以降、修理と周辺の発掘調査が行われ、現在の地表から一・五mほど下に、塔の基壇《きだん》と多くの建築部材が発見されたという。それらを元に、現在見る姿が復元され、周辺の広場も整備された。双塔は広場より一段低い昔の地盤の上に建っている。広場には発掘で検出された南翔寺山門の礎石や門前の井戸の遺構なども露出展示されている。

塔は南翔寺伽藍《がらん》の南門の内側東西に建っていたと想定されている。高さ一一m、初重の直径一・八mほどの、八角七重塔である。

全て「塼《せん》」で造られているが、木造の「楼閣塔《ろうかくとう》」という木組みの形がとても忠実に再現されている。「塼」とい

西塔の四重～七重を見る　全て塼造で、垂木まで塼で造っている。

西塔の三重と四重を見る　一見すると木造の塔のようだ。

うと、レンガのような焼き物を思い浮かべるが、軒の垂木《たるき》や、組物の斗《ます》や肘木《ひじき》、高欄《こうらん》、窓などの各建築部材一つ一つが、それぞれ個別の形に焼かれた「磚」で造られていて、それが木を組むように組み立てられている。レンガを積んだように見えるのは壁の部分だけである。

東塔二重の詳細　柱頂部に丸い「粽」を造り、「台輪」が載る。組物は二手先組物で、尾垂木上の巻斗１つで桁を受ける。

　高欄に嵌め込まれた板に施された龍と霊獣の浮き彫り彫刻は型押しをしてから焼き上げたようだが、組物の肘木や斗は焼き上げた後で削って形を造り出しているようにも見える。

　中国には木彫りの彫刻や石造彫刻と同じように、磚に彫刻を施す「磚雕《せんちょう》」という技術がある。中国では清《しん》代の民家などで広く見ることのできる装飾彫刻技法だが、日本には伝わらなかった。

西塔二重の詳細　尾垂木は２段目肘木の先端を形だけ造り出している。高欄の羽目板に龍と獅子が浮き彫りとなっている。

　柱も磚で造られているが、中空となっていて、中に芯木が通されていると、建築の解説書にあった。この塔は柱は「礎盤《そばん》」に建ち、頂部は丸く削って「粽《ちまき》」をとっている。これはこれまで見てきた塔と同じだが、柱上に「台輪《だいわ》」という角材を置き、また、「二手先《ふたてさき》組物」の二段目の肘木の先端を延ばして「尾垂木《おだるき》」に似せた姿に造っていることなどは、蘇州《そしゅう》の玄妙観《げんみょうかん》三清殿《さんせいでん》（一一七六年建立）や上海の真如《しんにょ》寺《じ》正殿《せいでん》（一三二〇年建立）、蘇州の軒《けん》轅宮《えんきゅう》正殿（一三三八年建立）と類似している。建築の技術の伝播や様式の変化という、歴史の流れを考えると、この双塔は一二世紀後半の建立と私は推定する。建立年代の推理は、古建築を見る楽しみの一つでもある。

（見学日・二〇一五年一一月二日）

西塔の基壇～三重を見る　各重で入口の位置を変えている。

東塔の初重と二重を見る　柱は「礎盤」に建っている。礎盤の形は日本のものに似ている。

26 寧波 天一閣《てんいちかく》　百鵝亭《ひゃくがてい》

所在地　浙江省 寧波市 海曙区 天一街一〇号
建立年代　明　一六世紀末～一七世紀初頭

寧波《ニンボー》にある天一閣《てんいちかく》の百鵝亭《ひゃくがてい》を紹介しよう。

天一閣は一六世紀後半、「范欽《はんきん》」という明《みん》の官僚が、出身地の寧波に建立した「書庫」で、そこには七万冊余の蔵書が収められたという。中国でも有数の書庫で、現在は博物館として公開されている。

天一閣の建築群は明代の遺構として重要なのだが、何にも増して強烈な印象を受けたのが「百鵝亭《ひゃくがてい》」であった。「百鵝亭」は、四本の柱とその上の組物だけの、屋根のない造りかけのような石造の建物である。屋根があったのかどうか、私には判断ができなかった。この建物、実は天一閣とは無縁で、寧波の南、祖関山《そかんざん》という墓地にあった「祭亭《さいてい》」を、一九五九年に天一閣に移築したものだと、案内板にあった。その建立年代は明《みん》の一六世紀末～一七世紀初頭のものとされている。

「祭亭」とは祖先を祀る祭礼に用いられる小さな建物のことで、「百鵝亭」という名前は、祖先祭で百羽のガチョウを献げたことが、由来となっているという。

この「百鵝亭」の最大の注目点は、「頭貫《かしらぬき》」の両端に、得体の知れぬ霊獣が、頭貫を飲み込むような姿で彫り込

全景　右が正面。左の奥行きは組物1つ分大きい。本来は墓地に建てられた祭祀用の建物。屋根があったかどうかは不明。

まれていることである。

これと同じ意匠が、日本にもある。それは一六世紀末の天正年間に建立された大徳寺唐門《からもん》である。唐門は豊臣秀吉の建てた京都「聚楽第《じゅらくだい》」の遺構である可能性が極めて高いとされている。その唐門の両妻の虹梁《こうりょう》の両端に「獏《ばく》」とおぼしき霊獣が彫り出され、梁をくわえている。「百鵝亭」の姿とうり二つだと私には思えた。しかも大徳寺唐門のような意匠は前後の時代を見回しても日本には類例はなく、極めて特異である。何故、このような意匠が生

正面の詳細　組物は尾垂木が２段付く三手先組物。尾垂木先端の形状などに明代の特色が見られる。大斗に皿斗が付く。

背面の詳細　頭貫の表面に豪華な彫刻が施されている。台輪の形状は特異だ。

左側面の詳細　柱は面取り角柱で、中国では珍しい。柱から出た木鼻の繰形は日本にもありそうだ。

組物の詳細　尾垂木の２段入る「三手先組物」。二手先目に付く飾り板「楓栱《ふうきょう》」と尾垂木先端の形状が明代の特色。

内部の正面の見返し　組物は内部に三手先となって鏡天井を張る。頭貫には外部同様に豪華な浮き彫り彫刻を施す。

内部の左側面を見る　組物の二手先には彫刻を施した飾りのような肘木を架ける。中国では「楓栱《ふうきょう》」と称する。

み出されたのか、謎だった。しかしそのルーツが「明《みん》」にあったことを、この「百鵝亭」を見て確信した。

室町時代、足利義満の北山殿《きたやまどの》、義政の東山殿《ひがしやまどの》は、青磁、絵画、典籍、文房具など多くの「唐物《からもの》」で飾り立てられていたという。明との勘合貿易を通して将来される「唐物」は当時の人々にとって最大の憧れであった。

しかし不思議なことに、一四世紀以降の建築に関していえば、これまで中国の影響を感じることはできなかった。ところがこの「百鵝亭」を見て、初めて、中国建築の影響を目の当たりにし、考えは変わった。

建築彫刻で飾り立てる桃山建築は、実は明代の建築の装飾手法を参考に発展したと思えるのである。一四世紀以降の日明貿易でもたらされたのは、唐物文化、文物だけではなく、建築装飾に関わる様々な新情報も伝えられていたことを、この「百鵝亭」は物語っている、そう確信したのである。

（見学日・二〇一一年二月二八日・二〇一七年一〇月一三日）

背面頭貫の詳細　表面に浮き彫り彫刻が施されている。柱際に大きく口を開いた霊獣が彫り出されているのは注目である。

＊日本の例　大徳寺唐門の妻虹梁　梁の端に「獏」が彫られている。「百鵝亭」の意匠と類似しているのは驚きだ。下の彫刻は中国の「西王母」。ここにも中国文化の影響が見られる。

第2編

「大仏様」のルーツをたずねて福建省を巡る

「大仏様」のルーツをたずねて福建省を巡る

日本の建築の歴史で、一二世紀末に二つの大きな出来事があった。それは平安時代の末一一八〇年に、平重衡《たいらのしげひら》の南都焼き討ちによって焼失した、東大寺と興福寺の再建。そして栄西《ようさい》や道元《どうげん》などの入宋《にっそう》僧や、蘭渓道隆《らんけいどうりゅう》などの中国からの渡来僧によって「禅宗」という新たな仏教の教義が伝えられ、同時に「禅宗様《ぜんしゅうよう》」と称される建築様式が確立したことである。

「禅宗様」は「禅宗」とともに中国から伝わったものとされている。一二世紀、中国は「南宋《なんそう》」の時代で、その都は浙江《せっこう》省の杭州《こうしゅう》にあった。杭州は一一二七年から一一五〇年余り、都として栄え、中国禅林の中心である「中国五山」も杭州周辺に位置していた。

杭州の周辺に現存する南宋時代の古建築は、栄西や道元が入宋した頃の建物で、当時の中国側の建築文化の状況を知ることができる。そこには、日本の「禅宗様」建築の特色と、様々な部分で多くの共通点を見出すことができる。確かに、それらが「禅宗様」建築のルーツだったに違いないと思える。ところが同時に日本の禅宗様式とぴったり符合する遺構を見出すことができなかったことにも留意しなければならない。

日本の禅宗様式は、当時の中国建築を丸ごとコピーしたものではないように思える。日本の工匠が、中国建築の新たな構法やデザインを学びつつも、かなりの取捨選択を行って独自に造り上げたように思えるのである。

もう一つ考慮したいのは、「南宋」の都杭州は、「北宋《ほくそう》」の都「開封《かいほう》」の南七〇〇km余りに位置しており、北宋の建築文化が当時どの程度伝わっていたのか、確認できないということである。南宋が再興された頃の杭州の建築は、かつての都「開封」の最新技術ではなく、かなり地方色を持ったものだったのかも知れない。南宋と北方の「金《きん》」との国境は、黄河と揚子江の中間に位置する淮河《わいが》であった。中世に中国に渡った僧達は、かつての唐の都長安《ちょうあん》や、仏教の聖地である山西省の「五台山《ごだいさん》」、かつての北宋の都開封府には立ち入れなかった。日中の交流は南宋滅亡後も、元《げん》、明《みん》と続き、改めて中国国内の建築の潮流が暫時伝えられ、それらも織り交ぜながら、日本独自の「禅宗様式」が形作られたのかも知れない。

日本における建築関係のもう一つの大きな出来事は東大寺の再建である。この時、入宋三度と称する、俊乗房《しゅんじょうぼう》重源《ちょうげん》が六一歳で大勧進《だいかんじん》となり、八六歳で亡くなるまでに、大仏殿はじめ主要伽藍《がらん》の再興を果たした。この東大寺再建で採用された建築様式は極めて独特なもので、「大仏様《だいぶつよう》」と称され、東大寺南大門が現存している。

この「大仏様」は入宋した重源が導入したものとされている。しかし杭州周辺の古建築に「大仏様」を思わせるものはほとんど無かった。

東大寺再建に当たって重源に登用された、陳和卿《ちんなけい》という宋の工人の参画が知られている。陳和卿はじめ、東大寺再建に携わった宋の人達によって、福建《ふっけん》省辺りの地方色の強い建築様式が伝えられ、それが「大仏様」という独特の建築を造り上げたのではないか、と日中の研究者は考えている。

そこで、「大仏様」のルーツを求めて、福建省の古建築を訪ねてみようと思う。

＊日本の例　東大寺南大門　1199年に重源によって建てられた。組物などの独特の建築手法のルーツは、中国福建省なのだろうか。

27 福州 華林寺《かりんじ》 大殿《たいでん》

所在地　福建省 福州市 鼓楼区 華林路七八号
建立年代　呉越国 乾徳二年（九六四年）

福州《ふくしゅう》は福建《ふっけん》省の省都で、人口約四〇〇万人の大都市である。古くからこの地方の中心都市として、また海上交通、海外貿易の拠点として栄えてきた。

ところで、平安時代の八〇四年、弘法大師空海は、留学生として大唐の都長安《ちょうあん》を目指したが、乗船した遣唐使船は嵐に遭って一ヶ月余り海上を漂い、たどり着いたのが、福州の北にある赤岸鎮《せきがんちん》という寒村だった。空海の中国での足跡はこの福州から始まったのである。

唐が滅び、五代十国という群雄乱立の時代、福州は一〇国の一つ「閩《びん》」国の都となった。九四五年に閩は滅亡し、北に位置していた「呉越《ごえつ》」国の支配地となった。

華林寺《かりんじ》は、その呉越の時代九六四年に、当時の福州を治めた行政長官によって建てられた寺院だと伝えられている。福州市内中心部の北部、「屏山《へいざん》」という小高い山の南麓に位置し、清《しん》代までは福州の名刹として大規模な伽藍《がらん》を誇っていたが、一九五〇年代以降廃絶し、中心仏堂の大殿《たいでん》だけが辛うじて残された。

正面の全景　964年に建てられた、江南最古の建造物。正面３間、奥行き４間、入母屋造り、正面１間を吹き放しとする。

大殿は、建立以後、度重なる修復や改修によって、姿形が大きく様変わりしていたが、一九八〇年代の修理によって建立当初の姿に復元された。修理の際に、放射性炭素年代測定法による古材の調査が行われ、九六四年の建立が科学的に立証されたと解説書にあった。揚子江の南では最古の建築遺構である。現在は大殿を中心に周辺が整備され歴史遺産として公開されている。

大殿は、正面が三間で約一五・九m、奥行きが四間で約一四・七m、入母屋《いりもや》造りで、正面の一間は吹き放しとなっている。柱の上には組物を置き、軒を架けるが、正面だけは柱の間に、中央間で二組、脇間で一組の組物を配置する「詰組《つめぐみ》」となっている。正面だけ「詰組」とするのは異例で、中国でも他に例はないようである。

四周の柱は直径六四cmほどの丸柱で、下から三分の一の辺りが最も太く、上下でやや細くなっている。「胴張り」と称されるこの柱の造り方は、中国古代の様式を伝えているとされ、日本では法隆寺金堂などにも見られる。さらに、鎌倉時

正側面の全景　木柄が大きく、立ちが高く豪快である。正面１間は吹き放しで、正面だけ組物を密に配置するのは特異だ。

背面　正面と異なり、組物は柱上にだけ置かれ、古式である。組物は四手先で、柱間に中備えはなく、シンプルだ。

代に導入された「大仏様《だいぶつよう》」の特徴でもある。大仏様は日本国内の法隆寺の影響というよりは、華林寺のような同時代に存在した中国建築を模したものと考えられている。

建物周囲の四隅の柱は、他より約一〇cmほど長く造られている。つまり柱の頂部が隅だけ高くなっている。これは中国では「生起《せいき》」、日本では「隅延《すみの》び」と称され、鎌倉時代に広く普及した技法であった。この「隅延び」の技法は、日本の研究者は、美しい軒の反りを造るための要件と考えているが、中国の研究者は、柱を内側に少し

正面中央間の詳細　柱頂部の頭貫は虹梁形に造られ、その上に柱上と同じ組物が密に置かれている。

正面右脇間の詳細　断面円形の頭貫虹梁は特徴的。先端は隅で木鼻となるが、単に切り落としただけで素っ気ない。

正面左脇間の見上げ　頭貫虹梁の下端に「錫杖《しゃくじょう》彫り」があり注目である。垂木は１軒で、先端に「鼻隠板」が付く。

だけ傾けて建てる「内転び」、中国で「側脚《そっきゃく》」と称する技法と同時に用いて、地震などの外力に対応する構造的に優れた技法だと解釈している。

日本では、例えば奈良時代建立の奈良県の栄山寺《えいざんじ》八角堂などで「内転び」技法が確認されているが、普及しなかった。日本建築の歴史は、中国建築抜きには語れないが、同時にその影響や取捨選択の実情は、「日本的な感性」として注目したいものである。

華林寺大殿の建築的特色を見てみよう。最初は梁の断面が円形であること、そして正面の柱列では柱頭部に架かる頭貫《かしらぬき》にも円形断面の梁を用いていることである。頭貫は通常は矩形断面の材である。円形断面の梁は、端部で上端と側面を曲線状に削り落として矩形断面に造って柱に差し込んで納めている。梁の下端には「錫杖《しゃくじょう》彫《ぼ》り」という装飾的な刻みを施している。

このような丸い梁は中国では同じ福建省に数例あるだけで、とても珍

右側面後ろ隅の見上げ　隅と平の二手先目の「秤肘木」が一材で造り出され、隅で交差し、巧みに組上げられている。

背面組物の詳細　尾垂木３段の四手先組物。大斗と巻斗の「皿斗」、肘木上角の「笹繰り」、尾垂木先端の繰形が注目。

右側面前から第２柱の見上げ　頭貫、通肘木、丸桁の見付け面にある花形の彫り込みは他に例が無い。

右側面前から第２柱の組物　柱位置から丸桁にかけて板支輪となる。二手先目の枰肘木は長短の２材が重ねられている。

右側面前から第２柱の組物を正面から見る　正面吹き放し部分の天井を受けるため、内側に隅行き肘木が組まれている。

しい。その特異で珍しい形の梁が、実は日本にもある。それは東大寺南大門など俊乗房重源《しゅんじょうぼうちょうげん》の関わった「大仏様」と称される建物である。大仏様のルーツが福建省にあるとされる所以の一つである。

次に組物は「四手先《よてさき》」という形式で、垂木《たるき》を受ける桁が、柱通りから外へ四段階、持ち出したところに位置している。中国では「五手先《ごてさき》」まであるとされているが、「五手先」は皇帝専用の形式で、実質上「四手先」が最も格式高い組物形式である。

この組物の大斗《だいと》と巻斗《まきと》を見ると、下方に皿のような出っ張りがある。これは「皿斗《さらと》」という形式で、中国では漢代から唐代初め頃までの様式とされ、現存する中国の古代建築にその事例は無いが、日本の法隆寺金堂に実例がある。華林寺の皿斗は、七世紀頃までに福建の地に伝わった建築様式が、その後永く命脈を保っていた、と中国の専門家は考えている。

そしてこの皿斗が東大寺南大門など、重源の手がけた「大仏様」建築に用いられているのである。これも「大

正面右隅の組物を後ろから見る　内側は「二手先」組物で天井桁を受ける。丸い頭貫虹梁が柱際で削られる様子が分かる。

正面吹き放しの左端を見る　肘木の先端を合わせて一材で造り出す肘木は「鴛鴦交首栱《えんおうこうしゅきょう》」といい、中国ではよく見かける。

正面左隅の組物を内側から見る　天井は板張りの「鏡天井」で、四周は斜めの板支輪となる。中国現存最古の鏡天井。

仏様」の福建古建築ルーツ説の根拠となっている。

次は「肘木《ひじき》」に注目しよう。肘木の上角が斜めに削り落とされている。これは「笹繰《ささぐ》り」と称する手法で、中国では古代以来一貫した手法だが、日本では、奈良時代の建築的特色である。その後、一二世紀末以降に「大仏様」と「禅宗様《ぜんしゅうよう》」建築で再びこの手法が採用されている。当時の中国建築の様式が改めて導入された結果だと想定されている。

肘木の下端はなめらかな曲線となっている。これは日本では一般的な形だが、中国では唐代までの古い形式で、かなり珍しい、と解説書にあった。中国の肘木の下端曲線は曲線のように見えて、実は折れ線状の多角形に造るのが正規の方式とされているのである。清代には反転する円弧の連続のような例もある。中国の専門家から見れば、日本の肘木は唐代の古式な事例と見えるようだ。

正面吹き放し中央間の左柱筋を見る　天井の下に架け渡された円形断面の短い梁、その上の天井桁の繰形は注目である。

正面の間仕切りを見る　中央間の左右の柱は高く延びる「母屋柱」で、「挿肘木」が取り付いている。

尾垂木《おだるき》の先端の形はさらに注目である。上端が反転曲線となっている。同様な尾垂木は福建省にはあるが、それ以外の地域では全く例がない。しかし私は、曲線の連続するその形に、「大仏様」の木鼻の繰形《くりがた》を連想せずにはいられなかった。

一四世紀初めに建てられた広島県尾道市の浄土寺《じょうどじ》多宝塔《たほうとう》によく似た姿の繰形付きの尾垂木が用いられている。浄土寺は東大寺の工匠によって建てられている。技術や様式の伝播が、東大寺、大仏様、重源、中国福建省、華林寺と遡ることができるように思えるのである。

華林寺大殿は、揚子江以南の最古の建築で、中国でも珍しい様々な特色を持っている。その一つ、正面の吹き放し部分に注目しよう。建物の四周に差し掛けのような庇《ひさし》を付け、屋根が二重となる建物の場合、その差し掛けの庇部分を吹き放しとする例は、中国でもまた日本でも、例えば平等院鳳凰堂などに少なからず見受けられる。

しかし屋根が一重で、正面の一間

堂内を正面右側から見る　堂内は正面３間、奥行き３間で、正面側１間四方が「母屋」。両側と背面の三方が「庇」である。

後方の母屋柱筋を見上げる　母屋柱と、柱間の中央に「平三斗組物」を３段に積み重ねる。中備え最下段の板は風変わりだ。

分を吹き放しとする事例は決して多くない。華林寺大殿は正面吹き放しの構法が残された貴重な例である。日本では奈良時代建立の唐招提寺金堂と、興福寺東金堂にその例がある。現在の興福寺東金堂は室町期の再建だが、奈良時代創建期の姿がかなり忠実に再現されている、と考えられている。中国山西省の雲崗《うんこう》や天龍山《てんりゅうざん》石窟では、石窟の正面に吹き放しの柱列が彫り出された事例がある。仏堂の正面を吹き放しの柱列とする構法は、少なくても唐代までには広く行われていて、それが日本に伝わったと考えられるのである。

この正面の吹き放し部分にだけ、天井が張られているのも注目である。柱通りから内側に天井桁を架け、柱位置から天井桁には斜めに、そして中央では水平に一面に板を張っている。

板を一面に張り詰めた天井は、日本では「鏡天井」と称され、禅宗様建築の特色とされている。禅宗伝来以前

後方の左母屋柱を見る　側柱上の組物に繋ぎ梁を架けて繋ぐが、柱に繋ぎ梁やそれを支える挿肘木のホゾ先が見える。

後方の左母屋柱を見る　大虹梁に隣接して垂木掛けが通るのは不思議な納まりだ。繋ぎ梁上の雲形の材も不思議だ。

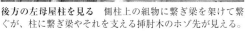

の天井は、垂木ほどの角材を、密に格子に組んだ「組入《くみい》れ天井」、或いは大きく疎らに組んだ「格天井《ごうてんじょう》」だった。これらの天井形式は中国に前例がある。

「鏡天井」は古代の日本には無かった形式である。そして「鏡天井」は中国から伝わったものと漠然と考えられているが、中国建築で「鏡天井」はほとんど見られない。ところが、華林寺では正面一間分全面が「鏡天井」となっている。このように板を全面に張り詰めた形式の天井は、中国の古建築の専門書を見ても名称すら出てこない。中国では一般的な天井形式とはならなかったようだ。「鏡天井」は華林寺の建てられた一〇世紀以降の一時期に、中国江南の特定の地域だけで普及した天井形式で、それがたまたま、日本に「禅宗様」として伝わり、日本で命脈を保っている、と思えるのである。

華林寺大殿の正面吹き放し部分の天井は中央が高

後方の右母屋柱を見る　母屋柱には桁行方向にだけ頭貫が通り、前後は組物上の大虹梁で繋いでいる。

右側「庇」を正面側から見る　側面中央の柱上組物は５段に肘木を重ねて中桁を受けている。２段目の尾垂木はさらに内側に延びて、垂木掛けを受けている。

く、両端が斜めになって、わずかだがドーム型となっている。これを見て、京都宇治萬福寺《まんぷくじ》にある「黄《おう》檗《ばく》天井」を思い出した。萬福寺は、江戸時代の初め、中国からの渡来僧隠元《いんげん》禅師の開いた寺で、禅師が住職をしていた中国福建省の黄檗山萬福寺がモデルとなっている。福建省では華林寺の天井が七〇〇年を経過して受け継がれ、「黄檗天井」へと変化し、日本に伝わったのである。「黄檗天井」は長崎の崇《そう》福寺《ふくじ》にもあり、日本では中国色を感じさせる独特の意匠となっている。

　華林寺大殿の堂内の様子を紹介しよう。大殿は正面の柱間が三間、奥行き四間の建物だが、正面の一間が吹き放しの外部空間となるので、堂内は三間四方となっている。ただしその各柱間寸法は等間隔ではないため、堂内は正面が約一五・七m、側面が一〇・四mほどの横長の平面となっている。

　内部は一面の広い空間で、中央後方に独立した二本の柱が建ち、その柱と、正面中央間の柱で囲まれた部分が

右側「庇」を正面側から見る　5段に重なる肘木の巻斗は先端に1個だけ。横の繋ぎ材は五手先目だけである。

右側「庇」の後ろ隅を見る　組物は柱位置にだけ置かれ、組物を横に繋ぐ材がないので、隅の納まりも単純である。

建物の中心となっていて、その三方に下屋のように庇が巡る空間構成となっている。

日本の仏堂を見慣れた者にとって、華林寺大殿の内部構成で最も特徴的なのは、見上げると天井が全く無く、全面に垂木が露出し、軒裏が建物中心に向かってそそり立つように高い、堂内空間となっていることであろう。

中国の建物には「殿堂《でんどう》」と「庁堂《ちょうどう》」という格式の異なる二種の構法があるとされている。「殿堂」は高級かつ大規模な建築に用いられる構法で、天井を設けて屋根裏は見えない。屋根裏には何段にも梁を積み重ねて屋根を受けている。北京故宮《こきゅう》の大和殿《たいわでん》がその代表例である。

一方「庁堂」は「殿堂」より格式が一段低く、中規模以下の建物に用いる構法とされ、天井は無く屋根裏が露出する。内部の柱は、外周の柱より高く、屋根の近くまで伸び、その柱に差し込むように梁を架けるのが特徴だとされている。この華林寺大殿はまさに「庁

母屋右側を見上げる　母屋柱上の組物に大虹梁を架け、さらに二重虹梁を架けて切妻形の屋根を造る。

正面の間仕切りを斜め後ろから見返す　庇柱の頭貫を母屋柱筋に貫通し、別に「挿肘木」や「通肘木」を通しているのは注目である。

堂」の架構である。天井の無い「庁堂」は中国では極めて一般的で、天井を張った事例は少ない。

私の見た中国建築では、蘇《そ》州《しゅう》の玄《げん》妙《みょう》観《かん》三《さん》清《せい》殿《でん》は全面に天井を張った「殿堂」であったが、それ以外は天井を張らない「庁堂」形式であった。

日本では法隆寺金堂が天井を張った「殿堂」の架構であり、その後、唐招提寺金堂から近世に至るまでの多くの仏堂が天井を張っている。

一方で、奈良時代に建立された奈良市の新薬師寺本堂や、法隆寺の食堂《じきどう》や東院伝法堂《でんぽうどう》などは天井を張らず屋根裏を見せている。「庁堂」形式も古代には伝わっていたのである。

しかし日本では、「殿堂」で用いる「天井」が特に好まれ、その後長く受け継がれたと私は思っている。それは堂内に床を張る「座式」への変化と呼応する美意識なのかも知れない。

正面の間仕切り上部を見返す　垂木は各母屋位置で上下の通りがずれている。垂木は母屋毎に勾配が異なるので、母屋毎に別材とし交互に配置している。それで屋根面の弛み曲線を作る。

正面の間仕切りの左脇間を見返す　ここに繋ぎ梁は用いていない。側廻りの組物と、母屋柱の挿肘木が対応している。

そんな中で鎌倉時代の初め、中国に渡った俊乗房重源が建てた兵庫県の浄土寺浄土堂は天井が無く屋根裏が露出している。この内部空間は異質で、まさに「庁堂」式である。それは当時の中国で最も一般的だった「庁堂」の技法が、改めて伝えられたと思えるのである。

華林寺大殿の架構を眺めてみよう。中央の一間四方の部分は、高く伸びた四本の柱の上に、肘木を三段に重ねた「三手先《みてさき》組物」を置き、前後に大虹梁《だいこうりょう》を渡し、その梁の上にさらに「二手先《ふたてさき》組物」を置いて二重目の虹梁を架け、中央に太い棟木を置いて、建物中央の屋根部分が構成されている。垂木は棟木から前後の側柱まで葺き下ろしとなっている。

大虹梁に隣接して外側には、別に「通《とおり》肘木《ひじき》」と桁材を架け渡し、そこから両側面の柱通りに垂木を架けて「入母屋屋根」が形造られている。

天井がないので、屋根の架構の様子がよく分かる。特に妻側の垂木掛けや隅

左側面の中央２間を見る　柱筋に「三斗組物」と「通肘木」が３段に重なる。３段目に壁がないのは不思議だ。肘木は長さが統一されていないが、中国では一般的な技法。

背面中央間を見る　大きな「板桟戸」が建て込まれている。扉の上部に長い横材を渡して軸を受けている。柱間に中備えが何もないのは、中国でも珍しい。

木の納まり、組物や柱の配置などの相互の関連性は実に複雑で、どのように考え、計画したのか、とても興味のあるところだ。

背面の「庇」中央間を右から見る　母屋柱との間に丸い繋ぎ梁を架け、その上に不思議な形の板材を据えて中桁を受ける。

背面の「庇」中央間の左柱筋を右から見る　繋ぎ梁上の板材には彩色の痕跡が残る。尾垂木尻が母屋柱上の肘木に挟み込むように取り合っている。

華林寺大殿の架構構成を見ていると、最初に垂木を受ける桁や母屋、隅木の配置を計画し、その後でかなり自由に、組物や柱の位置、梁の架け方を計画したように思える。上から下に向かって設計計画が進められているように思えるのである。

今の我々は、最初に部屋割りや柱の配置を計画し、それに従って順次上部の構造を考える。中国の建築計画の思考回路は我々とは真逆のようだ。日本の「鋸《のこぎり》」は引いて切る。これに対して中国の鋸は押したときに切れる。日本と中国の建築は姿形は似ていても、道具の使い勝手と同様に、設計計画も逆なのかも知れない。

華林寺大殿では「貫《ぬき》」と「挿肘木《さしひじき》」にも注目したい。「貫」は柱に抜き通して軸組を固める部材である。日本には鎌倉時代になって「大仏様」「禅宗様」建築とともに導入されたとされている。

しかし華林寺大殿では、柱頂部の頭貫以外に貫らしい貫はない。その中にあって、正面入り口中央間の高く伸びた柱にだけ、三段の貫が通されている。下の段は周囲の頭貫と同じ材を同じ高さで通し、その上は側廻り組物の肘木や桁と対応するように貫が通されている。不規則な配置だが、柱を延ばして組物を省略したことによる工夫のようで、試行錯誤の様子が窺える。

またここでは貫の先端を肘木状に作り、巻斗を置いて、その上にさらにもう一段、長い肘木を柱に差し込んで巻斗を置き、上の貫を支えている。これは東大寺南大門に見られる「大仏様挿肘木」構法の端緒を思わせるもので、大いに注目である。

九六四年建立の華林寺より少し遅れて一〇一三年に建立された寧波《ニンポー》の保国寺《ほうこくじ》大殿でも、内部中央の高い柱に四段の貫が通されていて、両者を比較すると技術的な発展の様子を見ることができる。

さらに注目したいのは、棟木を受けている二重虹梁の先端と、その虹梁を受けている肘木の先端で、よく見ると円弧の連続する「繰形」となっている。これはまさに東大寺南大門の木鼻と同じ意匠である。

華林寺大殿は「大仏様」との共通性を強く感じさせる、貴重な遺構である。

（見学日・二〇一〇年六月二五日・二〇一五年一一月四日）

背面から「母屋」を見返す　堂内の空間構成は見応えがあるが、仏壇は残らず、仏堂本来の荘厳の様子は分からない。

28 福州 雪峰寺《せっぽうじ》

所在地　福建省　福州市　閩侯県　大湖郷　雪峰村

福州《ふくしゅう》市の中心から西へ八〇km程離れた山中に、雪峰寺《せっぽうじ》という禅院がある。雪峰寺を訪ねたときの印象は今でも忘れられない。

福州市内でタクシーに乗り、雪峰寺に向かった。賑やかな市街の喧噪を後にし、やがて人家もない山道を走ること一時間余り。本当にたどり着けるのだろうか、どんなところなのだろうかと不安が増す。そして尾根を越え、下ったところで、目的地だと告げられた。タクシーを降りると、目の前には池、周囲を見回すと池を中心に四周に山並みが連なっている。まるで盆かすり鉢の中にいるようだ。池の向こうが雪峰寺の主要伽藍《がらん》だが、正確にはこの山並みで囲まれたすべてが寺域で、遠く山の中腹に見える建物もお坊さんの住む僧坊だという。周囲の山々にはそれぞれ仏の名が付けられ、それらの山も信仰、礼拝の対象なのだという。

ここに立って、私はとっさに高野山を思った。規模は違うが、山の奥深く、すり鉢状の盆地、その風景や寺院のあり方が全く同じなのだ。

遣唐使船で福建省《ふっけん》に流れ着いた弘法大師空海は、長安《ちょうあん》に向かう途中で、ここ雪峰寺を通り、高野山のモデルとしたに違いない、そんな妄想に駆られた。しかしこの雪峰寺が開かれたのは、西暦八四〇年。空海が福州に着い

雪峰寺周辺の風景　四周に山並みが巡り、中央に池、その向こうに伽藍が建つ。高野山金剛峯寺を彷彿とさせる風景だ。

たのは八〇四年。空海が雪峰寺を見たはずはない。

しかしこの類似は偶然だとは思えない。恐らく、当時、このような山中のすり鉢状の地形が、僧侶の修行する理想的な場所と考えられていたと思うのである。

雪峰寺は九世紀からの歴史を刻むが、伽藍他の建物は全て清代一九世紀の再建であった。しかしその中で、周辺部に建つ小さな門や路傍の小堂に「挿肘木《さしひじき》」が用いられていたのは、大きな発見であった。この挿肘木の姿

伽藍中心の大雄宝殿　建物は近代の再建だが、境内の老樹が歴史を物語っている。数十人の修行僧が僧坊で生活していた。

付属寺院の門　軒を支える「挿肘木」、軒先の「鼻隠板」は、「大仏様」建築と全く同じ工法で注目である。

門の組物の詳細　直交する「挿肘木」は高さを違えている。巻斗は肘木の先端にしかない。隅行きに肘木は出ない。

は、華林寺《かりんじ》の挿肘木の発展形である。そしてこれは重源《ちょうげん》の建立した兵庫県にある浄土寺浄土堂ととても似ている。

　また、軒先の垂木《たるき》の先端には「鼻隠板《はなかくしいた》」という板材が取り付いている。これも浄土堂と同じである。これらの「挿肘木」と「鼻隠板」は、重源の建てた「大仏様」建築の特色である。

　雪峰寺の建物は時代的には一三世紀建立の浄土寺浄土堂とは大きく隔たっているが、福建省で長く伝統工法として受け継がれたものに違いない。

　雪峰寺を見て、大仏様のルーツが福建省にあることを確信したのである。

（見学日・二〇一〇年六月二六日）

門の正面流れを横から見る　正面側の両側面の柱間に２本の束を建て、母屋桁を渡して円弧状の天井を作っているのは驚きだ。

雪峰寺伽藍周辺の小堂　伽藍の近くで見かけた祠で、古くても清代のものとは思うが、ここでも「大仏様」の挿肘木と「皿斗」が用いられていた。

29 福州 涌泉寺《ゆうせんじ》 千仏陶塔《せんぶつとうとう》

所在地　福建省 福州市 晋安区 鼓山鎮
建立年代　北宋 元豊五年（一〇八二年）

福州《ふくしゅう》市の東の郊外に「鼓山《こざん》」という山並みの続く景勝地がある。海抜四五〇mほどの中腹に、涌泉寺《ゆうせんじ》という寺院がある。涌泉寺は一〇世紀初頭にこの地を支配していた「閩《びん》」国の王が開いたと伝えられる古刹で、現在も禅刹として参詣者が絶えない。

広大な伽藍《がらん》の正面にある天王殿《てんのうでん》の前、東西に、「千仏陶塔《せんぶつとうとう》」という同型同大の二基の模型のような塔がある。現在の伽藍の建物は清《しん》代以降に再建されたものだが、この塔は、北宋《ほくそう》の一〇八二年に造られたことが、壁面に刻まれた銘文で明らかとなっている。日本では平安時代、平等院鳳凰堂が建てられた頃である。

銘文には、東塔を「荘厳劫《しょうごんごう》千仏宝塔」、西塔を「賢劫《けんごう》千仏宝塔」と記している。

実はこの塔は、一九七二年にここに移されたもので、もとは福州市の南の寒村にある龍瑞寺《りゅうずいじ》という小さな寺院に、人知れず伝えられていたものであった。文化大革命で壊滅的な破壊を受けた涌泉寺を再興する際に、この地方の貴重な文物を保護するために移されたという。

陶塔の全景　伽藍正面、天王殿の前左右に同形同大の塔が建っている。もとは福州市郊外の寺院にあったもので、1972年にここに移された。

千仏陶塔はその名の通り、陶器で造られている。また「千仏」と称されているように、壁面には小さな仏像が張り付けられ、実際にその数は一一〇〇躰ほどあるという。

石製の台座に二重の須弥座《しゅみざ》という基壇を据え、その上に八角九重塔が建てられている。解説書によると、初重の一辺の柱間は六八cm、塔の高さは六・八m、一重毎に焼き上げ、積み上げているという。軒先には風鐸《ふうたく》が付いているが、これは移築の際に塔内から発見されたものを基に復原した、とあった。頂部の相輪部分は既に失われていて、移築の際に類例を参考に新たに造ったものだという。

表面には釉薬がかけられ、赤銅色に仕上げられている。陶器で造られてはいるが、木造建築の様式が細部まで表現され、しかもこれだけの規模のものは、中国でも珍しいそうだ。

この陶塔の表現している建築技法を見よう。軸部の特色としては、柱が内側に倒れる「内転び」となっている

東塔：全景　1082年に造られた陶器製の八角九重塔で、茶色の釉薬がかけられている。石製の基壇も同時期だろう。

東塔：上層部の詳細　六重から上では両側面に扉口はなく、一面に仏像が祀られている。「千仏陶塔」の名の由来である。

ことが注目である。日本にもこの技法は伝わっていて、奈良時代建立の奈良県五条市の栄山寺《えいざんじ》八角堂が「内転び」となっている。その後日本では普及しなかったが、中国では連綿と受け継がれていたことが分かる。

柱を繋ぐのは足元の「地覆《じふく》」と頂部の「頭貫《かしらぬき》」だけで、途中に「貫」や柱上端に「台輪《だいわ》」などの繋ぎ材はない。これは当時の日本の状況と同じで、その頃、北の「華北」地方で変化していた建築工法が、この江南までは伝わっていなかったことを物語っている。

東塔：三重の詳細　尾垂木が２段に入る四手先組物。大斗と巻斗は「皿斗」付き。柱間の組物の最下段に繰形の材が入る。

東塔：二重の詳細　軒は１軒で、屋根は本瓦形。高欄の下に庇のような屋根が付くのは珍しい。棟の先に神像を据える。

東塔：二重の組物詳細　尾垂木が２段に入る四手先組物。中間の組物は大斗の代わりに、蟇股のような繰形付きの材となっている。四手先目で繰形付きの材が桁を受けているのは注目。

中国の解説書では、この陶塔の屋根瓦に注目しているのが興味深い。それはこの塔の屋根が「本瓦葺き」だ、というのである。なぜ本瓦葺きが注目に値するのか、と不思議に思うだろうが、福建省《ふっけん》では瓦葺きといえば、「瓪瓦《はんが》葺き」という形式なのである。それは「丸瓦」を用いず、「平瓦」を上下交互に葺いたものである。これは瓦の出現した紀元前七、八世紀の葺き方で、江南ではその伝統が今でも伝えられているのである。解説書では、一一世紀に、新たな瓦葺き技法「本瓦葺き」が江南に伝わっていたことに注目したのである。

遺構を通して、人々の往来や、文化の伝播を知ることができるのである。

「千仏陶塔」は模型のようだが、その建築的な表現はとても精巧で、木造構法を彷彿とさせる。軒下の組物を見ると、尾垂木《おだるき》を二段入れた四手先《よてさき》組物であることがはっきり確認できる。

東塔：初重の詳細　蓮弁の付いた基壇で、高欄が廻る。柱は内側に傾けて建てられている。中国で「側脚《そっきゃく》」という技法。

東塔：基壇の詳細　塔は蓮弁を添えた二重の基壇に建ち、それが石製の台座に置かれている。基壇を支える力士像の異国的な風貌は印象的だ。

一手先目には秤肘木《はかりひじき》を置いて通肘木《とおりひじき》を受け、二手先目には長短二種の秤肘木を二段に重ねて通肘木を受けている。これは「計心造《けいしんぞう》」という宋代の最新の組物技法である。段差の異なる通肘木の間には、二段に「支輪《しりん》」が架けられているが、斜めに交差する線が刻まれていて、「菱支輪《ひししりん》」が表されているようだ。尾垂木は、先端に向かって上端をそぎ落として、尖った形となっている。これは「批竹昂《ひちくこう》」という形式で、日本には伝わらなかったが、中国では唐《とう》代以降の正統な形である。

初重から七重までは、柱間の中間にも組物を置いている。その中間の組物を見ると、最下段は「大斗《だいと》」ではなく、何やら不思議な曲線で造られた飾りのような部材が支えている。日本建築に例えれば、「蟇股《かえるまた》」のように見える。このような組物の納まりは、現存する中国建築には、恐らく無い。少なくても私の知る限りでは無い。とても珍しいものであるが、ほとんど同じ姿が絵画では残っている。それは有名な敦煌莫高窟《とんこうばっこうくつ》、一七二窟に描かれて

西塔：全景　下から順次逓減して細くそそり立つ姿は独特である。移築の際に整備された相輪は少し大き過ぎて、不釣り合いなように思う。

西塔：二〜五重を見る　各重毎に焼き上げて、積み重ねているという。柱が内側に傾いている様子がよく分かる。

いる阿弥陀浄土の宮殿の絵である。唐《とう》が最も栄えていた八世紀の作とされている。

　敦煌と福州は三〇〇〇km、唐の都長安《ちょうあん》から東西にそれぞれ一四〇〇km前後も離れている。この二つの類似を説明できるのは、「唐の文化の伝播」ということ以外には思いつかない。広大な中国大陸の統一的な支配が、文化を伝えたことを物語る貴重な遺構である。

西塔：基壇〜二重を見る　初重に２段重ねの四角な礎石があり、側面に彫刻を施す。類例のない礎石のようだ。

　直接的な関連性の証明は難しいが、中国建築の影響を色濃く感じさせる日本の中世の仏堂建築、例えば広島県の明王院《みょうおういん》本堂や、兵庫県の鶴林寺《かくりんじ》本堂などの中備え組物は、最下段に蟇股を置いていて、この涌泉寺千仏陶塔と類似した意匠である事は興味深い。

　この陶塔の中備え組物の最上部を見ると、下にあったのと同じ、不思議な曲線で造られた飾りが桁を支えている。この意匠は類例のない希有の遺構である。

　次に大斗と巻斗《まきと》に表現されている「皿斗《さらと》」に注目しよう。皿斗は同じ福州市にある華林寺大殿《かりんじたいでん》でも用いられて

西塔：三重の詳細　本瓦葺き形で、軒丸瓦に六弁花の文様が細かく刻まれているが、軒平瓦には何の表現もされていない。

いる。この、唐代以前の建築技法である「皿斗」は、浙江省《せっこう》の古建築にはない。そればかりか、中国での「皿斗」の事例は、山西省大同《だいどう》にある五世紀の雲崗《うんこう》石窟に見られる程度で、他にはこの福建省だけのようである。しかもその「皿斗」が、日本では法隆寺と、鎌倉期再建の東大寺南大門や「大仏様《だいぶつよう》」と呼ばれる建物に見られるのは、文化の伝播を考える上で、とても興味ある事実である。

この千仏陶塔の銘文には「匠人高成」と作者の名が刻まれている。今となっては、その工人の来歴を知ること

西塔：二重の詳細　尾垂木２段の四手先組物。中間の組物は大斗の代わりに蟇股のような繰形を置く。しかも上段の尾垂木上にも繰形を置いて桁を受けているのは注目である。

西塔：初重の詳細　軒先は隅で大きく反り上がり、縁の小庇、縁の高欄にまで反りが付いている。高欄の意匠は特異だ。

西塔：初重の詳細　大斗と巻斗は「皿斗」となっている。支輪が３段に入り、上２段には斜めの格子が刻まれている。

はできないが、この陶塔の造形に確たる自信と責任を持っていた証に違いない。千仏陶塔は、途切れかけた歴史を繋ぐ貴重な遺構なのである。

（見学日・二〇一〇年六月二六日）

西塔：基壇と初重の詳細　基壇も初重軸組も内側に大きく傾いている。中国建築は「内転び」が基本であることが分かる。

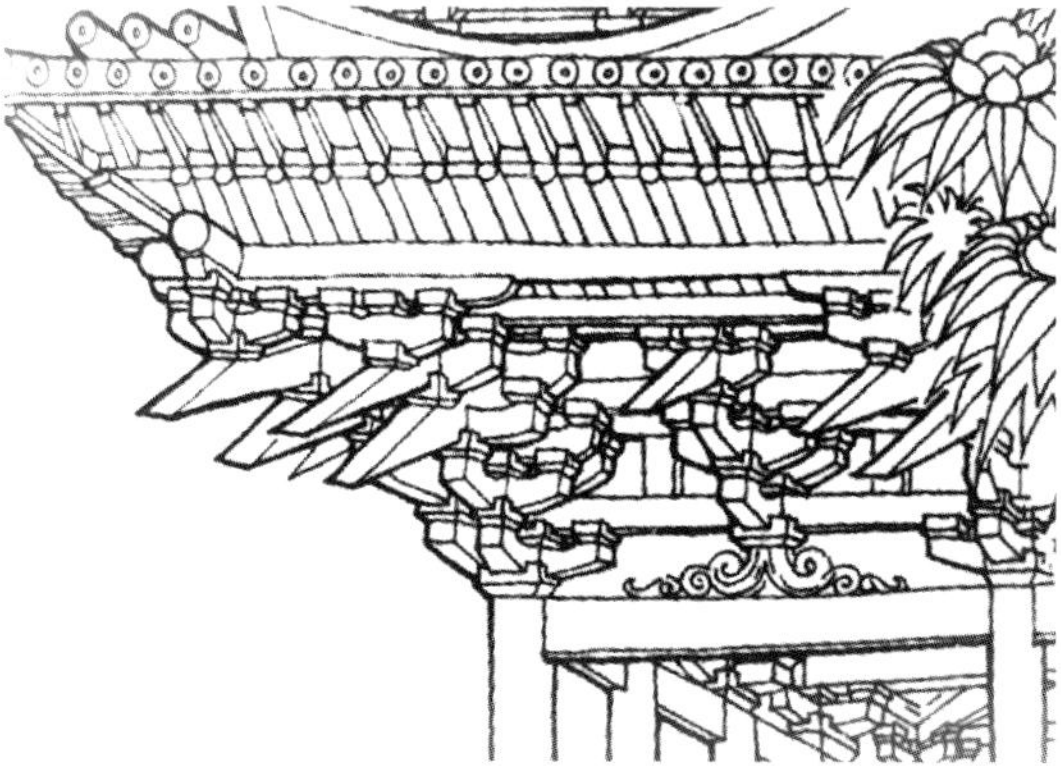

敦煌莫高窟172窟壁画の見取り図　８世紀の壁画で、中間の組物が千仏陶塔と同じ繰形の部材で支えられている。『敦煌建築研究』簫默著中国建築工業出版社2019より転載。

30 福州市羅源 陳太尉宮《ちんたいいきゅう》

所在地　福建省 福州市 羅源県 中房鎮 乾渓村
建立年代　南宋 嘉熙三年（一二三九年）頃

陳太尉宮《ちんたいいきゅう》は福州《ふくしゅう》市の中心部から北に五〇km程離れた羅源《らげん》県の山中にある。この辺りは長い間、地域外の人の立ち入りが制限されていたらしく、陳太尉宮の存在も近年まではほとんど知られていなかった。

私は、中国から日本に留学していた古建築研究者にこの建物の存在を教えてもらったが、彼には、この地域は反日感情が強いので注意した方が良い、とも忠告された。とは言っても興味は募り、中国人の通訳兼ガイドとともに、二〇一五年に念願叶って陳太尉宮を訪れた。

福州市街のホテルからタクシーで二時間余り、何度も道に迷いながらようやくたどり着いた。見ると、建物は修理中だった。期待外れのようにも思ったが、現場事務所があったので、中国人ガイドに見学したい旨、交渉してもらった。すんなりOKをもらい、現場に入ったが、建物には修理のための足場が組まれ、建物の全貌はほとんど分からなかった。

山門正面の全景　修理中だったので足場でほとんど建物は見えなかった。屋根瓦の整理の真っ最中だった。

解説書によると、陳太尉宮は、一〇世紀の初め、この地を治めた「閩《びん》」国の官僚だった「陳蘇《ちんそ》」がここに隠居し、先祖を祀る廟を建てたのが始まりだという。その後一三世紀の南宋《なんそう》の時代、「陳蘇」の一五代目で、金との交戦で戦死した「陳慶《ちんけい》」を合祀し、その官位にちなんで「陳太尉宮」と呼ばれたという。

陳太尉宮は中庭を中心に、奥に「大殿《たいでん》」、左右に「配殿《はいでん》」と「廊廡《ろうぶ》（廻廊）」、そして正面に「戯台《ぎだい》（舞台）」を兼ねた山門がロの字型に連続して建ち並ぶ、複合的な建物構成となっている。

これらの建物は、左配殿が明《みん》代の一七世紀初頭、右配殿が清《しん》代の一八世紀後半、戯台（山門）は一九世紀半ばの建物で、明代、清代を通じて順次拡張され、今の姿が出来上がった。

中心の「大殿」は、残念ながら建立年次は明らかでないが、その建築様式をみると、明代、清代の建物とは「全く」違う。少なくても「陳慶」を合祀して「陳太尉宮」と称した一二三九年に遡るのは確実のようだ。

大殿は、正面の間口三間、奥行き六間である。この内、正面一間、奥行き四間が「母屋《もや》」に当たる中心部分で入母屋《いりもや》屋根となっていて、その四周に一段低い屋根の庇《ひさし》を巡らした構成となっている。

内部は、庇を含めた奥行き六間の内、正面から四間と五間の境の庇部分が壁になっている以外は開放となって

山門正面を見上げる　写真上に組物の肘木が網目のように組み合った「如意斗栱《にょいときょう》」。奥に「藻井《そうせい》」という八角のドーム型の天井が見える。この天井の組物も如意斗栱である。

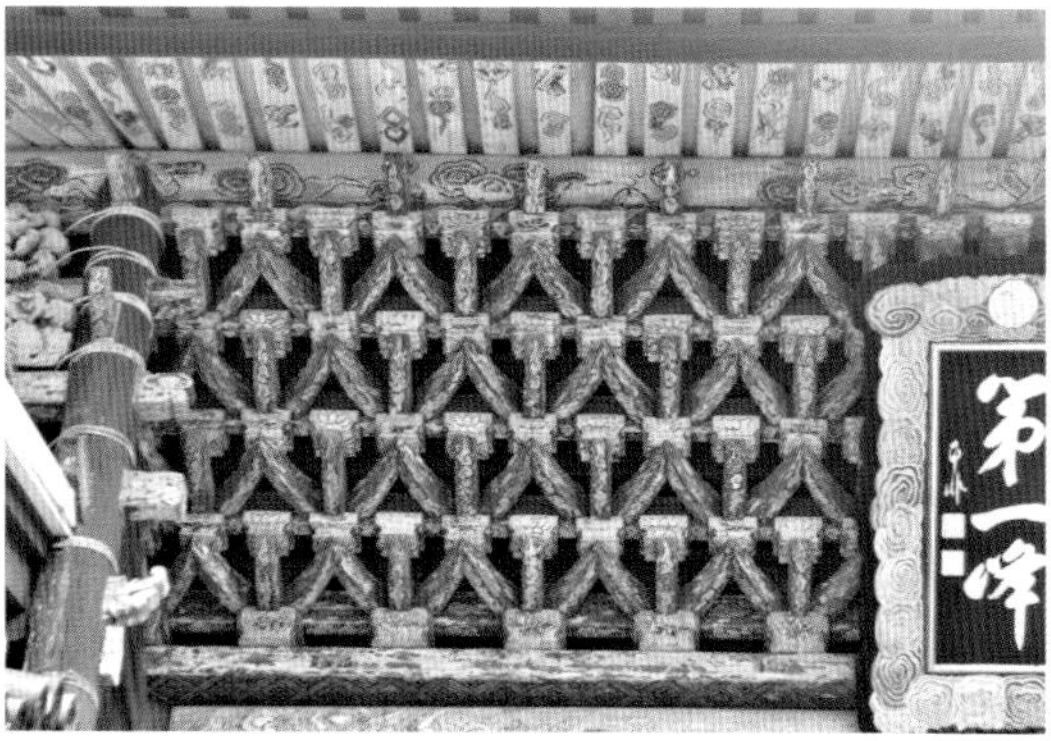

＊日本の例　崇福寺（長崎県）「第一峰門」の組物　中国で加工し、長崎に運ばれ組み立てられたと伝えられる。「如意斗栱」である。

いる。

解説書を見ると、「大殿」の正面側を「前殿《ぜんでん》」と「正殿《せいでん》」、奥を「祠堂《しどう》」と称している。そして「祠堂」は一〇世紀初頭に創建された部分で、「前殿」と「正殿」はその後一二三九年に増築された部分、とあった。確かに間口に対して、奥行きが二倍近くある平面形態は不可解で、しかもよく見ると、建築様式は確かに違う。この大殿には解明されていない沢山の歴史が秘められているようである。

一〇世紀の創建から清代の一九世紀半ばまでに建てられた、陳太尉宮の複数の建物の細部を見比べると、時代による移り変わりがよく分かる。

最初に、清代の一八六一年に建てられた、正面の入り口「山門」の組物を紹介しよう。この組物はとても珍しい。肘木《ひじき》が斜め四五度の方向にも架けられている、しかもその斜め肘木の先端が繋がり合っている。一見すると軒下一面が、肘木を繋ぎ合わせた「網」のように見える。

これと同様の組

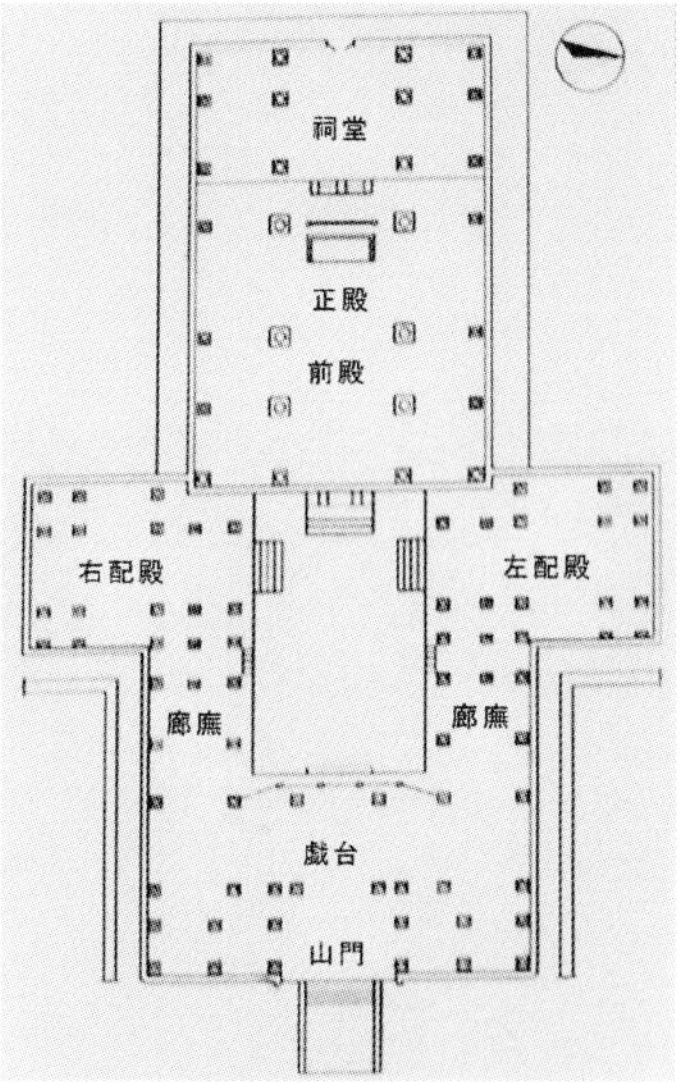

平面略図　中庭の四方に建物が建ち並んでいる。(案内板を加工修正した)

左配殿の天井詳細　17世紀初頭の建立とされている。日本の「鏡天井」と同じである。

左配殿の組物　３段に迫り出す「挿肘木」で、巻斗は「皿斗」で先端に１個置く。内側の虹梁は円形断面。軒先に「鼻隠板」。ここでは大仏様が根付いている。

右配殿の天井詳細　18世紀後半の建立とされる。天井桁は隅に斜めに架けて八角に造り、一面の「鏡天井」となる。

右配殿の壁下地　割竹を編んで壁下地を造っていた。土は使わず直接漆喰を塗っている。中国では珍しい技法だろう。

物を、私が訪れた江南地方でいくつか見た記憶がある。私は漠然と、清の時代にはよくあるものだと思っていた。しかし改めて中国の古建築の専門書を見たところ、このような組物はほとんど紹介されていない。何故だろうと思ってインターネットで検索したところ、これは「如意《にょい》斗拱《ときょう》」と称され、中国でも特異で、主に江南だけに見られるもの、とあった。

私が、この「山門」の組物を、中国にはよくあるもの、と思ったのには理由がある。それは、これと全く同じものが日本にあるからだ。それは寛永二一年（一六四四）に建てられた長崎県の崇福寺《そうふくじ》の国宝「第一峰門《ほうもん》」である。

崇福寺は江戸時代初期、長崎に居を構えた中国商人が建てた寺である。建物は中国浙江《せっこう》省の寧波《ニンポー》で加工し、船で運んで建てたと伝えられている。木材も技術も純中国産である。

「第一峰門」の建てられた一六四四年は、中国では約三〇〇年続いた明王朝が滅びた年である。王朝交代の動乱の中で、新天地を求めた人たちが、物や文化や技術を携えて、日本に渡ってきたのだろうか。

前殿の正面右柱を後ろから見る　頭貫は大きな円形断面で、隅で切り放しの木鼻となる。尾垂木付きの三手先組物。中備えは大斗が異様に大きく、中央の巻斗も大きい。

前殿の右後ろ隅の組物　尾垂木はすぐ上の手先方向の肘木に挟まれ内側には延びていない。先端の繰形は特徴的。１段目や２段目の肘木に秤肘木を組まない形式は中国では珍しい。

＊日本の例　薬師寺東塔（奈良県）の組物　１段目、２段目の手先に秤肘木を置かない。壁付きで「三斗組」を２段に重ねる。丸桁が角材。陳太尉宮とこれらの類似は偶然だろうか。

崇福寺「第一峰門」は一七世紀の中国建築そのものである。しかも同時代の「如意斗拱」は中国には残っていないようである。

一九世紀半ばの陳太尉宮山門の建築様式が、実は明代まで遡ることを証明しているのは、日本に残された崇福寺「第一峰門」であるのは、とても不思議に思う。それは日本と中国の文化の交流が「密」であったこと、そして同じ文化的土壌の上で生きてきたことを証するもののようである。

とは言っても、日本と中国には大きな隔たりもある。それは山門を入ってすぐ上の天井である。それは中国で

前殿の正面左隅の組物を後ろから見る　組物の４段目の肘木が裳階の柱と取り合っている。裳階とこの組物は同時期のようだ。

前殿左奥、正殿境の組物を見る　２段目の尾垂木が三手先目の秤肘木と組み合う。このような尾垂木の構法は珍しい。

前殿左奥、正殿境の組物の詳細　柱上の「方斗」が特大なこと、尾垂木が肘木に挟み込まれていることなど特異な組物だ。

は唐代以来の伝統を持つ「藻井《そうせい》」という最高級の格式の天井である。

「藻井」は四角な部屋の中央に八角平面で、中央上方に向かってドーム型に盛り上がるように組まれた天井である。中国では古代から清代まで連綿と、天井の最高形式として伝えられたが、日本の古建築に「藻井」はない。何故日本に無いのか、それは「謎」である。

中国の文化を取り入れつつも、どこかで「日本」という強烈な意識があったのかも知れない。古建築は無言のメッセージを伝えているようである。

前殿の天井を左から見る　桁行に組物を置き、大虹梁を渡して天井桁を架け、中央が「鏡天井」四周が板支輪となる。「鏡天井」が中国起源である貴重な事例。

前殿と正殿境の組物を正面から見る　組物と梁組の構成が唐招提寺金堂とよく似ているのは驚きだ。

正殿右側面の中備え組物を後ろから見る　外部は尾垂木付きの三手先組物だが、内部は二手先で、しかも外部の１・２段目肘木が内部に延びていない、全く不思議な構成だ。

陳太尉宮の中心「大殿」を見よう。大殿は正面一間、奥行き四間の建物の周囲に、一間の庇が取り付いている。大殿全体では正面三間、奥行き六間、外観は屋根が二重となっている。この四周の庇部分は様式的には明代の一七世紀初頭の増築ないしは改修と思われるが、その内側の中心部分はそれよりも間違いなく古い。遅くとも一二三九年には建てられたと推定されている。

奥行き四間の中心部は正面から「前殿」、「正殿」、そして一間隔てて奥が「祠堂」となっている。建築様式的には「前殿」「正殿」と「祠堂」では異なっていて、時代的な差異を感じさせる。「正殿」と「祠堂」の間の一間

正殿右側面の後ろ隅の組物を前から見る　前殿と同じ構成の三手先組物。「皿斗」である。左の組物は、天井を受ける正殿正面の桁行梁を架けるための組物。

正殿正面の組物を前から見る　正殿正面の丸い虹梁型頭貫に３組の中備え組物を置く。ここでは長短の肘木を２段重ねとする。その手前に別に長大な天井受けの梁が架かる。

正殿正面左側の天井梁受けの組物　梁受けの組物は、壁付きの正面側と内側の二方にしか肘木が造られていない。変則的な組物だ。

は、取り合いのような空間で、増改築のあったことを物語っているようだが、その前後関係や経緯の詳細は明らかでない。

「前殿」と「正殿」の組物は、柱通りから外に向かって「三手」迫り出して桁を支える「三手先《みてさき》組物」となっている。一見すると日本にもありそうな組物だが、かなり珍しい。その注目点の一つは「尾垂木《おだるき》」で、その先端から上端に反転曲線の「繰形《くりがた》」が付いていることである。これとほとんど同じものが、九六四年建立の華林寺《かりんじ》大殿にもある。繰形は多少複雑化しているが、福建地方では三〇〇年近く続いていた建築意匠であったことが分かる。

また尾垂木は二段に入り、上の尾垂木が桁を受けている「秤《はかり》肘木《ひじき》」と組み合っている工法も華林寺と同じである。この位置に尾垂木の入る例は、日本にはない。

尾垂木は本来、柱通りから奥に長く引き込まれ、外側に大きく持ち出した桁や軒の荷重を、

前殿と正殿境を正殿側から見返す　虹梁型頭貫に３組の「平三斗組物」を２段重ねて丸い大きな桁行梁を渡し、さらに組物を置いて天井を受ける梁を前後に架けている。

前殿と正殿境の左隅組物を正殿側から見る　丸い大きな桁行梁を受けるために、角形断面の通し材の「実肘木」を用いている。

天秤棒のように内外でバランスを取る役割の部材である。華林寺の尾垂木は内部に長く引き込まれているが、ここでは外部に延びてくる肘木に挟まれて内部には延びていない。ここに時代の変化を見ることができる。このような見せかけだけの尾垂木は、一二世紀以降中国では一般化するが、ここにその初期の様子を見ることができる。

次に、一手先目の巻斗《まきと》、或いは二手先目の巻斗の上に「秤肘木」がないことに注目したい。「三手先組物」では通常は二手先目の巻斗に「秤肘木」を置いて「通肘木《とおりひじき》」を通し、「支輪《しりん》」を架けるが、ここでは秤肘木も通肘木も支輪もなく、実にすっきりしている。このような三手先組物は中国では見た記憶がないが、日本には存在している。それは七三〇年建立の薬師寺東塔である。両者を比べるとよく似ている。一段目と二段目の手先肘木の先端にだけ巻斗が乗る様子や、柱通りでは、肘木と三個の巻斗と通肘木の組み合わせが、二段、三段と重なる様子が同じである。しかも両者ともに桁が角材となっている。断面

前殿と正殿境を正殿側右から見返す　丸太梁の上に大斗を据えるのは不安定だ。「平三斗」の肘木の形が何故か上下で異なっている。

正殿左側面を内側から見る　側面の中備え組物、正殿正面の天井受けの桁行梁、それを受ける組物が分かる。

角型の桁は今は当たり前だが、桁のことを「丸桁《がぎょう》」と称するように、古代の日本では円形断面の桁が正統とされていた。中国でも桁は円形断面が圧倒的に多いが、中世の江南地方では角形断面が主流だったようである。建立年代に五〇〇年もの差がある、日本の薬師寺東塔と、中国の陳太尉宮の類似は、単なる偶然なのか、或いは歴史的に何らかの繋がりがあるのか、とても興味のあるところだ。

次に、陳太尉宮の中心「大殿」の一番奥に位置する「祠堂」の組物を紹介しよう。大殿は正面から「前殿」「正殿」「祠堂」の三区画に分かれ、祠堂は一見、奥向きの扱いにも見える。しかし床は前殿から順次一段ずつ高くなり、祠堂が一番高い位置にある。

陳太尉宮が何度かの増改築を重ねたと伝えられている経緯や、その端緒が、九〇九年にこの地に居を構えた「陳蘇」が、陳氏の祖先を祀った、という伝承を考えると、この「祠堂」が一番奥で、しかも一番高い位置にあることが頷ける。

現在の大殿は、南宋の一二三九

正殿の天井受け架構を右から見る　正殿正面の桁行梁に「肘木２段重ね」組物を置き、大梁を架け、その上に「出三斗組物」、井桁組二重梁、八角形天井桁、「鏡天井」と組み上げる。

正殿の左妻架構を見る　太く丸い大梁の下に「錫杖彫り」がある。左が妻組みで、組物で受けた角梁に束を立てている。

年に、祠堂の前に正殿と前殿を新たに増築し、大きな一つの屋根を架けて「大殿」として成立したと考えられている。確かに前殿や正殿と祠堂は建築様式が異なっていて、祠堂が一二三九年より古い時期の建物であることは確かなようだが、何時まで遡るのかは確証がない。

その祠堂は、正面の柱間が約六m、奥行きが約三・五mで、四本の柱で囲まれたその横長平面の部分が「母屋」で、その四周に、「庇」を廻した構成となっている。

その祠堂の母屋部分で最も注目したいのが、軒桁を受ける組物の構成である。組物は通常は、柱の上に大斗《だいと》を据えて組み上げるものだが、ここでは柱に「挿肘木《さしひじき》」を五段に差し込み、四手持ち出して桁を受けている。このような「組物」は極めて特異で、浙江省の古建築には見られなかった。ただ、中国では福建《ふっけん》省の明代以降の建物には多少見ることができるので、福建地方の建築的特色のようである。これはその最古の事例であろう。

祠堂の架構を右下から見上げる　正面柱間に大きな丸い梁を通し、その上に２組の二重虹梁を架けて屋根を構成している。妻は束立ちとなっている。

祠堂の正面左隅の組物を正面から見る　柱に肘木を5段に差し込んで桁を受ける。「大仏様」そのものの技法である。

そして、この「挿肘木」が、日本にもある。それは東大寺の鎌倉再建を果たした俊乗房重源《しゅんじょうぼうちょうげん》が建立した東大寺南大門、そして兵庫県の浄土寺浄土堂である。それは「大仏様《だいぶつよう》」と称されている。研究者はこれまでも、「大仏様」は中国でも福建地方独特の建築技法を取り入れたもの、と考えていたが、ここ福建省福州市の陳太尉宮に、重源の伝えた大仏様のルーツを、現実のものとして見ることができるのである。

重源は浙江省の寧波の周辺には確かに逗留している。しかし、福建省に行ったかどうかは分からない。ではどのようなルートで福建地方の建築技法が伝えられたのだろう。

重源は東大寺再建に際して「宋人《そうじん》鋳物《いも》師《じ》陳《ちん》和卿《なけい》」を登用している。この「宋人陳和卿」の素性や出身地が福建省だったのかどうかは明らかでないが、「鋳物師陳和卿」は、或いは建築の技術にも精通していたのかも知れない。東大寺南大門には中国寧波出身の石工「伊行末《いぎょうまつ》」が刻んだ石造の獅子が残されている。東大寺再建には多

祠堂の背面左隅の組物を正面から見る　ここでは柱に４段の肘木を差し込んでいる。何故正面とは違うのだろう。不思議だ。

祠堂の正面左隅の組物を背面から見る　「挿肘木」は段毎に長くなり四手先となるが、巻斗は「皿斗」で肘木先端にだけ置く。肘木上角に「笹繰り」がある。

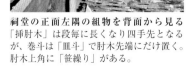

くの宋人工匠が参画していたに違いない。その中に福建出身の大工がいたのかも知れない。

大仏様を伝えた具体的な人物の特定はできないが、重源が起用した「宋人陳和卿」を中心とした宋人の工匠集団が伝えた福建地方の建築技法であったことを、この陳太尉宮の「祠堂」の組物を見て確信するのである。

「祠堂」の架構に注目しよう。祠堂の母屋部分は四本の柱で囲まれ、中央に棟木《むなぎ》を通し、前後に切妻《きりづま》型に垂木《たるき》を架けている。

その切妻屋根の荷重を受けるために、正面柱間の中央の二箇所で、前後に大梁を架け渡し、その梁の上に組物を置いて二段目の梁を重ね、二段目の梁は先端で母屋桁《もやけた》を受け、中央には組物を置いて棟木を受けている。日本式にいえば「二重虹梁《こうりょう》三斗組《みつどぐみ》」となるだろう。三斗組物を用いて梁を二段に組む架構は、九六四年建立の福州華林寺大殿と基本的に同じだが、細部の意匠は随分違う。

＊日本の例　浄土寺浄土堂（兵庫県）の組物　「笹繰り」のある「挿肘木」「皿斗」付きの巻斗など、陳太尉宮祠堂と全く同じである。

祠堂の正面柱筋を背面から見返す　正面柱筋の丸太梁に「肘木２段重ね」組物を置いて、二重虹梁を組んで屋根小屋組みを構成している。この梁は日本のものと驚くほど似ている。

その違いの一つは梁の断面形状で、華林寺が円形断面の梁であるのに対して、祠堂は角形断面で、上端は両端で円弧状に肩を落として「虹梁」型となっている。その両端部分は巻斗で受けることができるように、梁の幅を削って狭めている。幅を落とした部分と、幅の厚い本来の梁との境は斜めに区画され、段差部分は円弧状に丸めて形作られている。このような虹梁の端部の加工法は、日本では「袖切《そでき》り」と称されている。

袖切りの技法は、中国では一二世紀以降の江南の建物にも見られるが、特に祠堂の袖切りの姿は日本の中世仏堂と実によく似ている。日本の古代建築に袖切りはなく、中世の一三世紀になって出現するが、その端緒は明確でない。しかしこの陳太尉宮祠堂の虹梁を見ると、そのルーツが中国にあった事を思わせる。そしてこの袖切りの古い事例が、奈良県それも東大寺に多く残ることから、東大寺再建に参画した宋人工匠が伝えたのではないだろう

祠堂の左側梁組の正面側を左後ろから見る　二重虹梁の構成や組物、梁の形状や「袖切り」は、日本の中世仏堂と全く変わるところがない。この様式的類似をどう解釈すればよいのだろう。

祠堂の正面桁行梁とその上の組物を後ろから見る　丸い桁行梁は隅柱に差し込まれている。その上の組物は長短の肘木が2段重ねとなり、通肘木と大虹梁を受けている。

か、と思わずにいられない。

　一方で禅宗様式の虹梁は、成が大きく幅が狭く、袖切りはない。これは禅宗様式が中国の華北地方の様式を受け継いだからで、これに対し、袖切りは中国の福建地方など南方の地域色である事を思わせる。

　さらに祠堂の架構では、棟木位置の組物から母屋に、また母屋位置の組物から側廻りの組物に、それぞれ繋ぎの小梁が架けられ、その湾曲した梁の形が「海老虹梁《えびこうりょう》」の原型のようで注目される。

　棟木の下には連続曲線の繰形を施した「実肘木《さねひじき》」が置かれている。この実肘木の姿は日本ではよく目にするが、中国ではあまり一般的でなく、江南の地方色のようである。

　以上の梁組の架構は、大斗と肘木、巻斗で構成される組物で支えられている。そしてその組物は円形断面の大きな梁に乗っている。その大きな丸い大梁は、正面側、背面側ともに、柱間六ｍの両隅の柱に差し込まれている。

祠堂の左側梁組の後端部を左から見る　大虹梁端部の「袖切り」は日本のものと類似する。これほどの類似例は中国にあるだろうか。上の小さな繋ぎ梁は「海老虹梁」の原型のようだ。

祠堂の背面桁行梁と組物を見る　丸い桁行梁上の組物の肘木は、正面側より１段少ない。つまり背面の桁行梁は正面より１段高い位置にあり、これが隅柱の挿肘木の段数の違いの要因だ。

こんな大きな丸い梁を柱に差し込んで納める例は、日本でも中国でも思い当たらない。陳太尉宮祠堂の架構は極めて特異である。それは福建地方の地方色かも知れないが、同時に日本の中世建築との強い類似性は見逃せない。それは技術の交流があったことを確実に物語っているに違いないと思うからである。

次に「大殿」の天井を紹介しよう。大殿は正面から「前殿」「正殿」「祠堂」と並び、正殿と祠堂の間は奥行き一間の「取り合い」となっている。

一番奥の「祠堂」には天井はなく、下から垂木が見えている。天井が無いのは中国ではかなり一般的である。

次に祠堂と正殿の取り合い部分では、前後の柱間を三等分する位置に桁を通し、そこに向かって前後から垂木を架け、中央部分は円弧状の垂木となって、全体としてアーチ型の屋根裏となっている。とても変わった姿だが、中国の江南を歩いているときには随

祠堂の棟木位置の詳細　棟木を受ける組物は、海老虹梁状の繋ぎ梁、その上の繰形付きの木鼻などが特徴的で、日本にもありそうな意匠である。

祠堂の棟木を正面から見る　棟木下に、繰形のある「実肘木」が付く。これは日本の実肘木ととても似ていて、正にルーツだと思える。

分目にした。中国では「巻棚頂《けんほうちょう》」というが、日本では「輪垂木《わだるき》天井」と称されている。この不思議な形の「輪垂木天井」が日本の中世仏堂にもある。それは広島県福山市にある鎌倉時代後期の一三二一年に建立された明王院《みょうおういん》本堂である。ここでは天井の他に、太く丸い梁や、三角断面の桟を用いた桟唐戸《さんからと》など、中国建築の影響が色濃い。

明王院は芦田川の河岸段丘上にあるが、眼下の芦田川の中州には「草《くさ》戸《ど》千軒《せんげん》遺跡」という大規模な集落の遺跡がある。この地は中世には港町として繁栄していたところで、明王院本堂に中国建築の影響が見られるのは、中国の交易船が立ち寄っていたからに違いないと思えるのである。

正殿と祠堂の取り合い部の左側面を後ろ側から見る　両妻の通肘木間に束を建てて妻組を構成している。妻を束で構成するのはこの地方の特色のようだ。

正殿と祠堂の取り合い部の天井　妻の２本の束に長大な母屋桁を架け、アーチ天井を架ける。棟木は用いない。日本には伝わらなかったが、中国江南では明代以降に広く見られる。

「正殿」の天井は、天井桁を八角に組んでいる。陳太尉宮正門の「藻井《そうせい》」と似ているが、八角の内側がドーム型に盛り上がらず、平に板を張り詰めているところが違う。中原《ちゅうげん》と呼ばれる華北で成立した「藻井」が福建地方に伝わった初期の姿を示しているようである。

「前殿」は、組物で支えられた矩形の天井桁に水平に天井板を張り詰めている。天井桁が八角に架けられていないのは、建物の格が「正殿」より一段下がるからなのだろう。しかしその天井の姿は私にとっては衝撃であった。何故ならそれは日本の禅宗《ぜんしゅう》様《よう》建築の特色とされる「鏡天井」そのものだったからである。遂に「鏡天井」のルーツに出会ったのだ、そう確信した一瞬であった。

「鏡天井」は江南福建地方の建築技法で、この陳太尉宮はそれを今に伝える貴重な遺構なのである。

（見学日・二〇一五年一一月三日）

＊日本の例　明王院本堂（広島県）の「輪垂木天井」　1321年建立の仏堂。棟木を通し、湾曲した垂木を架けてアーチ型に造る。梁も円形断面で中国の影響が色濃い。

裳階の架構　丸い梁、丸い束、繋ぎ虹梁の「袖切り」、扁平な垂木などが注目である。柱の上に直接桁を架けるのは「穿斗式《せんとしき》」という江南独特の建築構法とされる。

31 莆田《ほでん》 元妙観《げんみょうかん》 三清殿《さんせいでん》

所在地　福建省 莆田市 荔城区《れいじょう》 梅園路東路三九一号
建立年代　北宋　大中祥符八年（一〇一五年）

福建《ふっけん》省の省都福州《ふくしゅう》から南へ約八〇㎞、莆田《ほでん》という地方都市がある。その中心市街地のビルに囲まれて、元妙観三清殿《げんみょうかんさんせいでん》がある。「観」は中国では道教寺院を指す言葉で、「三清殿」は道教の三柱の神を祀る中心建物である。江蘇《こうそ》省の蘇州《そしゅう》にも同じ名前の寺院がある。

元妙観は「歴史的な建物」として政府の指定を受け保護されているが、今は廃寺となっていて、展示場、集会所など地域の文化施設として利用されていた。建築本体が残されたのは幸いだが、本来あるべき須弥壇《しゅみだん》や神像、荘厳具などは全て失われていた。

元妙観は唐《とう》代の六二八年に創建され、三清殿はその後宋《そう》代の一〇一五年に再建されたとされている。

正面五間、奥行き五間、入母屋《いりもや》造りで、正面と両側面の三方に一段低い吹き放しの下屋庇《げやびさし》を付けている。

一五世紀以降、四回以上の大きな修理を受けていて、建物中心部の桁行三間、梁間（奥行き）三間の範囲だけが建立当初の姿を残しているものの、その周囲の一間分と一段低い吹き放しの下屋庇は、明《みん》代の一五世紀以降の改造、或いは増築とされている。

正面の全景　主屋は1015年建立で、正面５間、側面３間、入母屋造り。１段下に下屋庇が付く。屋根は、丸瓦の代わりに平瓦を伏せた「瓪瓦葺《はんがぶき》」という江南独特の瓦葺き。

当初部分は奥行き三間の内、中央の一間が柱間約五・二mの「母屋《もや》」と呼ばれる空間で、前後の一間は柱間約三・一mの「庇《ひさし》」という空間となっている。ここに天井はなく、見上げると、前後から中央の棟木《むなぎ》に向かって山形に架けられた垂木《たるき》が一面に見えている。これは中国で「庁堂《ちょうどう》」と称される建築形式の典型的な姿である。

柱の長さは、母屋が約五・五m、庇が約三・五mで、柱間と柱高さがほぼ同じなのは興味深い。ところでこれらの柱は下方の八割ほどが石材で、その上が木製となっている。恐らく修理の際に石柱で継いだと思うのだが、実に不思議な柱である。

柱を据える礎石には、柱の足元を取り巻くように蓮弁が彫り出されている。この礎石はその形式から、唐代の六二八年に創建された時のものとされている。

中央の母屋部分には梁が二段に架けられ、組物を置いて棟木が通されている。これも「庁堂」の典型的な架構法であるが、梁が円形断面であることと、梁上に組物を置いて二段目の梁や棟

正面の「下屋庇」を見る　繋ぎ梁の上に角材を重ね、その上に彫刻の材を据えて組物を置き、前後に海老虹梁のような梁が架かる。見慣れない架構だ。明代のものだろうか。

主屋正面「庇」側柱筋の組物を見る　四手先組物で、柱間の中間にも組物を置く。四手先目に尾垂木が２段重なるのは特殊。建立当初はこの柱筋が内外の境だったとされている。

主屋正面「庇」中央間を左から見る　右側の庇柱筋と左の母屋柱に丸い断面の繋ぎ梁を架ける。その上の「蟇股」は注目。中備え組物の内部側は７段に肘木と尾垂木が重なる。

主屋桁行中央間の「母屋」と背面側「庇」を右から見る　右が背面側の庇で、側廻り組物の尾垂木尻が母屋柱上の組物と取り合っている。母屋組物上に二重虹梁を架けて棟木を置く。

「母屋」を右から見る　柱は何故か石柱で継がれている。円形断面の梁を二重に架け、組物で棟木を受けている。天井がなく垂木が見える「庁堂」形式の典型である。

木を受ける構成は、福州の華林寺《かりんじ》大殿《たいでん》ととてもよく似ている。

当時の中国の中心地、華北地方では、梁は角形断面で、棟木は束《つか》と三角形に組んだ扠首《さす》で受ける構成が基本となっていた。

華林寺やこの元妙観三清殿の梁組は一〇世紀以降の江南地方で展開した建築技法で、それが日本に大きな影響を与えたものである事を改めて確認できるのである。

正面の扉を開けて堂内に入ると、そのすぐ上に豪快な組物が並んでいる。現在の内外の間仕切りは後世に付加されたもので、建立当初はこの組物のある柱列で、内外が区切られていたと考えられている。

この側柱列の組物は「四手先《よてさき》」組物という形式で、尾垂木《おだるき》が三段に架けられ、その内二本が四手先目に入っている。これも華林寺大殿と同じ形式である。陳太尉宮《ちんたいいきゅう》は三手先《みてさき》組物だが、三手先目にやはり二本の尾垂木が入っている。このように、最後の手先位置に二本の尾垂木を用いる技法は中国でも珍しく、福建地方の特色のようだ。

大斗《だいと》や巻斗《まきと》の下部が張り出して、「皿斗《さらと》」となっているのも華林寺や陳太尉宮と同じ意匠で、これも福建地方の特色である。

妻の二重虹梁の架構　柱上の「三斗組」を２段に重ねた組物で大虹梁を支え、その上に「蟇股」を置いて２段目の梁を架け、出三斗組物で棟木を受ける。湾曲した小梁は注目である。

「母屋」部分の右「庇」を正面側から見る　両側面の「庇」の柱間は、正背面の庇より1.5倍ほど広い。庇の繋ぎ梁やその上の２本の束などは後補材のように思える。

右「庇」の前端間を見上げる　左に見える大斗が正面庇の右隅柱位置。この上に左右に通る繋ぎ梁の位置が本来の内外の境の筈だが、巧みに改造されて、本来の姿が想像できない。

後ろ側「母屋」柱筋の左「庇」を正面側から見る　母屋柱上の組物のうち庇側に延びた部材には不要な仕口が残り、改変されているようだ。写真中央に見える木鼻は日本のものに似る。

「母屋」背面中央間右柱上の組物　「出三斗」組物を２段に重ね大虹梁を架ける。「皿斗」付きの大斗、巻斗、円形断面の虹梁、肘木下端の「凹型円弧連続形」などは注目。

正面「庇」側柱筋中央間の中備え組物　大斗の代わりに「蟇股」のような板材と巻斗を置くのは特異。肘木の長さが場所によって異なっているのは注目。

さらに組物を見ると、「軒天井《のきてんじょう》」や「軒支輪《のきしりん》」という、組物の上方を遮る部材がなく、垂木が見えているのは特徴的で、「軒支輪」を用いる華林寺とこの点は異なっている。

肘木《ひじき》の下端から木口にかけての輪郭を見ると、四個の小さな凹型の円弧が連続して形造られている。これは、肘木下端が放物線を描くような、なめらかな曲線となっている日本の肘木とは全く違う。地域的にも時代的にも近い華林寺や陳太尉宮は、日本と同じなめらかな曲線となっていて、同じ地域でも必ずしも一定していない。

北宋の一一〇三年に書かれた中国の建築書『営造方式』には、肘木曲線を造り出すための、「巻刹《けんさつ》」という折れ線状の作図法が記載されている。曲線を折れ線で近似的に規定したのが「巻刹」で、実際の施工に当たっては、折れ線の角を更に順次削って曲線に仕上げるとされているのだが、何故か最初に描いた折れ線状のままで終わるのが、中国では最も一般的で、正規のものと考えられていたようである。三清殿の凹型円弧連続形の肘木は、折れ線の角を強調するための手法のようにも思える。

ところで、遠く離れた華北の山西省太原《たいげん》市にある、天竜山《てんりゅうざん》石窟第一六窟に、凹型円弧の連続した肘木が見られる。この石窟は六世紀中頃のものとされていて、三清殿とは地理的にも時間的にも大きな隔たりがある。この

「母屋」正面中央間の中備え組物　「平三斗組」を３段積み重ねた２組の組物を置く。貫の上に「蟇股」を置いているのは注目で、日本の蟇股とよく似ている。

「母屋」正面柱筋を見返す　柱間に「平三斗組」３段重ねの２組の組物が並ぶのは壮観だ。

「母屋」背面中央間の中備え組物　背面側には飛貫が入っていないので、中備え組物は２段重ねとなっている。最上段に「巻斗実肘木」を入れて、高さを調整している。

「母屋」背面右脇間の中備え組物　頭貫の上に小さな「蟇股」を据えて「平三斗組」を置いている。蟇股の姿は日本にも類似の例があって注目である。

右側面「庇」側柱の中備え組物　柱頂部に桁が架かること、肘木の下端がなめらかな曲線であることなど、母屋部分とは様式的に見て時代差があるようだ。

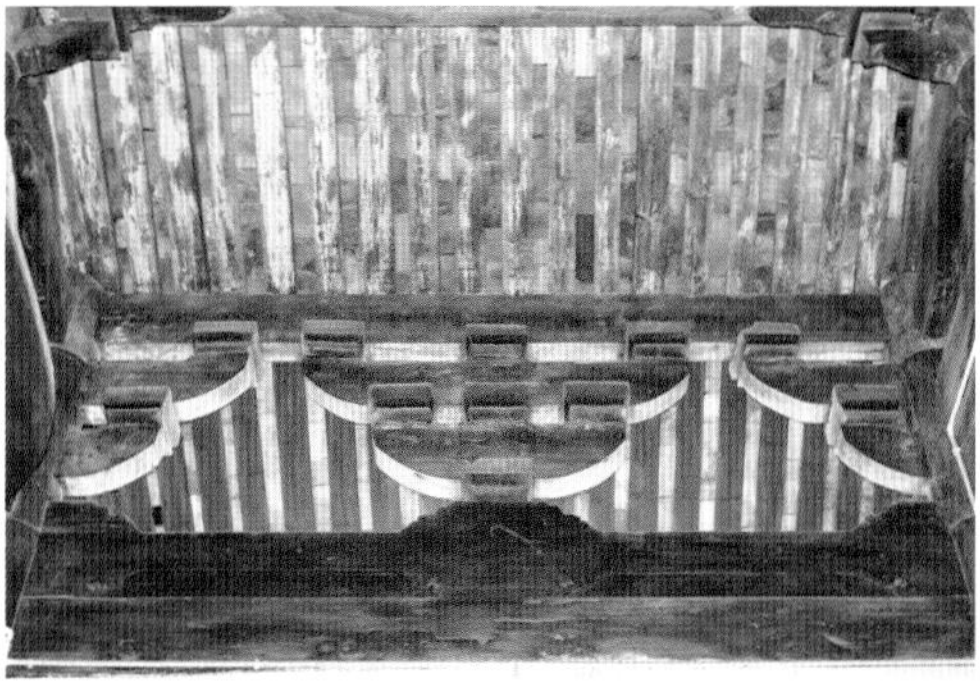

右側面「庇」側柱の中備え組物の詳細　組物の下に「蟇股」その下の貫には「実肘木」状の繰形が付く。垂木は扁平な板材で垂木間に磚を敷く。

類似は以前から建築史家には注目されていて、隋《ずい》の統一と共に伝えられた技法が、ここ福建地方で永らく命脈を保っていたのではないか、と考えられている。

庇柱上の組物は四手先組物で、柱間の中間にも一組の同じ組物を置く「詰組《つめぐみ》」となっている。ただ、中間の組物は、大斗の代わりに、少し大きめの巻斗を用いていて、大斗より小さくて高さが不足する分、雲のような彫刻を施した材を挟み込んでいる。何となく日本の板蟇股《いたかえるまた》に似て興味深い。大斗を用いると、下端が頭貫《かしらぬき》から大きくはみ出すので、その対応策のようにも思える。

華北では柱の上に「台輪《だいわ》」という幅広の盤を置く技法が行われていたが、当時江南にはまだその技法が伝わっていなかったことも、ここで確認できる。

さらにこの組物で注目したいのは、肘木の長さに大小何種類かあることだ。日本では肘木の長さはどの場所でも一定だが、中国では用いられる場所で長さに違いのあるのが定石なのである。このような細かな規定は、日本には伝わらなかった。

次に庇柱から一間奥の、母《も》屋《や》柱位置の組物を見よう。ここでは柱間に二組の組物が置かれている。日本で「平三斗《ひらみつど》」と称される組物で、上下に三段重なって置かれている。これは浙江省寧波《ニンポー》の保国寺《ほうこくじ》大殿と同じ意匠である。ここでも大斗を用いず、小さな巻斗を用いてその下に板材を挟み込んでいるが、この板材が日本の板蟇股と「うりふたつ」なのは驚きである。

正面「庇」の左端を左から見る　左の母屋柱上組物に、庇柱上組物の尾垂木尻が取り合う。繋ぎ虹梁の上の「蟇股」、尾垂木などの彩色文様は注目である。

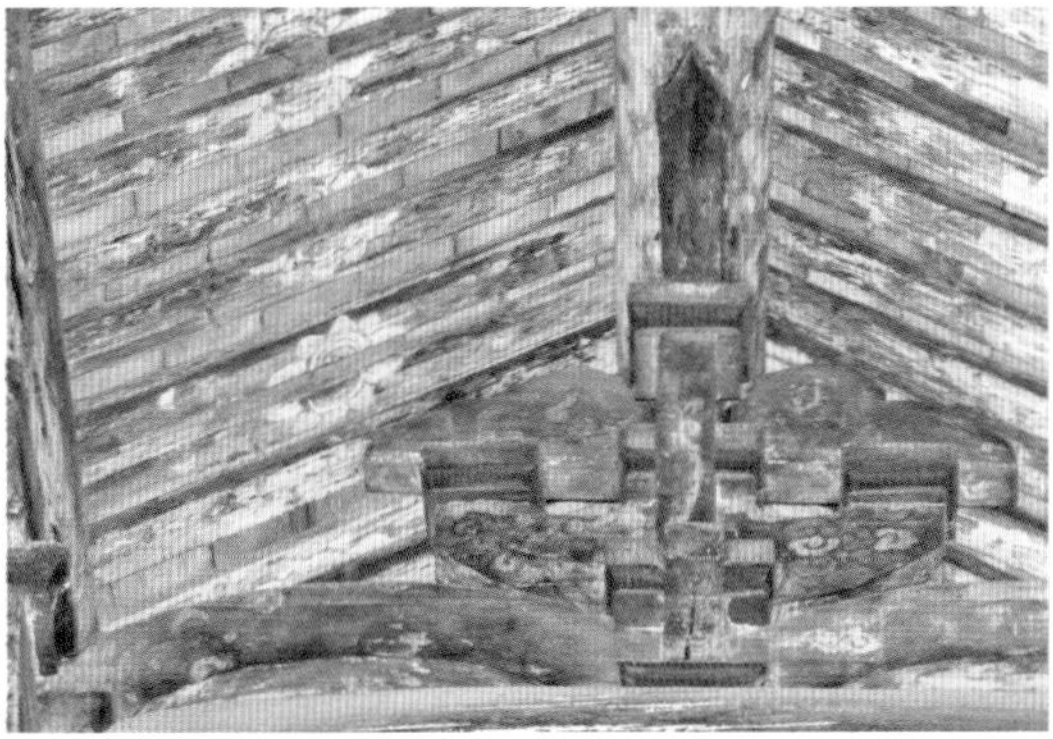

棟木を受ける組物の詳細　十字に組んだ肘木に、円形断面の棟木を受ける実肘木と、直交する木鼻を置く。木鼻は大仏様を思わせる。垂木には２本に一つの花弁の彩色が施されている。

礎石の詳細　美しい蓮弁が彫り出され、唐代628年創建時のものと考えられている。

天竜山石窟第16窟の見取り図　礎石に蓮弁がある。肘木の下端が「凹型《おうがた》円弧《えんこ》連続《れんぞく》形」となっている。『中国古代建築史』劉敦楨編中国建築工業出版社1984から転載。

三清殿では組物と垂木、桁に紋様彩色が施されているのも注目である。彩色は剥落が進んでいて正確な文様は明確でないが、唐草文のようで、平等院鳳凰堂の彩色文様と似ているように、私には思えた。

垂木に文様彩色があるのも珍しいが、よく見ると、隣り合う二本の垂木に一つの花が描かれているのは注目だ。

そしてその垂木は扁平な断面の材で、垂木の間には「磚《せん》」が並べられている。これも江南の建築的特色である。扁平な垂木は、江戸時代に黄檗《おうばく》宗と共に日本に伝えられている。

この三清殿はじめ福建地方の古建築は、中国では江南の地方色とされているが、日本の古建築を見慣れた私にとっては、とても親近感を持つ建物である。鎌倉時代に日本に伝えられた新様式のルーツはまさに、中国江南の地方色とされる建築技法だったことを、この三清殿を見て確信するのである。

（見学日・二〇一〇年六月二六日）

32 莆田《ほでん》市仙游《せんゆう》県 天中万寿塔《てんちゅうまんじゅとう》

所在地　福建省 莆田市 仙游県 楓亭鎮 塔斗山
建立年代　北宋 嘉佑四年（一〇五九年）

福建《ふっけん》省はリアス式の海岸が連続して良港に恵まれ、泉州、福州《ふくしゅう》などは古くから海のシルクロードの起点として知られている。福州と泉州の中間辺りに「湄洲湾《びしゅうわん》」という入り江があり、その奥に、楓亭鎮《ふうていちん》という、海辺に面して開けた町がある。町中にぽつんと飛び出した小山があって、その山頂に天中万寿塔《てんちゅうまんじゅとう》が建っている。塔は一辺が五・一m、高さ七・四mの、日本では見たこともない大規模な石塔で、宋代の一〇五九年に建立されたという。

塔の姿形は、日本で鎌倉時代以降に広く普及する「宝篋印塔《ほうきょういんとう》」と称する石塔に似ている。中国ではこの塔を

斜めから見る全景　1059年建立の、高さ7.4m、２重に基壇を重ねた「宝篋印塔」。日本にはない大きさの石塔である。全体を覆い尽くす彫刻は圧巻だ。

正対して全景を見る　猫足付きの須弥壇が２段、３段目に仏像と隅に武人像、４段目に仏像と隅に鳥、頂部に相輪と四隅に葉っぱのような突起がある。

「宝篋印塔」とも、また「阿《あ》育王塔《いくおうとう》」とも称している。

「阿育王塔」は、紀元前二世紀にインドのアショカ王が造った八万四千基の仏舎利《ぶっしゃり》塔が起源とされている。次いで、一〇世紀に浙江《せっこう》省にあった「呉越《ごえつ》国」の王「銭《せん》 弘俶《こうしゅく》」がアショカ王の事績に倣って、八万四千基の「阿育王塔」を造った。それから一〇〇年ほどで、こんな大きな石塔が建てられ、一二世紀には日本にも伝わったのである。ただ、この「阿育王塔」は、中国でも江南だけに見られる特殊な形式の塔とされている。

上段部分の詳細　頂部四隅の葉っぱのような突起「山花蕉葉《さんかしょうよう》」、塔身隅の鳥のような「迦楼羅《かるら》」、その下の武人像、その下の格狭間彫刻など見どころ満載。

上段塔身の詳細　最上段の仏像の風貌が異国風で、中東から海路で伝わったようである。

小高い山の上に立つ天中万寿塔は「天をつく」ように見えることから「天中」と名付けられ、また星にも届きそうということで「摘星塔《てきせいとう》」とも称されたという。そして外洋から「湄州湾」に入る船の航路標識にもなっていたというが、それにしても、そもそもこの塔の建立された意図や背景は何だったのだろう。

解説書によると、海抜の低いこの楓亭鎮はしばしば高潮の被害を受けていた。それは龍の巻き起こす風と波によるものだと考えられ、その龍神を鎮めるために、当時隆盛していた仏教の力に頼ったのだろう、と説明されていた。

天中万寿塔は大きく四段から構成されている。下の二段は猫足付きの須弥壇《しゅみだん》が重ねられていて、「屋上屋《おくじょうおく》を架す」ようで、少し不思議な造形だが、そこに刻まれた文様彫刻は見応えがある。最下段中央には双龍、隅には邪鬼のような力士が上の重荷を受けている。日本でもよく見る力士像だ。

１段目の基壇の詳細　最下段の「猫足」、腰の双龍、隅の邪鬼、上下の蓮弁の付いた繰形など、中国の典型的な「須弥座」。

２段目の基壇の詳細　腰を丸い束で分割して格狭間を作っている。中国ではよく見かけるが、日本にはあるだろうか。

２段に重なる基壇　２段重ねの基壇は珍しい。ほとんど同形式だが、腰の部分が下段は双龍、上段は格狭間となっている。

上の二段には仏像が彫り込まれているが、その風貌は見慣れた華北伝来の仏の姿とは全く異なっている。恐らく海路で遠くインド中近東から伝わった造形に違いない。

最上段の隅に鳥のような不思議な姿の像が彫り出されている。同様の事例は日本の中世の宝篋印塔にも数例だが現存していて注目である。解説書ではインド神話由来の「迦楼羅《かるら》」とされ、仏教の守護神で、風雨を起こす悪龍を食べるとされている。

四段目の上には中央に相輪《そうりん》が建ち、四隅に葉っぱのような突起が付いている。中国で「山花蕉葉《さんかしょうよう》」と称されるこの形の起源は不明だが、この姿がまさに「宝篋印塔」とされる所以となっている。

千年近くこの丘に建ち続け、沖行く船の標識となり、遠く日本にもその面影が伝わったのである。

（見学日・二〇一〇年六月二七日）

基壇の詳細　１段目の基壇には１枚の石材から双龍が彫り出され、２段目の格狭間には様々な植物が浮き彫りで飾られる。框に彫られた連続する蓮弁や宝相華唐草文《ほうそうげからくさもん》も美しい。

33 莆田《ほでん》 南山広化寺《なんざんこうかじ》 釈迦文仏塔《しゃかもんぶつとう》

所在地　福建省　莆田市　城廂区《じょうそう》　東大路四八六号
建立年代　南宋　乾道元年（一一六五年）以前

南山広化寺《なんざんこうかじ》の創建は六世紀とされ、一〇世紀に南宋《なんそう》の皇帝から「広化寺」という寺号を与えられた、福建《ふっけん》省の四大名刹の一つとされている。創建以来幾多の盛衰を繰り返し、文化大革命では廃寺に追い込まれたが、その後、中国共産党の宗教政策によって再興され、現在では中国仏教界の中心的寺院として、沢山の出家僧達が広大な伽《が》藍《らん》の中で厳格な修行生活を送っている。

釈迦文仏塔《しゃかもんぶつとう》は、南宋の一一六五年に建立された石造の八角五重塔で、中心伽藍から南東に少し離れて建っている。初重の八角の一辺が約四・八m、相輪《そうりん》までの高さは約三〇・六mである。柱や貫、組物、桁《けた》、本瓦葺きの屋根など、木造建築の部材と細部意匠がすべて石で造られ、

塔の全景　1165年に建立された八角五重の石塔。塔身に対して軒の出が大きく、木造のような姿で、柱、貫、桁などは木材のように長材に加工されている。

初重の詳細　基壇は邪鬼で区切られた格狭間の「須弥座」。雲文を彫り出した高欄は珍しい。柱は丸太を束ねた姿を現している。組物は「二手先」で、横に肘木がない。

まるで木を組むかのように、積み上げられている。

各重の柱は、細い丸太を何本か束ねたような姿に造られている。これは「瓜棱柱《かりょうちゅう》」という集成材の柱を表しているようだ。木造の実例は浙江《せっこう》省寧波《ニンポー》にある一〇一三年建立の保国寺大殿《ほうこくじたいでん》で見ることができ、一一世紀以降、江南で普及していた様子が窺える。

各重の各面の柱間は、間柱を建てて三間に区切り、地覆《じふく》や頭貫《かしらぬき》、腰貫《こしぬき》、内法貫《うちのりぬき》を通し、中央を開口、両脇を壁

初重の組物と軒の見上げ　「皿斗」付きの大斗と巻斗、繰形付きの尾垂木のような隅の「八双形」、通肘木前面の花弁形の彫り込み文様、浮き彫り彫刻の「支輪」などは注目だ。

初重の中備え組物と支輪の見上げ　中備え組物に大斗がない。「拳鼻」はまさに大仏様繰形である。支輪の浮き彫り彫刻は特徴的。

初重の足元の詳細　蓮弁の付いた土台のような材は他では見られない。柱は丸太を束ねた「瓜棱柱《かりょうちゅう》」を模している。下で少し張り出しているのが礎石なのだろうか。

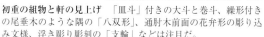

とする意匠で、統一されている。中央間は正面と背面、両側面は出入り口であるが、他の四面は仏像を安置する「仏龕《ぶつがん》」となっている。両脇は貫で上下に三区画にされ、そこには羅漢《らかん》像と、蓮や飛天などの浮き彫り彫刻が嵌め込まれている。

　柱の上には大斗《だいと》を載せ、その上に組物を置いて軒を架けている。軒桁は柱筋から二段外に位置しているので、「二手先《ふたてさき》」の組物を意図しているようだが、肘木《ひじき》は外方に延びるだけで、横への広がりはない。石造であることから省略されたのであろうか。また、組物の一段目と二段目に、下に向かって尾垂木《おだるき》のような材が飛び出し、その上端には反転曲線の繰形《くりがた》が付いている。華林寺《かりんじ》や陳太尉宮《ちんたいいきゅう》の尾垂木と同じ意匠である。

　柱間の中央にも組物を置くが、不思議なことに、ここに大斗はない。石造なので省略されたのかどうかは、注意が必要である。何故なら、八五七年に建立された山西省の仏光寺《ぶっこうじ》大殿の中備え組物には、大斗が用いられてい

二重の内部　四周は切石積みの壁面で、上方で凸型の石材を迫り出しに３段積み上げ、板石をならべて「鏡天井」となる。

四重の内部　この階に天井はなく、五重が見えている。正面の階段を登ると上の重の縁に出る。

ないのである。案外、唐代《とう》に華北で行われた技法が伝わっていたのかも知れない。

柱間中央の組物では、一手先目の通肘木《とおりひじき》と、二手先目の軒桁位置には、外に向かって「拳鼻《こぶしばな》」が取り付いている。その拳鼻の木口から上端にかけては連続した円弧の繰形となっていて、東大寺南大門に代表される「大仏様繰形《だいぶつようくりがた》」ととても似ている。大斗と巻斗《まきと》の斗尻には皿のような張り出しがあって、これも大仏様のルーツを思わせ、注目である。

柱筋と一手先目通肘木、そして軒桁の間には凸型の支輪板《しりんいた》が架けられ、その支輪には仏像や瑞雲《ずいうん》など様々な図像が浮き彫りに彫り出されている。また通肘木の前面には「花弁形」の文様が刻み込まれているが、これは華林寺と同じ意匠で注目される。

釈迦文仏塔は、中国国内での様式の伝播のみならず、日本との関わりを考える上で、貴重な遺構なのである。

五重の内部 四方の壁面に仏龕があり、右手の板石の上に本尊が安置されていたらしい。床石の端に欠き込みがあるので、本来は床があったのかも知れない。

（見学日・二〇一〇年六月二七日）

34　泉州　崇福寺《そうふくじ》　應庚塔《おうこうとう》

所在地　福建省 泉州市 鯉城区 崇福路
建立年代　北宋 熙寧元年（一〇六八年）

泉州《せんしゅう》は福建《ふっけん》省の省都福州《ふくしゅう》から南へ約一六〇kmに位置する中核都市である。ここは一〇世紀から一四世紀にかけての、北宋《ほくそう》、南宋《なんそう》、元《げん》の時代には中国最大の貿易港として栄え、海のシルクロードの起点となっていた。マルコポーロは泉州からインドシナ、ジャワ、マレー、インド、ペルシア湾へ渡ったとされている。

泉州周辺の二二箇所の古建築や遺跡が「泉州：宋元中国の世界海洋商業貿易センター」として世界文化遺産に登録されている。

崇福寺《そうふくじ》は泉州の中心市街地にあり、泉州三大禅宗寺院の一つで、その創建は一〇世紀とされている。現在は清《しん》

塔の全景　1068年建立の八角七重塔。上に向かって塔身は小さくなる。軒の出は大きく木造の塔のような姿である。

塔の上方の詳細　相輪は４輪で、上に大きな「宝蓋」がある。

代に整備された伽藍《がらん》が軒を並べている。

　その伽藍の一角に、應庚塔《おうこうとう》と呼ばれる石造の八角七重塔が建っている。高さ一一mほどで、初重の一辺の柱間は〇・六五m、七重では約〇・四mとなっている。中国の塔としては、塔身が上に行くに従って小さくなり、軒の出も大きいので、木造の塔を思わせる安定した綺麗な姿となっている。七重の上には相輪《そうりん》が載るが、傘のような「宝蓋《ほうがい》」のあることは注目である。

　かつては大きく傾いた「斜塔」として知られていたようだが、二〇〇一年に修理され、その際に、舎利を納めた石櫃が発見され、中の容器に「熙寧《きねい》元年」とあって、北宋の一〇六八年に建立されたことが確認された。

　石材に彫り出された建物の特色を見よう。まず目に付くのは、隅の柱が細く丸い三本の材で構成されていることだ。莆田《ほでん》市の釈迦文仏塔《しゃかもんぶつ》と同じで、「瓜棱柱《かりょうちゅう》」という集成材を表しているようだ。

　柱間は四面が扉で、四面は柱間の中央に間柱を建てて二分し、双方を連子窓《れんじまど》としている。連子窓の下の中央に

二〜六重の詳細　軸組は四方が扉、四方が連子窓となる。三重と五重には「仏龕」がある。組物は「二手先」、軒は１軒、屋根は本瓦葺き形となる。

二重の詳細　柱は丸太を束ねた集成材式で「エンタシス」がある。「二手先」組物で大斗と巻斗は「皿斗」。柱間に２個の中備えがあるが、具体的な姿は不詳。高欄が特徴的。

は束《つか》が建つが、これは日本の古代の建築の連子窓の構成と同じで注目である。扉は桟唐戸《さんからと》に思えるが、桟唐戸を表しているとすれば、初期の事例となる。扉の横桟は連子窓の下框と同じ位置にあって、連子窓との意匠的な統一を図ったのだろうか。

組物は二手先で、隅にだけ表されているが、石造のために省略されているかも知れない。しかし大斗《だいと》と巻斗《まきと》の下には皿のような張り出しが表現されていて、ここには福建地方の特色を見ることができる。頭貫《かしらぬき》の上には各面

初重の詳細　雲の沸き立つ彫刻とその上の格狭間の二重の基壇は注目。連子窓と同じデザインの扉は桟唐戸だろうか。垂木は扁平な横長断面である。

二重隅の詳細　「二手先」組物で巻斗に「皿斗」が付く。ハの字に開いた隅木の形は注目である。

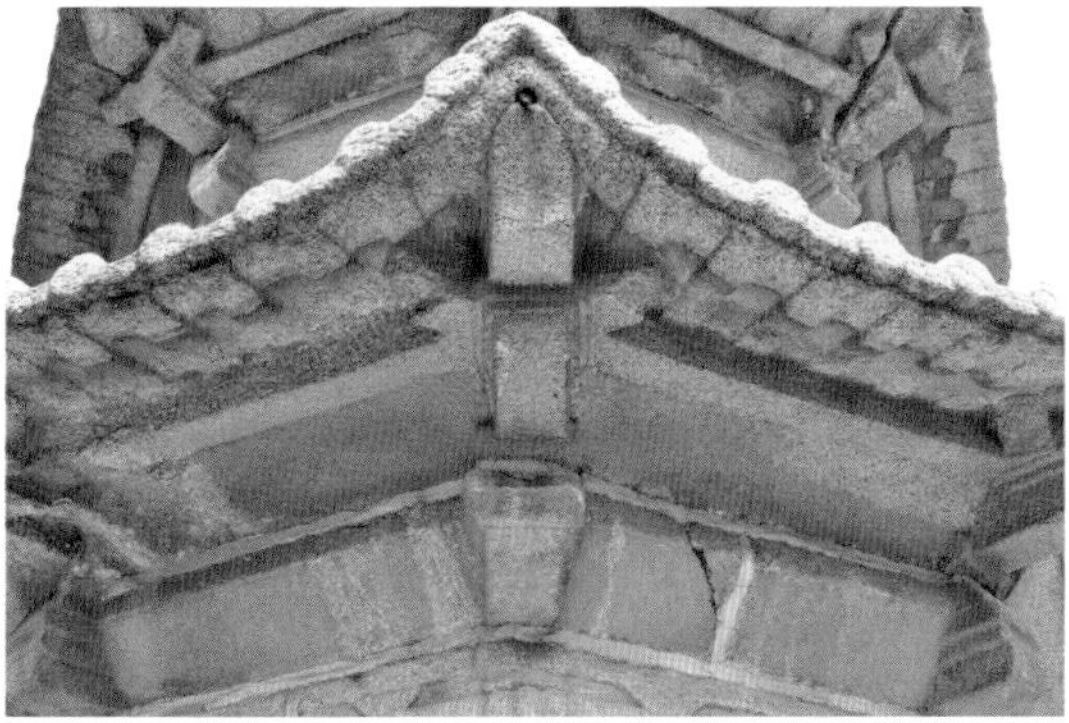

二重隅の詳細　交差した桁の先端が「八双形」の繰形となっている。隅木の先端が尖った形となるが、日本では見ない。

に二個ずつ、上広がりの台形の部材が彫り出されているが、どのような部材なのか、残念ながら本来の姿が思い当たらない。

軒は一段の垂木《たるき》が刻み出され、垂木の木口は扁平な横長断面となっている。これは莆田市の元妙観三清殿《げんみょうかんさんせいでん》でも確認できる福建地方の特徴的な技法である。隅木の先端は入八双《いりはっそう》型に開いているように見える。屋根は本瓦葺きが表現されている。

この塔では腰組の組物は省略されているが、各重ともに一面に四個の格狭間《こうざま》が連続して彫り出されていて、華やかさを添えている。初重の格狭間は基壇に相当するが、その下にもう一段、沸き立つ雲をモチーフとしたような壇のあることも珍しい。

崇福寺應庚塔は、九五〇年ほど前の福建地方の建築的特色を今に伝える塔である。


（見学日・二〇一〇年六月二九日）

二重連子窓の詳細　連子窓の下に束が立っている。日本の古代建築のようだ。高欄の花弁形の格狭間は福建地方でよく目にする。

35 石獅市《せきし》 万寿宝塔《まんじゅほうとう》

所在地　福建省 石獅市 宝蓋鎮 宝蓋山
建立年代　南宋 紹興年間（一一三一〜六二年）

泉州《せんしゅう》市の南東、泉州湾と外洋を隔てる位置に、石獅《せきし》市という町がある。その石獅市の中央に、標高二一〇m程の市内で最も高い宝蓋《ほうがい》山という岩山があり、その山頂に万寿宝塔《まんじゅほうとう》という、高さ約二一・五mの石造八角五重塔が聳えている。

この塔は、南宋《なんそう》の一二世紀、泉州が海外貿易で最も繁栄していた頃に建立されたとされている。そして山頂に聳える万寿宝塔は、外洋から見渡せることから、古くから泉州を目指す交易船の航路の指標とされた著名な塔であった。そのようなことから、世界文化遺産「泉州：宋元中国の世界海洋商業貿易センター」の構成遺産の一つとなっている。

塔の全景　八角五重塔とされているが、初重は「裳階」で、正確には裳階付き四重塔である。正面入り口の前に車寄せのような建物が付随している。

塔の右側面の全景　正面に寄棟造りの建物が取り付いている。壁面に取り付く鳥居のような材は、後世、補強のために付加したもののようだ。

背面裳階と初重の詳細　丸瓦を造り出した屋根石が放射状に配されている。柱は丸太を束ねたような「瓜棱柱《かりょうちゅう》」。大斗は「皿斗」付き。

正面に建つ付属建物　正面３間、側面２間、寄棟造り。面取り角柱は中国では珍しい。皿斗付き大斗、繰形付き拳鼻、隅の八双形などは、大仏様を彷彿とさせる。

付属建物の正面側の詳細　桁と組み合う「拳鼻」の形は、大仏様木鼻と驚くほど似ている。

万寿宝塔は、俗に「姑嫂《こそう》塔」と称されている。「姑嫂」とは、ある男性の妹とその男性の嫁を指す言葉だという。妹とその兄嫁は、毎日この山に登り、海外に出稼ぎに出た兄、そして夫の帰りを待ち続けた。しかし男性は帰国の途中で遭難し、落胆した妹と嫁の二人は自ら命を絶ったという。その冥福を祈って建てられたのがこの「姑嫂塔」だと伝えられている。これは脚色された物語だとされているが、そこには、新天地を求め、或いは交易のために、泉州から海外に船出した多くの人達と、それを見送った人達がいたことの象徴として、永く語り伝えられてきた物語なのである。

　万寿宝塔は、五重塔とされているが、一重目は塔本体を取り囲む「裳階《もこし》」で、建築的に正確に表記すれば、「裳階付き四重塔」である。

　建築的な特色としては、柱が丸い三本の材で構成されていることで、釈迦文仏《しゃかもんぶつ》塔、應庚塔《おうこうとう》と同じ「瓜棱柱《かりょうちゅう》」となっていること、柱上の大斗《だいと》は下端に皿のような張り出しが表現された「皿斗《さらと》」となっていることで、いずれも福建地方の建築的特色を示している。

　そしてこの塔で注目すべきは、正面入り口の前に、正面三間、側面二間、寄棟造り、石造の、拝殿のような建物が建っていることである。この拝殿の柱は大面取《おおめんと》りの角柱で、皿斗付きの大斗を載せ、桁や梁を渡し、板石の屋根を架けている。断面が四角な柱は、中国ではとても珍しい。しかも日本の角柱と同じように隅を切り落とした「面取り柱」となっていて、何

付属建物の左側面の詳細　皿斗付きの大斗、桁と組み合う拳鼻の繰形、隅の八双形などは、大仏様のルーツに違いない。

付属建物の内部を見上げる　柱、貫、大斗、桁、棟木、隅木を架け渡し、板屋根を葺く。木造の構法をそのまま、石に置き替えている。

初重の入口を内部から見返す　内部への入口はこの1箇所だけ。アーチ形の通路部分が塔外壁の厚さで、その厚い壁の中に上に登る階段が設けられている。

内部の見上げ　内部は最上層まで吹き抜けの1室で、遙か上に板石を置いた鏡天井がある。このような内部構成の塔は中国で他にあるだろうか。

ともいえぬ親近感を抱いた。

しかしそれだけではない。桁と直行して外側に飛び出した貫の先端の木鼻は、東大寺南大門で見慣れた「大仏《だいぶつ》様木鼻《ようきばな》」そのものなのである。

これこそ、重源《ちょうげん》、そして宋人陳和卿《ちんなけい》が日本に伝えた「大仏様式」のルーツであることを確信するに値する貴重な遺構なのである。

（見学日・二〇一〇年一一月五日）

36 泉州 開元寺《かいげんじ》 双塔

所在地　福建省 泉州市 鯉城区 西街一七六号
建立年代　西塔　南宋　紹定元年～嘉熙元年（一二二八～三七年）
東塔　南宋　嘉熙二年～淳佑一〇年（一二三八～五〇年）

開元寺《かいげんじ》は泉州《せんしゅう》市の中心地にあり、多くの参拝者で賑わう福建《ふっけん》省最大規模の仏教寺院である。七世紀に創建され、唐《とう》の玄宗皇帝が全国に「開元寺」の建立を発願した際に、「開元寺」と改称され、現在に至るという。

南から天王殿《てんのうでん》、中心仏堂の大雄宝殿《たいゆうほうでん》、戒壇《かいだん》、蔵経閣《ぞうきょうかく》などが南北一直線に並ぶ伽藍《がらん》の様子は、古代から連綿と受け継がれているようである。

そして大雄宝殿の手前左右に石造八角五重塔が建っている。いずれも南宋の一三世紀に建てられた、大規模な石造の塔で、東塔は「鎮国塔《ちんこくとう》」、西塔は「仁寿塔《にんじゅとう》」という。木造を思わせるこれほどボリュームのある石塔は、中国でも珍しい。

西塔：「仁寿塔」の全景　1237年建立の八角五重の石造の塔。軸組や組物、軒廻りはまるで木造を思わせる造りである。

最初に西塔「仁寿塔」を紹介しよう。「仁寿塔」は一二二八年から一二三七年にかけて建てられた。高さは約四四mである。塔は基壇の上に建つが、その基壇が、日本で仏像や厨子《ずし》を安置する「須弥壇《しゅみだん》」のような姿となっている。中国では、仏塔、仏堂を問わず、礼拝の対象となるものはすべて、「須弥壇」の上に置くことが常識だったようである。

この須弥壇の足元の「猫足」は日本の「禅宗様《ぜんしゅうよう》須弥壇」の猫足ととても似ている。八角の須弥壇の各面は六間に区切られ、そこに獅子や龍など様々な図像が浮き彫りで彫刻されている。この区切られた空間を「格狭間《こうざま》」と称するが、その格狭間の四周を縁取る輪郭が、左右の中央から中心に向かって三角形に飛び出すような輪郭曲線を描いているデザインはとても注目である。

何故なら、全く同じ意匠の格狭間が、一二〇〇年に俊乗房重源《しゅんじょうぼうちょうげん》が建てた東大寺開山堂の厨子の須弥壇格狭間に用いられているからである。日本と中国のほぼ同時代の建物に同じ意匠が用いられているという事実は、単なる偶然とは思えない。様式の伝播があったに違いないと思えるのである。

西塔：最上層の詳細　相輪は７輪で、「宝蓋」から「宝鎖」を架ける。組物は「二手先」で、柱間に１組の組物を置く。軒は１軒で、垂木は横長の扁平断面である。

西塔：二～三重の詳細　中備え組物は二重で２組、三重から１組となる。出入口はアーチ形で、その横の柱間は「仏龕」となる。上下で出入口を違えている。

西塔：初重の詳細　頭貫が丸い梁となって、根元を繰形付きの根肘木が支える。その先端は木鼻となる。組物の大斗と巻斗に「皿斗」が付く。桁位置の「拳鼻」も注目だ。

塔の軸組を見ると、頭貫《かしらぬき》が断面円形の「胴張り」のある「虹梁《こうりょう》」形となっている。その虹梁形頭貫の先端は木《き》鼻《ばな》となって柱から飛び出し、虹梁形頭貫の根元には繰形《くりがた》付きの「根肘木《ねひじき》」が取り付いていることなども特筆できる。

柱の上に「台輪《だいわ》」という横材が用いられていないのも、江南の建築的特色である。

さらに柱上の大斗《だいと》や巻斗《まきと》は、下端に出っ張りのある「皿斗《さらと》」となっている。断面円形の梁や「皿斗」は「大仏様式」の特色で、出桁《でけた》と取り合う木鼻は正に「大仏様《だいぶつよう》木鼻」そのものである。

西塔：基壇と初重の軸組　基壇は「猫足」が付き、禅宗様「須弥壇」を思わせる。組物は「詰組」となるが「台輪」を用いていない。江南の特色のようだ。

西塔：基壇の詳細　基壇は「須弥座」形式である。隅に「邪鬼」、中間に丸い束を立てて格狭間とし、彫刻を嵌め込む。

西塔：基壇の詳細　中国の基壇は「須弥座」と称し、特別な意匠で飾られている。日本建築との違いが際立つ部分である。

日本に「大仏様式」を伝えた重源が中国に渡ったのは一二世紀末で、この塔が建てられる数十年前である。従ってこの塔が「大仏様式」の直接のルーツだとはいえないが、重源、或いは重源のもとで東大寺再建に携わった宋人「陳和《ちんな》卿《けい》」の伝えた様式技法が、ここ泉州では確実に根付いていた事を窺うことができるのである。

二〇一〇年に開元寺を訪れた時、案内をしてくれた中国の学生さんは仏教徒で、莆田《ほでん》の南山広化寺《なんざんこうかじ》の住職に帰依していた。そんなご縁から、ご住職の仲介をいただき、塔の内部を見学するまたとない機会を得ることができた。

そのとき目にした西塔「仁寿塔」の内部を紹介しよう。中国の仏塔の多くは、内部に入り、各階に祀られた仏を礼拝しながら最上階まで登ることができるように造られている。これは日本の仏塔とは大きな違いである。開元寺塔も内外に沢山の仏龕《ぶつがん》が設けられているが、文化大革命の際に持ち去られたのだろうか、今ではそこには一体の仏像も祀られていなかった。

西塔：基壇格狭間の詳細　八角形の隅に「邪鬼」を置く。格狭間の左右にある三角形のスペード形の繰形に注目したい。

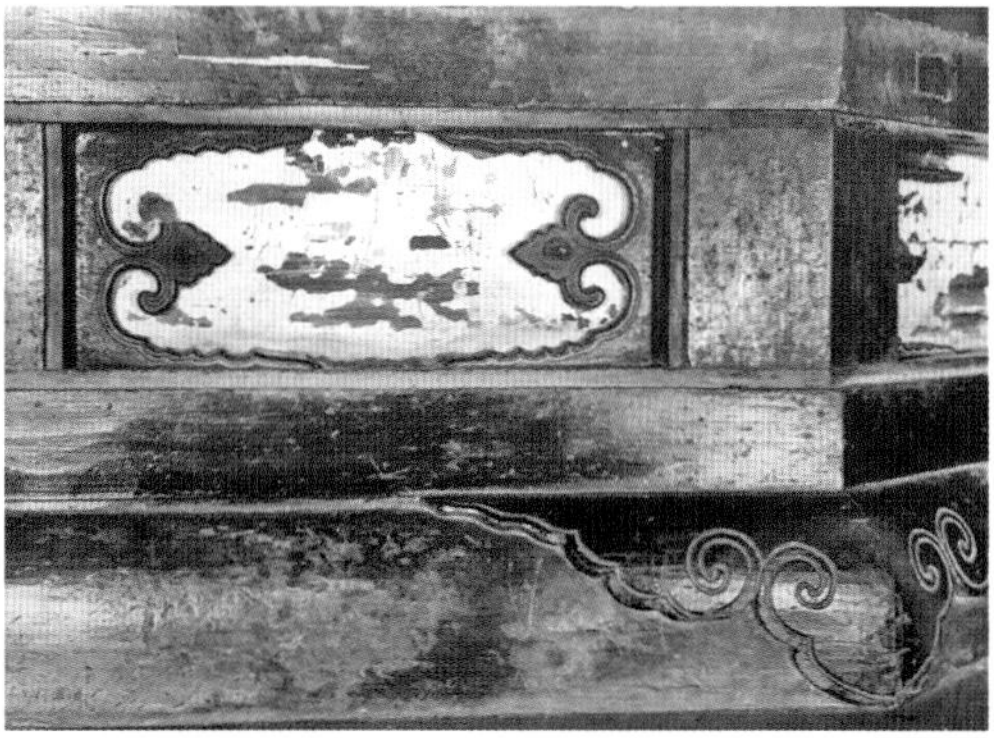

＊日本の例　東大寺開山堂の厨子の格狭間　左右から飛び出る三角形の繰形と、隅の「猫足」は開元寺塔ととても似ている。(修理工事報告書から転載)

塔の初重の柱間は一辺が約五・五m、外壁の厚さは二・一mで、その中に幅約二・四mの廻廊が巡り、中心に一辺一・七m、八角平面の石積みの塔心が建ち上がっている。廻廊には木造の階段が架けられていて、上に登ることができる。

廻廊の内部は、綺麗に仕上げられた長方形と正方形の石材を交互に積み上げた一面の石積みの壁となっている。壁の上には円弧状に造った石材を二段に積んで迫り出し、その上に天井となる板石を架け渡している。

西塔：二重の組物の詳細　「二手先」組物。大斗、巻斗の「皿斗」、桁と組み合う「拳鼻」は、大仏様そのものである。

西塔：軒先の詳細　垂木は扁平断面である。軒丸瓦の文様は多彩である。一方で、軒平瓦に文様はない。

西塔：二重の軸組の詳細　柱に飛貫と腰貫を通し、柱間を三分して中央を「仏龕」、左右の壁面に羅漢像を浮き彫りに現す。高欄の格狭間文様は注目である。

西塔：初重の内部　２段の肘木と皿斗付きの巻斗、胴張りのある梁が印象的。壁体は横長と正方形の石材が交互に積み上げられている。

西塔：四重内部の架構　壁面上部に支輪のような凸型石材を迫り出しに重ね、上重の平面を小さくしているようだ。天井に入る「根太」のような材は、木造に由来するようだ。

八角平面の角の部分には、中央の塔心部分から外壁にかけて太い石造の梁が架け渡され、その梁を二段の挿肘《さしひじ》木《き》と巻斗が支えている。ここだけは、まるで木造のようである。

梁は側面に丸い膨らみがあり、両端では膨らみ部分を削り落として幅を狭めている。この梁の形状は華林寺《かりんじ》、陳大尉宮《ちんたいいきゅう》、元妙観《げんみょうかん》などと同じことから、福建地方の特徴的な梁形状であることが理解できる。

肘木は石積みの壁面から飛び出していて、上角に「笹繰り《ささぐ》」という欠き取りを施し、上に「皿斗」付きの巻斗が乗っている。まさに東大寺南大門で見る大仏様の「挿肘木」を思わせる。

五重では繋ぎ梁の上に丸い「大瓶束《たいへいづか》」を建てて二段目の梁と母屋桁《もやけた》を組み、その上に隅木と屋根板を架けている。この「虹梁大瓶束」式の架構は、一一九二年に俊乗房重源が建立した兵庫県の浄土寺浄土堂の架構を彷彿とさせる。これを目にしたときの感動は今でも忘れられない。八五〇年ほど前、重源が中国で見た仏堂に再会したような錯覚を覚えた。しかし重源が福建省を訪れた記録はない。重源が訪れた頃の中国は「南宋」の時代で、都は浙江省《せっこう》の杭州《こうしゅう》にあった。入宋僧《にっそう》は、交易の窓口である寧波《ニンポー》から都の杭州、そして杭州周辺にあって当時隆盛を誇っていた中国五山や、少し南に位置する天台山を巡っていたと思われる。

杭州から南へ五〇〇km以上離れた福建省泉州の開元寺に、重源が伝えたとされる「大仏様」の建築技法が見られるのである。

これらの小屋組の架構が、素材は石材であるが、木造と全く同じように加工され、組み上げられているのは驚きである。

開元寺の西塔「仁寿塔」の再建が一二三七年に完了した後、東塔「鎮国塔」が翌年から一二五〇年にかけて建てられた。説明板には、東塔は西塔とほとんど同じ形式の石造八角五重塔で、東塔の高さが約四八m、西塔は四四mと、高さの僅かな違いだけが解説

西塔：五重内部の架構　「挿肘木」で支えた梁の上に「大瓶束」を建て、２段目の梁と母屋桁を組み、隅木と屋根板を架ける。木組みのように石材を組み上げている。

西塔：五重内部の見上げ　中央の「塔心」は中まで石材が詰め込まれ、構造的中核となっている。そこから８方に挿肘木と繋ぎ梁を架け、外部と緊結している。

されていた。

東西両塔の組物を見ると、いずれも「二手先《ふたてさき》」組物で、柱位置とその中間にも「詰組《つめぐみ》」に組物を据えている。しかしつぶさに見ると、建築技法には大きな違いがあった。

中間の組物は、西塔では初重、二重が二組、三重から上が一組となっているが、東塔では初重から五重まですべてに二組の組物が据えられ、軒下はとても賑やかだ。

塔の平面は上に向かって順次小さくなるので、組物の間隔も狭まり、壁付きの肘木が納まらなくなる。そのため西塔では組物の数を減らしているが、東塔の四重と五重では、隣り合う壁付きの肘木を交差させて一体化し、中間に一個の巻斗を乗せて共用している。これは中国では「鴛鴦交首栱《えんおうこうしゅきょう》」と称し、宋代以降に用いられる組物とされている。

次に東塔で注目したいのは、外壁通りから一段外に出た巻斗の上に横材の「通肘木《とおりひじき》」を架け、組物同士を繋いでいることである。このような手先に架けた通肘木の上には、通常であれば、軒天井や支輪《しりん》が取り付くのだが、

西塔：五重内部の虹梁大瓶束の詳細　挿肘木、皿斗付きの巻斗、円形断面の梁、丸い大瓶束、全てが大仏様そのものだ。

西塔：五重から見た東塔と町並み　右に天王殿、左に大雄宝殿、正面に東塔が建つ。遠くには高層ビルが建つが、寺院周辺の町並みは高さが規制されているようだ。

ここでは何の部材も取り付かず、横材が空中に架け渡されたような格好となっている。このような手先の通肘木の架構法は、泉州近郊に数棟の類例があるだけで中国でも珍しい。

そしてその珍しい架構が、実は日本の東大寺南大門で見ることができる。さらにこの開元寺東西両塔の皿斗付きの大斗や巻斗、桁位置に取り付く円弧の連続した木鼻も、南大門のものととてもよく似ている。特に桁に直行して木鼻の付く事例は東大寺南大門も同様で注目である。隅木の下に「くの字」状に木鼻のような材が出ている様子も、南大門の「入八双《いりはっそう》」型の不思議な隅木を思わせる。柱頂部に架けられた胴張りのある虹梁形の頭貫も南大門の虹梁と同じである。

東塔では一段目と二段目の肘木の根元に、先端の尖った木鼻のような材が取り付いている。恐らく肘木の垂下を補強するための支えとして取り付けられた新工夫の部材のようだが、これも他ではお目にかかれない珍品である。ただその繰形は日本でよく見る「実《さね》肘木《ひじき》」の先端部

東塔：「鎮国塔」の全景　西塔に続いて建立され1250年に完成した。ほぼ同形同大だが、技法的な違いに注目したい。

東塔：上層部分の詳細　組物は「詰組」で、初重から五重まで柱間に２組を置く。一方西塔では三～五重は１組で、技法、意匠ともに大きく変化している。

分とよく似ている。これも日本の造形のルーツなのかも知れない。

東塔は西塔に引き続いて建立され、時間的には連続しているが、その両塔を見比べると、構法や意匠が変化し発展する様子を垣間見ることができ、興味が尽きない。しかもそれが日本に伝わっていたと思えるので、なおさらである。

私はこれまで三度、開元寺を訪れた。その度毎に新たな発見があり、ひとり密かに心を躍らせた。そんな面白い見どころを紹介しよう。

東塔：二重の詳細　西塔と同じ「二手先」組物だが、一手先目に組物を横に繋ぐ「通肘木」のあることが大きく違う。

東塔：初重と二重の詳細　丸い虹梁形の頭貫とその根元に付く絵様肘木《えようひじき》、アーチ形の出入口とその脇間の「仏龕《ぶつがん》」、基本構成は西塔と同じである。

東塔：三重組物の詳細　通肘木の側面に、文字と浮き彫りの彫刻が施されている。とても珍しい。桁は隅で成を極端に大きくしている。軒反りを作る技法である。

東西両塔とも、いずれも石の加工技術の高さには驚きである。まずその第一は石材表面の仕上げである。とても平滑に見える石材の表面は、よく見ると極めて細かな凹凸があって、錐のような小さな工具で根気強く細かに叩いて、平滑に仕上げた様子が窺える。その労力たるや、さだめし想像を絶するほど膨大であったに違いない。

次に見つけたのは、東塔「鎮国塔」の組物に架け渡された「通肘木」の正面の彫刻で、丸紋の中に文字が一文字、彫り込むように彫刻され、その左右には草花や鳥、天女などの図像が材の表面から浮き出るように彫り出されていたことである。最初は全く気が付かなかったが、夕日に照らされた時、その存在を知った。目を凝らして

東塔：二重組物の詳細　「二手先」組物で、一手先目の「通肘木」で左右の組物を繋ぐ。手先肘木の下に「実肘木」のような材が入るのは特異。桁に組み合う「拳鼻」は大仏様だ。

＊日本の例　東大寺南大門の組物の詳細　手先部分に左右の組物を繋ぐ「通肘木」が入る。桁に「拳鼻」が付くことも、開元寺東塔と同じである。隅木の先端の八双形も似ている。

東塔：軒先瓦の彫刻　本瓦葺きの軒先丸瓦に様々な花の文様が施されている。一方で軒平瓦に文様はない。高欄格狭間のスペード形の文様にも注目したい。

みると、その彫刻は何故か、目の遠い三、四、五重の「通肘木」にだけ彫り出されている。文字は全部で二四文字あるはずだが、「永」「皇」「順」「道」「國」などの文字が僅かに確認できただけだった。「鎮国塔」という塔名から考えると、恐らく国の安定と発展を願う願文のような文章が一文字ずつ刻み込まれているのではないだろうか。

東塔：初重壁面の彫刻　各重各面の両脇には天部、羅漢など様々な像が、大きな板石から彫り出されている。その彫刻技法の精緻さには目を奪われる。

石製の軒丸瓦の瓦当の文様も必見である。西塔は主に六弁、八弁の蓮華紋、他に四弁、五弁の花紋もある。中には仏像を彫りだしたものもある。蓮華紋は日本の古代の瓦を思わせる。一方東塔は、枝と葉を伴った椿のような様々な形の花となっていて、東西両塔でデザインの違いが際立っている。

両塔の各重各柱間の両脇の壁面に一体ずつ彫り出された四天王像や羅漢《らかん》像の彫刻もすばらしい。特に衣服の細かく繊細な文様の表現は石彫技術の高さが遺憾なく発揮されている。西塔「仁寿塔」の四重には、中国で最古の「孫悟空」が彫刻されているという。しかもそれは日本の研究者の指摘で明らかになった、と現地のガイドが説明

東塔：初重壁面の彫刻の詳細　武人像の衣服には細かな文様が彫り出されており、その精緻さには目を奪われる。

していた。ただ残念ながら、私にはどれが孫悟空なのか、はっきり確認することはできなかった。

もう一点、東塔「鎮国塔」での見どころは、須弥壇形式の基壇の格狭間四〇面に、釈迦の誕生から出家、修行、成道の物語、釈迦誕生前の前世の物語、法華経の比喩の物語などが彫刻されていることである。その一つ一つの場面に四文字で「太子《たいし》出《しゅつ》遊《ゆう》」「捨身飼虎《しゃしんしこ》」など表題が刻まれているので、彫刻の現す物語を理解することができる。このような多彩な仏教説話が四〇面にもわたって展開するのは壮観で、珍しい事例だろう。双塔の建てられた一三世紀、南宋では禅宗が最も隆盛を誇っていた。それがこのような図像の製作された背景なのだろう。

開元寺双塔は、日本人にとっては、とても親近感を感じる古建築なのである。

（見学日・二〇〇九年一一月一〇日・二〇一〇年六月二八日・二〇一五年一一月六日）

東塔：基壇の彫刻　「太子出遊」の場面。出家前の釈迦が城門を出たとき、老人、病人、死者に出会い、人生の無常を知ったという物語。

東塔：基壇の彫刻　基壇の格狭間には様々な仏教説話が彫り出されている。これは法華経の「三車火宅《さんしゃかたく》」の喩え。

37 石獅市《せきしし》 六勝塔《りくしょうとう》

所在地　福建省 石獅市 蚶江鎮《かんこう》 石湖村
建立年代　元 至元二年（一三三六年）

泉州《せんしゅう》湾の入り口の南岸に、外洋と隔てるように張り出した小さな半島がある。その先端の標高二五mほどの小山の上に「六勝塔《りくしょうとう》」という石造八角五重塔が建っている。

一二世紀以降、泉州は海のシルクロードの起点として栄えたが、この塔は泉州湾を出入りする交易船の航路標識の役割を担った塔だったという。

六勝塔から一〇kmほど離れた標高二一〇mの山頂に建つ「万寿宝塔《まんじゅほうとう》」は、外洋から見渡せる航路標識で、六勝塔は湾の入り口に立つ航路標識となっていて、夜は灯りがともされていたという。

しかし六勝塔は航路標識として建てられたわけではない。北《ほく》宋《そう》の一二世紀初

塔の全景　1336年建立の八角五重の石造塔で、高さは36m、開元寺東塔「鎮国塔」とよく似ている。

1段目基壇の詳細　基壇は二重で、これは下の基壇。「猫足」はこれまでのものを踏襲しているが、それ以外は簡素になっている。高欄の形状は斬新だ。

頭、ここを訪れた僧が、浙江《せっこう》省の寧波《ニンポー》にある阿育王寺《あいくおうじ》の風景に似ているという事で、仏塔の建立を発願したとされている。

南宋《なんそう》が元《げん》軍の侵攻を受けたときに塔は破壊され、その後、交易で財をなしたこの地の商人が出資して再建されたのが今の塔だという。塔の正面に「萬壽塔《まんじゅとう》」という石製の扁額が掲げられているが、そこに元の時代一三三六年の年号と「淩《りょう》」という商人の名が刻まれている。解説書によると、各重に年号や人名が刻み込まれていて、塔は一三三六年から三九年にかけて建設されたことが分かるという。

二重目の基壇の詳細　隅の「猫足」や「邪鬼」、丸い束を立てた格狭間やその彫刻は伝統を受け継いでいるようだが、少し簡素になっているようだ。

初重組物の詳細　大斗は「蓮」を象る。巻斗に「皿斗」が付く。一手先目に「通肘木」が通る。桁に大仏様「拳鼻」が付く。頭貫が円形断面で、先端が繰形付きの木鼻となる。

初重隅組物の詳細　「皿斗」付きの巻斗、「笹繰り」のある肘木、繰形の「拳鼻」、「八双形」の隅木など、東大寺南大門との様式の類似は注目である。軒は2軒に表現されている。

六勝塔は開元寺《かいげんじ》の塔ととてもよく似ている。高さは三六m、初重の一辺の柱間は五mほどで、高さ四六m、柱間五・七mほどの開元寺東塔よりはやや小さいが、高さは主に相輪《そうりん》の長さが短い事に依るもののようで、塔本体の大きさはほとんど同じように感じられた。そればかりか隅の柱は開元寺の塔より太く、量感に溢れていた。

各重の開口部の構成、壁面に仏や羅漢《らかん》像などを彫り出すこと、側面が円形の虹梁《こうりょう》形の頭貫《かしらぬき》を用いること、柱上の大斗《だいと》には隅行きの肘木《ひじき》だけが乗り、その両脇に接して平の組物《くみもの》を置くこと、皿斗《さらと》を用いること、一手先目に通肘木《とおりひじき》を架けること、桁に大仏様《だいぶつよう》系の木鼻を組み合わせること、組物や軒先の形状など、多くの点で、建立年代が九〇年ほど遡る開元寺の東塔「鎮国塔《ちんこくとう》」と驚くほどよく似ている。同じ工房の石工が忠実に技法を伝えていたと思えるのである。

しかしよく見ると違いもある。その一つは、大斗が丸い蓮の花になっていることで、これは随分珍しい。軸部

初重の下部藁座の詳細　扉は残存していないが、藁座の形は、兵庫県の浄土寺浄土堂ととても似ている。

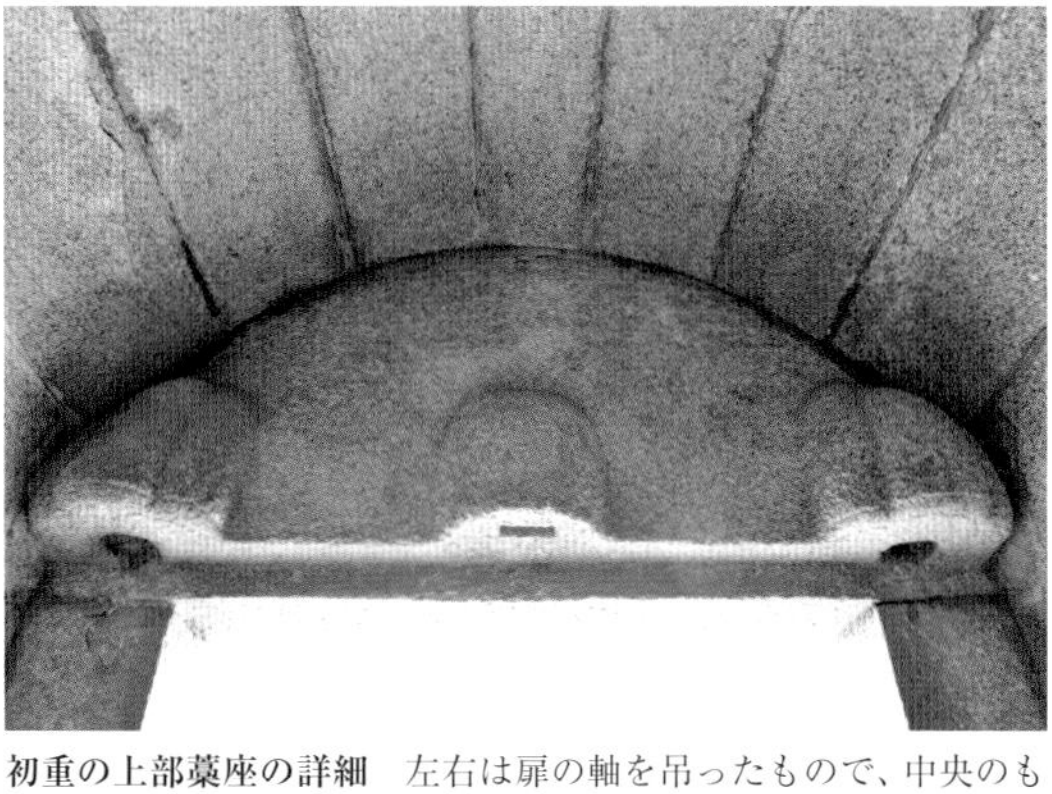

初重の上部藁座の詳細　左右は扉の軸を吊ったもので、中央のものは戸締まりのための装置だろう。

材にごてごてと彫り物を施す清《しん》代の建物にはこのような蓮の大斗を見かけることはあるが、その最も古い例のようである。

もう一つ、ここで注目できるのは「藁座《わらざ》」であった。これは扉を釣り込むための軸受けの材で、日本には大仏様、禅宗様《ぜんしゅうよう》とともに伝わった。特に俊乗房重源《しゅんじょうぼうちょうげん》の建立した兵庫県の浄土寺浄土堂にある藁座の形ととてもよく似ている。また一つ、大仏様のルーツを福建《ふっけん》省で見つけたのは、感動であった。

（見学日・二〇一五年一一月六日）

初重の軸組　入口はアーチ形で、少し奥に扉の構えがあり、内側に藁座がある。柱脚に大きな礎盤を置く。

初重の内部の状況　中心に石積みの「塔心」があり、外壁との間に「挿肘木」と皿斗付き巻斗で支えられた円形断面の繋ぎ梁を架ける。上部は上重の床を兼ねた板天井となる。

38 泉州 弥陀岩《みだがん》　石室《せきしつ》

所在地　福建省 泉州市 豊澤区 清源山
建立年代　元　至正二四年（一三六四年）

福建《ふっけん》省泉州《せんしゅう》市の市街地から北へ八kmほどの辺りに、「清源山《せいげんさん》」という三つの峰の連なる山並みがある。山中には奇岩怪石や泉が点在し、古くから景勝地として知られ、仏教や道教の寺院、或いは高級官僚の別邸などが建てられていたという。今は僅かな仏像や道教像が残るだけだが、その山中に「弥陀岩《みだがん》」という場所がある。そこには、切り立った岩盤から阿弥陀仏立像を浮き彫りに彫り出し、そこに石造の覆い屋「石室《せきしつ》」が建てられている。

阿弥陀仏と石室は「元《げん》」の時代一三六一年から四年をかけて造られたことが、石室の傍らにある碑文によって明らかとなっている。この碑文

正側面の全景　1361年建立の仏像の覆い屋。正面は1間で、側面は岩盤に接している。屋根は宝形となっている。

正面の全景　柱間には、地覆、腰貫、飛貫、頭貫が通る。柱間を三分して中央が開口となる。開口の上部は「火灯」形となっている。軸組、組物、軒まで木造を模している。

には多くの人名が刻まれている。解説書によると名前から考えて、発願は江蘇《こうそ》省南京の僧侶で漢族の人、賛同して集まったのは、「元」の官吏であるモンゴル族の人、中国西北の甘粛《かんしゅく》省にあった「西夏《せいか》」という国のタングート族の人、チベット族の人などであることが分かるという。大帝国「元」、そして国際貿易港「泉州」ならではの一面を思わせる。

阿弥陀如来像は、石像全体に金箔を貼って仕上げられている。このような技法はチベット仏教の特色だという。人名に刻まれたチベット族の人は恐らく僧侶で、チベット仏教と文化を伝えたのだろうと考えられている。

組物の詳細　「二手先」組物で、１手先目に「通肘木」を通して左右の組物を緊結する。肘木は外に向かって出るだけで、横に広がらないのは特徴的である。

正面の詳細　頭貫は側面に「胴張り」があり、先端は簡単な繰形の付いた木鼻となる。隅柱位置の組物は隅行き肘木だけで単純な構成である。隅扇垂木の様子も分かる。

右側面の組物の詳細　大斗と巻斗は「皿斗」付き。出桁と組み合う「拳鼻」の繰形は大仏様そのものである。「大仏様」のルーツは福建だと確信する意匠だ。

「石室」は正面が一間で、柱間寸法は五・六m、側面は一面の切石積みの壁面となっていて、背後の岩盤に取り付いている。屋根は石材から本瓦葺き形を造り出し、宝形《ほうぎょう》屋根とし、頂部に宝瓶《ほうへい》のような変わった飾りを載せている。

柱の下に据えられている「礎盤《そばん》」の形が、日本の禅宗様式と類似しているのは注目である。同様の礎盤は一三一七年建立の浙江《せっこう》省延福寺《えんぷくじ》にも見られることから、一四世紀代に江南地方に普及した技法であることが窺われる。

軸組は、壁面を構成する石材の凹凸によって、地覆《じふく》、腰貫《こしぬき》、飛貫《ひぬき》が通されている様子が窺える。頭貫《かしらぬき》は側面に円弧状の胴張りのある形状で、柱際で幅をそぎ落として狭め、柱に落とし込み、先端は延びて木鼻《きばな》となり、木口部分を緩い曲線的な繰形《くりがた》に造っている。また頭貫下端の柱際には繰形の付いた根肘木《ねひじき》を添えている。

組物《くみもの》は二手先で、隅柱位置では隅行き方向にだけ肘木が出ているので随分すっきりしている。しかし柱の間には四個の組物が「詰組《つめぐみ》」に置かれ、全体としては見応えがある。一手先目には「通肘木《とおりひじき》」を架け、大斗《だいと》、巻斗《まきと》は

軒先の詳細　強い軒反りと上向きに納まる隅木、その隅木先端下端の嘴のような彫り、一方で下向きに取り付く繰形付き尾垂木のような部材、これは福建地方独特の納まりである。

屋根頂部の飾り　屋根は宝形造りで、上方で1段切り上げ、段葺きとなっている。頂部に「宝瓶《ほうへい》」を置くのは特異である。

下端に張り出しのある「皿斗《さらと》」となっている。桁には大仏様系の繰形のついた「拳鼻《こぶしばな》」が取り付き、隅木の下にも繰形の付いた尾垂木《おだるき》のような部材が取り付いている。

軸組や組物の構成は、開元寺《かいげんじ》東塔や六勝塔《りくしょうとう》と全くと言ってよいほど同じである。碑文によると、建設作業に当たったのはすべて漢族の人であることが分かるという。泉州地方には一〇〇年以上にわたって、同一の技法を守り続けた石工の集団があったように思えるが、石工の技術と木工の技術にどのような交流があったのか、興味のあるところである。

（見学日・二〇一五年一一月六日）

内部の見上げ　本尊は背後の岩盤から彫り出されているという。凸型の支輪のような石材を３段に迫り出しに積んで板石を並べた鏡天井となる。

内部の床面　床には六角形に加工した板石が敷き詰められていた。

39
広東省《かんとん》 肇慶《ちょうけい》
梅庵《ばいあん》 大雄宝殿《たいゆうほうでん》

所在地　広東省 肇慶《ちょうけい》市 端州区 梅庵路一五号
建立年代　北宋 至道二年（九九六年）

広東省《かんとん》の省都広州《こうしゅう》から西に八〇km、車で二時間ほどの辺りに肇慶《ちょうけい》という地方都市がある。ここは「端渓《たんけい》」という硯の産地として知られている。この町に江南最古の古建築があると聞き訪れた。それは「梅庵《ばいあん》」という寺院である。

中国禅宗の始祖、菩提達磨《ぼだいだるま》から数えて六代目、六祖慧能《えのう》が八世紀初頭にこの地を訪れ、梅の木を植えたという。北宋《ほくそう》の九九六年、慧能を慕う僧がその地に寺院を建立した。「梅庵」の名は慧能の梅に因んだものである。

現在の梅庵は、大小数棟の切妻《きりづま》造りの建物で構成され、両側面は磚《せん》積みの壁となっていて、外観を見る限り清《しん》代以降の建物のようにしか見えなかった。明《みん》から清代に

大雄宝殿の全景　桁行５間、切妻造りの仏殿。996年の建立とされる。両妻は磚積みで、後世の改造のようだ。

背面を見る　３本の尾垂木を入れた四手先組物が密に配された姿は壮観だ。軸組に比べて組物の豪華さが際立っている。

かけて四回もの修理の記録があり、姿形は大きく変わっているように思えた。

門を入ると左右の建物に区切られた小さな中庭があり、正面に柱間五間、奥行き四間、切妻造りの大雄宝殿《たいゆうほうでん》が建っていた。両妻の磚積みの壁面や棟飾りは見るからに清代のもののようだが、組物と内部の梁組の姿は衝撃であった。これまで私が中国江南で見てきたどの建物よりも「古い」と直感した。組物が大きく、積み上げた高さが、柱の高さの半分ほどもあろうかと思えるほどである。これは唐《とう》代の古建築に共通するプロポーションだとされている。

正面組物の詳細　大斗と巻斗に「皿斗」が付く。肘木の木口は円弧状。尾垂木の木口は山形の五角形で中国では珍しい。軒は２軒で地垂木の木口に「鼻隠板」が付いている。

正面組物を見る　壁付きと二手、三手目では長短の肘木が２段重ねとなっている。四手先目で肘木が十字に組まれ外に出るのは珍しい。壁付きの肘木に下から上に串刺しに栓が通る。

正面組物の詳細　柱上に薄い台輪を置いて組物を置く。１段目の尾垂木は見せかけである。地垂木は扁平な材で垂木間に平瓦が葺かれている。

現在の切妻造りの姿は後世の改造によるもので、本来は入母屋造《いりもやづく》り、或いは寄棟《よせむね》造りの仏殿だったと考えられている。

組物を見ると、日本では恐らく見ることのできない、三段に尾垂木《おだるき》を架けた四手先《よてさき》組物である。肘木《ひじき》は先端が円弧状に造られ、上端の角には「笹繰《ささぐ》り」という欠き取りが施され、長短二種の肘木を上下に重ね、尾垂木の木口は上を山型に削って五角形としている。組物は柱の上と、その中間にも同じものが密に据えられている。これらは日本の「禅宗様式」の特色とされている。

内部の架構　尾垂木尻が長く引き込まれているのは印象的。母屋は梁が３段に重ねられている。１段目の梁は柱に差し込み鼻栓で止める。恐らく中国でも類例のない珍しい架構。

内部の架構　正面側を見返す。母屋の柱は頂部に円い大斗形を造り出し、桁を載せ、桁を挿肘木で支えている。頭貫は用いず、下方に虹梁を入れる。この軸組構法も珍しい。

背面側廻りの組物を内部から見る　繋ぎ虹梁の形は日本のものと似ている。中備え組物の尾垂木尻が長く延びるのは注目。通肘木の妻壁近くにホゾ穴がある。組物があったようだ。

一方、大斗《だいと》と巻斗《まきと》の下端には「皿斗《さらと》」と称される出っ張りが付いている。これは重源《ちょうげん》の伝えた「大仏様式」の特色である。

内部の架構を見ると梁が何段にも重ねて架けられている。その梁は断面がほぼ矩形で、端には円弧状の「袖切《そでき》り」を施し、幅を狭めて柱に差し込んでいる。日本で見慣れた中世仏堂の梁の姿である。

最上段の尾垂木が内側に長く延びて桁を支えている姿は東大寺南大門や兵庫県の浄土寺浄土堂に見られる大仏様式の「遊離尾垂木《ゆうりおだるき》」を思わせる。

柱の上に薄い「台輪《だいわ》」を置くのは中国でも注目されている。何故なら、このような形の台輪は、同時代には類例が無いからである。

九九六年に建立されたこの梅庵大雄宝殿には様々な建築様式が凝縮されている。日本のみならず、中国江南のその後の建築のルーツをも秘めた、注目の古建築なのである。

（見学日・二〇一一年二月二六日）

補遺　日本の寺社建築と中国建築

日本の寺社建築のルーツをたどると、それは、六世紀に仏教の伝来とともに、当時の韓半島の「百済」から伝えられた、とされている。しかしそれはさらに遠く大陸中国の大河黄河の中下流域の「中原」と呼ばれる地域、或いは一〇〇〇㎞余り上流の「関中」という地で創りあげられた建築であった。

中国のその建築技法や様式は、多くの王朝が興亡を繰り返す中でも引き継がれ、緩やかに変化しつつ、清代、そして現代までその命脈を保っている。

七世紀から八世紀にかけて、中国唐代の建築技法や様式が、他の多くの中国文化とともに伝えられ、それが日本に根づくこととなった。それが今では「和様」と称され、日本の寺社建築様式の基本とされている。

やがて一二世紀後半から一三世紀にかけ、中国で隆盛していた「禅宗」が伝えられると、教義とともに寺院の伽藍や建築様式も伝えられた。それは「禅宗様」と称される建築様式で、唐代の建築様式とは異なるものであった。それが中国国内での発展形なのか、或いは当時の南宋の都「杭州」を中心とする江南の地方色なのかは、議論のあるところである。

一二世紀末、平家の南都焼き討ちの復興に大勧進となった俊乗房重源は、難工事遂行のために宋人「陳和卿」を登用し、それによって中国江南の建築様式が導入されたとされている。これは「大仏様」と称されている。

一七世紀に入って、長崎に居留する中国商人が建立した寺院や、中国明の隠元禅師が「黄檗宗」を伝え建立した京都宇治萬福寺伽藍は、いずれも当時の中国明の建築様式を用いたものであった。そこに用いられた絵様や繰形、建具などの目新しいデザインは、様々にアレンジされ取り入れられたが、「○○様」というような様式的な確立には至らなかった。

江戸時代を通して、中国文化は長崎出島を窓口として絶えず流入していた。建築的には、「煎茶席」に代表されるような、文人好みの「中国趣味」に溢れた斬新な「座敷飾り」に見るべきものが多い。しかし寺社建築に関しては、中国の影響は、彫刻や文様など極限られていたようである。

以下に日本の寺社建築の各様式の特色を列記する。

一、和様

日本建築における「和様」の定義は、『建築大辞典』（第二版一九九三・彰国社）に以下のように記されている。

「中国建築様式を原形として日本化し、奈良時代に完成された建築様式。寺院建築や宮城内の諸殿堂などに広く使われた。鎌倉時代に新しく導入された二様式に天竺様、唐様の名称を与えるとともに、従来のものには和様の名称を与え区別した。天竺、唐、和は当時の日本人の観念では主要な国であったために、このような名称が使われたのだと考えられる。「日本様」ともいう。」

とある。ここで「天竺様」「唐様」とある言葉は、近年では「大仏様」「禅宗様」と称されている。

『建築大辞典』には和様の特色として、

（1）柱は円筒形で上下とも同じ径。断面大。

（2）貫を用いない。

（3）長押を用いる。

（4）原則として台輪は用いない。ただし塔など、重層の建物では台輪を用いている。
（5）垂木は平行垂木。扇垂木は用いない。
（6）組物は柱頭にだけ置く。
（7）木鼻は用いない。
（8）壁は土壁、或いは横板壁。
（9）建具は板扉、或いは蔀戸。
（10）窓は連子窓。
などが挙げられている。その他に、
・床を張る。
・天井を張る。
・彫刻を嵌め込む本蟇股を用いる。
なども和様ならではの特色である。

二、大仏様

大仏様の建築的特徴は、『日本建築史図集』（第二版二〇〇七・日本建築学会編・彰国社）に以下のように記されている。
（1）柱を貫通する横架材で軸部を固め、長押を用いない。
横架材は主に貫や通肘木で、それらは挿肘木を兼ねることが多い。

（2）柱上に組物を置かず、柱に差し込んだ挿肘木で片持ち梁状に軒荷重を支える。
組物の使用は少なく、組物に左右の広がりがない。
柱筋の中間には遊離尾垂木を使い屋根や軒の荷重のバランスを取って支える。
斗には皿斗付きの斗を使い、鬼斗は使わない。
（3）継手仕口は、くさびを打って固める箇所が多い。
くさびの寸法を利用して納める略鎌系の継手を多く用いる。
（4）軒は一軒で、垂木は隅だけ扇垂木とし、垂木先に鼻隠板を打つ。
（5）天井を張らず化粧屋根裏をみせ、野屋根や野小屋をつくらない。
（6）柱を貫通する横架材の端部に繰形の付いた木鼻をつくるものが多く、蟇股などにも特徴のある繰形を使う。
（7）建具に桟唐戸を用い、横架材に藁座を差し込み、建具の軸受けとする。
虹梁は円形断面で太く、下面に錫杖彫りがある。
とある。その他、以下のような特色も指摘できる。
・柱は上下でわずかに細くなる。
・頭貫の上端は柱から飛び出し、大斗は頭貫を噛み込むように納まる。
・母屋桁が、柱通りの間にも置かれる。
・桁は断面円形、或いは側面に「胴張り」と称する強い円弧状の膨らみをもつ。
・桁は、隅で上端に材を矧ぎ足して反り増しをつくる。

・虹梁上に大瓶束を建てて、母屋桁を受ける。
・虹梁の端に袖切りはなく、円弧状に削り落として幅を狭めている。下端に錫杖彫りを施す。
・木鼻は、円弧の繰り返しで構成された、「大仏様」と称される独特の形状となっている。
・肘木の上端の角を欠き取っている。これは「笹繰り」と称されている。
・隅木の先端を八双型につくる。（東大寺南大門）
・桟唐戸の桟を断面三角につくる。（東大寺開山堂）

三、禅宗様

禅宗様の建築的特徴は、『日本建築史図集』に以下のように記されている。

（1）裳階を付け屋根を二重にすることが多い。
（2）基壇の上に建ち、床を張らない。
（3）柱は礎盤上に置き、貫を通して固め、上下に粽をつける。
（4）柱の上に台輪をのせ、台輪上に組物を詰組に置く。組物は横に広がりをもつ。
（5）架構を内部にみせ、強い反りをもつ尾垂木、海老虹梁など、構造部材を装飾的にみせる。
（6）庇は化粧屋根裏とし、身舎は鏡天井とする。
（7）軒先に強い反りをもち、垂木は扇垂木とする。
（8）木鼻、拳鼻、台輪の繰形、虹梁の錫杖彫り、袖切りなど装飾的な要素が多い。
（9）扉に桟唐戸を用い、波連子の欄間や、窓、入口に花頭曲線を好んで用いる。

とある。その他、以下のような特色も指摘できる。
・地隅木と飛檐隅木が一木でつくられ、地隅木先端は繰形となり、飛檐隅木の先端は「くの字」状に下方に折れ曲がる。
・垂木先端を繰形とするものもある。
・蕪懸魚、三つ花懸魚を用いる。
・縦板壁を用いる。
・虹梁大瓶束の架構を用いる。
・虹梁下角に二段に眉を欠き取る。袖切りを施し、根肘木で支える。下面に錫杖彫りを施す。
・繰形付きの実肘木を用いる。
・桁は幅、成ともに大きい。
・肘木の木口が円弧で、笹繰り、重栱となる。
・板支輪を用いる。
・繰形付きの須弥壇。高欄の逆蓮付きの親柱、斗束が握り蓮、架木が中央で蕨手状になる。

用語解説

(1) 基本事項

伽藍《がらん》：仏堂を修行する施設。門、塔、本堂、講堂、僧坊などで構成される。

母屋《もや》：古代建築の主架構部分。梁間二間が原則で、桁行は規模に応じて二間から九間など各種ある。通常この周囲に庇を巡らす。「身舎」とも表記する。

庇《ひさし》：母屋の一面から四面に付け足された、柱間幅一間の空間。

裳階《もこし》：軒下に取り付けた、幅一間の屋根付きの下屋。

本屋《ほんや》：裳階の付く建物の場合、裳階を除いた主体部分を指していう。

廻廊《かいろう》：主要な建物を他と区画するために建てられた廊下状の建物。

切妻《きりづま》：大棟から両側に勾配を持って流れる屋根の形式。

入母屋《いりもや》：切妻の四方に屋根を付けたもの。

寄棟《よせむね》：建物の四面に屋根面を架けたもので、大棟と四方の隅棟で構成される。

(2) 基礎関係用語

礎盤《そばん》：禅宗様建築で、礎石と柱の間に差し込んだ算盤の珠のような形の部材。

磚《せん》：黒灰色に焼かれたレンガで、基壇、床、壁などに用いる。

(3) 軸組関係用語

柱《はしら》：地中に掘立て、または礎石や土台に建て、屋根の荷重を受ける梁、桁、棟木を支える垂直な部材。

母屋柱《もやばしら》：母屋を構成する柱。

入側柱《いりがわばしら》：外周から一間内側に建つ柱の総称。庇が巡る場合、内部側の柱を指していう。通常は母屋柱である。

側柱《がわばしら》：建物の外周の柱の総称。

庇柱《ひさしばしら》：庇を構成する柱。通常は側柱となる。

台輪《だいわ》：柱頂部に架け渡した水平の部材。古代から塔には用いられているが、中世以降は禅宗様建築で特に用いられ、隅では十字に組んで先端を延ばし繰形が付く。

頭貫《かしらぬき》：柱の頂部に架け渡す貫。

飛貫《ひぬき》：柱の上方、頭貫の一段下に通す貫。

内法貫《うちのりぬき》：出入口の上部に通す貫。

腰貫《こしぬき》：窓の下辺りに通す貫。

足固《あしがた》め貫《ぬき》：柱の足元を固めるために、床の位置で通す貫。

地覆《じふく》：柱の足元に置く横材。壁留めとなる。

梁《はり》：二本の柱頭部に架け渡す水平材。

虹梁《こうりょう》：全体に弓なりの曲線となる化粧の梁。

大虹梁《だいこうりょう》：長短二種の虹梁を、上下に二段に重ねて小屋組を組んだときに、下の長い虹梁を指していう言葉。両端は母屋柱位置に架かる。上の短い虹梁は「二重虹梁」という。

繋《つな》ぎ虹梁《こうりょう》：母屋柱筋と庇柱筋を繋ぐ梁。一方は母屋柱に取り付き、一方は庇の組物や桁と取り合う。

海《え》老《び》虹梁《こうりょう》：側面の輪郭が湾曲した梁。両端の支点に高低差のある場合に用いる。禅宗様式の特色とされる。

木鼻《きばな》**：**部材を隅で交差して組んだときの、材の先端部分をさす言葉。頭貫が隅柱位置で交差し柱から飛び出た部分を指す場合が多い。その輪郭は繰形曲線で造り、見付け面に絵様や彫刻を施すなど装飾的に扱う。飛貫などでも同様の場合がある。

（4）組物関係用語

組物《くみもの》**：**斗栱《ときょう》ともいう。柱の上に置いて、軒を支える部材の総称。斗《と》（大斗、巻斗など）と肘木《ひじき》で構成され、尾垂木を用いることもある。組み合わせによって桁を順次外に持ち出し深い軒を作る。

平三斗《ひらみつど》**：**「平三斗組」ともいう。柱上に大斗を置き、その上に一本の肘木を置き、肘木の上に三個の巻斗を置いて桁を受ける構成の組物。

出三斗《でみつど》**：**「出三斗組」ともいう。柱上に大斗を置き、その上に二本の肘木を十字に組んで置き、肘木の上に合計五個の斗を置いて桁や梁を受ける構成の組物。

出組《でぐみ》**：**「一手先《ひとてさき》組物」ともいう。出三斗組物の、外へ飛び出した肘木先端の巻斗に肘木（秤肘木《はかりひじき》）を置き、巻斗を三個置いて桁を受ける形式の組物。桁が柱位置より「一手」外に持ち出される。

二手先《ふたてさき》**：**「二手先組物」ともいう。一手先組物の上にさらに肘木を重ね、桁が柱位置より「二手」外に持ち出される形式の組物。二手目を「尾垂木」を用いて持ち出す構法もある。

三手先《みてさき》**：**「三手先組物」ともいう。二手先組物の上に「尾垂木」を用いてもう一手、桁を出す形式の組物。日本では最上の組物形式とされる。尾垂木を用いない形式もある。

四手先《よてさき》**：**「四手先組物」ともいう。三手先組物にさらにもう一段「尾垂木」を入れて、柱位置より「四手」桁を持ち出した形式の組物。中国にその例は多いが、日本では希である。

二つ斗《ふたつど》：「双斗」とも表記する。肘木の上に、両端にだけ、二個の巻斗を置く形式の組物。中国では古代に出現している。日本には一二世紀末に大仏様の一形式として伝えられたと考えられている。
大斗《だいと》：組物の構成部材の一つ。柱上に置かれる大きな斗。
巻斗《まきと》：組物の構成部材の一つ。肘木の上に置かれる斗で、一般に長方形平面となる。
肘木《ひじき》：組物の構成部材の一つ。大斗や巻斗の上に置かれる水平材で、両木口の下端は曲線状に削る。上に巻斗を置き、場合によって直接桁を受ける。その位置によって平肘木・隅肘木・根肘木、形状によって和様肘木・禅宗様肘木・絵様肘木・花肘木・雲肘木・州浜肘木、構造的に、枠肘木・秤肘木・通肘木・実肘木・挿肘木などがある。
枠肘木《わくひじき》：十字に組まれる肘木で、大斗の上に置かれる。
秤肘木《はかりひじき》：一個の斗の上に置かれる一本の肘木で、上に巻斗を置き、通肘木や桁を受ける。天秤のような姿からこの名で呼ばれる。
通肘木《とおりひじき》：組物間を連結するために、肘木を延長した水平材で、巻斗の上に載る。
実肘木《さねひじき》：桁の下に添わせて置く肘木。古代においては桁や棟木の継手の補強として用いられた。禅宗様と大仏様では大断面の桁や棟を組物で受ける時の支持材として用いられた。
挿肘木《さしひじき》：肘木は一般的には斗の上に載るが、これとは別に柱に差し込む構法があり、このような肘木を特に「挿肘木」と称している。大仏様と禅宗様で用いられた特色ある部材とされる。
根肘木《ねひじき》：虹梁などの端部を支えるために柱に差し込まれた肘木。
尾垂木《おだるき》：組物に組み込んだ天秤状の斜材。手先を出すことによる先端の荷重を天秤の原理で平衡を取ろうと考案されたのであろう。
拳鼻《こぶしばな》：組物の秤肘木や桁と直交して組まれた材の先端部分で、通常は繰形を造る。大仏様と禅宗様で用いられた部材。
軒支輪《のきしりん》：一手先以上の組物で、軒裏を覆い隠すために、通肘木と桁など上下に段差のある部材間に渡された部材。通常は湾曲した「支輪」と称する縦材を並べる。この縦材に代わって、板で塞ぐ「板支輪」、斜めに材を組み上げた「菱支輪」など多様な工法がある。
間斗束《けんとづか》：柱間の中間に立てられた「束」。頭貫の上に建て、上部に斗（特にこの場合「間斗」という）を置いて通肘木や桁を受ける。
中備え《なかぞなえ》：柱上の組物と組物の中間に位置して桁を支える部材の総称。和様では多くは間斗束や蟇股を置く。禅宗様では柱上の組物と同じ組物を置き、この場合は特に「詰組《つめぐみ》」という。

⑸ 軒・小屋組・妻飾り関係用語

小屋組《こやぐみ》：屋根を受けるための架構をいう。基本的には、梁、軒桁、束、母屋桁、棟木、垂木、野地板などで構成される。
野小屋《のごや》：日本の寺社建築の多くは、下から見える化粧垂木や天井の上に、実際に屋根荷重を受ける小屋組を組んでいる。この屋根裏となる見え隠れの小屋組を特に「野小屋」或いは「野屋根」と称している。
虹梁大瓶束《こうりょうたいへいづか》：虹梁に大瓶束を建て、組物を置いて母屋桁や棟木を受けて造る小屋組や妻飾りの構法。鎌倉時代に大仏様、禅宗様とともに導入された。
大瓶束《たいへいづか》：大仏様や禅宗様で、虹梁の上に建てる断面円形の束。下方の梁と取り合う部分に、繰形や彫刻を施した「結綿《ゆいわた》」が付く。

虹梁蟇股《こうりょうかえるまた》：虹梁に板蟇股を置いて母屋桁や棟木を受けて造る小屋組や妻飾りの構法。古代からの構法。
蟇股《かえるまた》：「板蟇股」と「本蟇股」がある。「板蟇股」は、主に虹梁上に置かれる台形状の部材で、構造材。古代からあり、中国にもある。「本蟇股」は、組物間の柱間中央に置かれる装飾的な材で、平安時代末以降に見られ、彫刻を嵌め込むなど発達する。中国には無い。
豕《いのこ》扠《さ》首《す》組《ぐみ》：小屋組や妻飾りの構法。虹梁の上に扠首束《さすづか》を建て、その左右に斜めに扠首竿《さすざお》を架けて棟木を受ける。中央の扠首束を用いず、斜材の扠首竿で三角形を構成する場合もあり、この場合は単に「扠首組」また「扠首」と称する。
妻飾《つまかざ》り：本来は、切妻造り、入母屋造りの場合、妻面に見える小屋組の架構であるが、中世以降は、実際の小屋組とは別に、見せかけだけの装飾的に扱われる架構となった。
妻《つま》：切妻造り、入母屋造りの、側面の三角になった部分を指す言葉。
桁《けた》：垂木を受ける水平の材。小屋梁を桁行方向に繋ぐ役目もある。側柱位置にあるものは、「軒桁」「丸桁《がぎょう》」ともいう。
中桁《なかけた》：柱通りと柱通りの中間に位置する桁を指していう。古代建築と禅宗様建築に用いられる。
母《も》屋《や》桁《けた》：母屋柱位置の桁を指していう。また野小屋の場合は、野垂木を受ける桁全般を指していう。
棟木《むなぎ》：屋根の頂部に桁行に渡し、垂木を受ける材。
垂《たる》木《き》：棟木から桁に架け渡して、屋根と軒を形造る部材。
地《じ》垂《だる》木《き》：二軒の場合に、桁に架け渡す垂木を指す言葉で、先端に「木負」を架け、その上に「飛檐垂木」を打ち付ける。

飛檐垂木《ひえんだるき》：二軒の場合に、地垂木の上に打ち付ける二段目の垂木。

地円飛角《じえんひかく》：地垂木の断面が円形で、飛檐垂木の断面が矩形の垂木で軒を構成するときの言い方。日本では平安時代までの工法。

隅木《すみぎ》：軒の隅（通常四五度の位置）に、隅を支えるために架ける材。垂木の一種とも考えられるが、垂木の四倍ほどの大きな断面の材である。

一軒《ひとのき》：地垂木だけで構成される軒。

二軒《ふたのき》：地垂木と飛檐垂木の二段の垂木で構成される軒。

平行垂木《へいこうだるき》：軒に架ける垂木が、中央から隅まで全て、桁に対して直行（九〇度）に配される軒の形式。

扇垂木《おうぎだるき》：垂木が隅に向かって放射状に配される軒の形式。

化粧裏板《けしょううらいた》：垂木と垂木の間を塞ぐ板で、それが見上げたときに見える場合を特に「化粧裏板」と称する。

化粧垂木《けしょうだるき》：下から見える垂木で、多くは実際に屋根荷重を受けるものではなく、屋根裏を塞ぐ部材としての意味合いが大きい。

野垂木《のだるき》：実際に屋根荷重を受けるために、天井などで見えない部分に架けられる垂木。

破風板《はふいた》：切妻屋根や入母屋屋根で、屋根の両端に取り付ける板材。

懸魚《げぎょ》：棟木や桁の先端を覆い隠すために、破風板の下に取り付けられた繰形の付いた装飾的な板材。

（6）天井関係用語

組《くみ》入《い》れ天井《てんじょう》：垂木とほぼ同断面の角材を、垂木割りと同じような割り付けで格子状に縦横に組んだ天井で、構造材と密接に関わっている例が多い。古代から用いられた天井の形式。

格天井《ごうてんじょう》：格縁《ごうぶち》と称される垂木と同程度の断面の角材を、柱間を四等分する程度の間隔で格子状に組み、上に板などを張った天井。梁などから吊り下げられ、構造材とは別工程で施工される。

鏡天井《かがみてんじょう》：格縁や竿縁《さおぶち》と称される天井板を支える部材を用いず、天井全面が板張りとなった天井。

軒小天井《のきこてんじょう》：一手先以上の組物で、軒裏を覆い隠すために、柱位置と手先の通肘木、または桁との間に架け渡した天井。組入れ天井や鏡天井の形式が用いられる。

(7) 柱間装置関係用語

板唐戸《いたからと》：開き戸の一形式。一枚或いは数枚の厚板を矧ぎ合わせ、一方に軸を造り出す。多くは上下に「端喰《はしばみ》」という材を組み込んで扉の一体化を図る。古代からある形式の扉。

板桟戸《いたさんど》：開き戸の一形式。五枚以上の厚板を並べ、裏に数段の横桟を添えて釘打ちに止めて造った扉。古代に用いられた形式の扉。

桟唐戸《さんからと》：開き戸の一形式。角材で扉の枠を組み、枠内に横に数段、また時には縦にも桟を入れて区画し、その間に板を嵌めて造った扉。鎌倉時代に中国から伝来した。

連子窓《れんじまど》：窓枠の中に、細い角材を縦に密に並べた窓。古代に伝来した。

弓連子《ゆみれんじ》：禅宗様の欄間形式。連子がS形曲線となっている。波連子、波欄間ともいう。中国の『営造方式』に「睒電窓《せんでんそう》」として指図と記載がある。

火灯窓《かとうまど》：窓枠の上部から側面にかけて、山形の曲線で構成されたもの。鎌倉時代に禅宗様として伝来した。

火灯口《かとうぐち》：出入口の上部を山形の曲線の火灯窓のようにしたもの。禅宗様建築で用いられた。

花狭間《はなざま》：欄間の装飾法の一つ。縦横斜めに組んだ格子の中に花弁状の飾りを付けたもの。中国伝来の装飾法と思われる。

藁座《わらざ》：開き戸の軸を受ける部材。通常は繰形が付けられ、貫や地覆の側面に釘打ちに取り付ける。鎌倉時代に
桟唐戸とともに中国から伝来した。

(8)造作材関係用語

須弥壇《しゅみだん》：仏像や厨子を安置する壇。和様と禅宗様で形に違いがある。

高欄《こうらん》：建物の縁廻りや階段、須弥壇の端に設けられる一種の手摺り。和様と禅宗様で形に違いがある。

擬宝珠《ぎぼし》：丸い玉葱形の「宝珠」を象った飾り。一般的には高欄の隅の丸柱の頂部に取り付く。

擬宝珠柱《ぎぼしばしら》：擬宝珠を取り付けた柱で、高欄を構成する部材。

擬宝珠高欄《ぎぼしこうらん》：高欄の一形式で、隅や要所に擬宝珠柱を建てるもの。擬宝珠柱を用いない形式に「刎高欄《はねこうらん》」がある。

逆蓮《ぎゃくれん》：蓮華を逆さに伏せたような飾りで、禅宗様では高欄の隅の柱の頂部に飾る。

握《にぎ》り蓮《はす》：高欄の「架木《ほこぎ》」を支える蓮の葉のような形の材。禅宗様で用いる。

架木《ほこぎ》：高欄の最上部に位置する通常円形断面の部材で、手摺りに相当する。

厨子《ずし》：仏像や舎利塔などを入れるもので、多くは木造で箱形に造り、台座に建て、屋根を架け、正面、或いは
三方を扉とする。

(9) 屋根関係用語

本瓦葺《ほんがわらぶ》き：日本に伝わった基本的瓦葺きの技法。凹型の「平瓦」を並べ、その取り合い部に凸型の「丸瓦」を
置く葺き方。

滴水瓦《てきすいがわら》：本瓦葺きの軒平瓦の見付け面が、三角形となる軒平瓦をいう。豊臣秀吉の朝鮮出兵の際、韓半島から

伝わったとされる。中国では明代に広く普及した。

鴟尾《しび》：瓦葺きの大棟の先端に据える棟飾り。鳥の尾羽を象ったという。日本では古代建築に用いられ、唐招提寺金堂のものが著名。平安時代以降は用いられなくなった。

鴟吻《しふん》：中国の唐代末頃、鳥の尾羽のような鴟尾が、大きな口を開けた得体の知れない姿に変化する。これを一括して「鴟吻」と称している。

螭吻《ちふん》：「鴟吻」はやがて「龍」の姿を意識したものが出現し、それを「螭吻」と称している。

鯱《しゃち》：「鴟吻」には尾鰭のある魚の姿のものがあり、日本に伝わって、「鯱」と称された。ただし江戸時代の建築書では「螭吻」と称している。

相輪《そうりん》：仏塔の最上層の屋根の上に置かれる象徴的な部材。下から「露盤《ろばん》」「覆鉢《ふくばち》」「請花《うけばな》」「九輪《くりん》（宝輪《ほうりん》）」「水《すい》煙《えん》」「龍車《りゅうしゃ》」「宝珠《ほうじゅ》」で構成される。多宝塔の場合は、「九輪」の上に「四葉《しよう》」「六葉《ろくよう》」「八葉《はちよう》」「火炎宝珠《かえんほうじゅ》」を置き、四隅の棟の先端と「宝鎖《ほうさ》」で繋ぎ、「宝鎖」と「宝輪」に「風鐸《ふうたく》」を吊る。

九輪《くりん》：相輪を構成する輪鐶で、通常九個あるのでこのように呼ばれる。単体を指すときは「宝輪」という。

心柱《しんばしら》：木造仏塔の中心に建つ柱。地盤から屋根の頂部までの長さがあり、相輪の各部材を差し込んで支えている。

宝蓋《ほうがい》：仏像など高貴なものの頂上に架け渡す傘状の覆い。

(10) 構法技法その他に関する用語

繰形《くりがた》：木鼻や拳鼻、台輪の先端などの外形を、連続した凹凸で装飾的に形作る手法。

粽《ちまき》：柱の上下の角を丸める工法。

笹繰《ささぐ》り：肘木の上角のうち、斗と斗の間だけを斜めに切り取る加工の手法。古代の建築と、大仏様、禅宗様建築の特色とされている。

格狭間《こうざま》：本来的には、須弥壇などで、上下の框と束で区切られた矩形の面をいう。多くの場合、この面は、曲線で構成される内郭で装飾されている。それは束を支える斜材を原形としている。

眉《まゆ》：虹梁や破風板の下角に施された装飾的な欠き込み。

錫杖彫り《しゃくじょうぼり》：虹梁の下端に彫り込まれた装飾的な彫り物。密教の法具「錫杖」の形に似ているのでこのように呼ばれる。

内転び《うちころび》：柱を内側に倒して建てる技法。中国やベトナムでは近代まで用いられたが、日本では主に古代に見られるだけで、普及しなかった。

隅延び《すみのび》：隅の柱を他より長くする技法。日本では中世に広く見られるが、近世には見られない。軒の反り上がりと密接に関連する工法とされる。

(11) 中国の用語

「殿堂」《でんどう》：宮殿などの高級な建物に用いる建築様式。規模や部材が大きい。柱は全て同じ長さである。柱上に組物を置く。屋根は梁を何段にも積み重ねる構法を用いる。天井を全面に張って梁組みは見えない。などの特色があるとされる。

「庁堂」《ちょうどう》：殿堂より一段格の低い建築様式。部材が殿堂より小さな規格を用いる。柱は建つ位置によって長さが異なる。組物は外部にだけに用い、内部の柱には用いない。天井がなく、垂木が見える。などが特徴とされる。

「懸山頂」《けんざんちょう》：切妻造りで、側面の妻壁から外に桁や棟を持ち出して屋根を架けるもの。日本で一般的な切妻屋根形式。

「硬山頂《こうざんちょう》」：切妻造りで、側面の妻壁の上に直接屋根瓦が乗る形式。懸山頂より格式が低いとされる。

「亀脚《ききゃく》」：「牙脚《がきゃく》」ともいう。須弥壇などの最下部の脚部。

「瓜棱柱《かりょうちゅう》」：丸柱の表面が花弁のように凸型の連続で作られたもの。竹や小さな丸太を束ねて造った柱に由来する形とされる。

「移柱《いちゅう》」：柱は前後左右対称に建つのを原則とするが、特定の柱の位置を後ろまたは左右に移動させて、広い空間を確保する構法。

「減柱《げんちゅう》」：広い空間を確保するために、特定の柱を省略する構法。遼代から金代の特色とされる。

「側脚《そっきゃく》」：柱を内側に倒して建てる技法。日本では「内転び」という。

「生起《せいき》」：隅に向かって柱の頂部を高くする工法。日本では「隅延び」と称する。

「梭柱《さちゅう》」：柱の上部を次第に細くした柱のこと。特に頂部の丸くなる姿は、禅宗様の「粽」の原形とされる。

「刹柱《さっちゅう》」：塔の心柱。相輪を支持する役割を担う。

「重栱《じゅうきょう》」：肘木の上に巻斗を置き、その上に長い肘木を据え、巻斗を置いて通肘木や桁を受ける組物の組み方。日本では禅宗様の特色。

「単栱《たんきょう》」：重栱に対し、肘木とその上の巻斗で通肘木や桁を受ける組物の組み方。通常の和様の組み方。

「下昂《かこう》」：日本の尾垂木のこと。

「仮昂《かこう》」：見せかけの尾垂木のこと。

「耍頭《さとう》」：組物の最上部最先端に取り付く木鼻。日本では「拳鼻」と称している。

「巻殺《かんさつ》」：肘木の下端曲線を作る中国独特の技法。

「托脚《たっきゃく》」：母屋桁を斜めに支える材。日本の扠首竿に相当する。

「駝峯《だほう》」：日本で「板蟇股」と称する部材。

「藻井《そうせい》」：天井の中央を折り上げる装飾天井。八角形でドーム状に高く折り上げる装飾天井は、正式には「闘《とう》八《はち》藻井」という。

「平棊《へいき》」：日本の「格天井」に相当する天井の形式。

「歓門《かんもん》」：柱間に取り付けられた幕状の装飾板。火灯窓の原形とされる。

「鋪首《ほしゅ》」：扉の引手。

「挙折《きょせつ》」：屋根面に弛みを造る技法のこと。

「瓪瓦葺《はんがぶき》」：平瓦を並べた後に、丸瓦を用いず、平瓦を伏せて葺く瓦葺きの方法。

「営造方式《えいぞうほうしき》」：一一〇三年に刊行された宋代の建築技術書。

参考文献

『建築大辞典』第二版一九九三・彰国社
『日本建築史図集』第二版二〇〇七・日本建築学会編・彰国社
『古寺細見―細微意匠と時代判定』近藤豊・一九六七・ラジオ技術社
『営造方式の研究』竹島卓一・一九七二・中央公論美術出版
『中国古建築名詞図解辞典』李釗平・二〇一七・山西科学技術出版社

部材名称説明

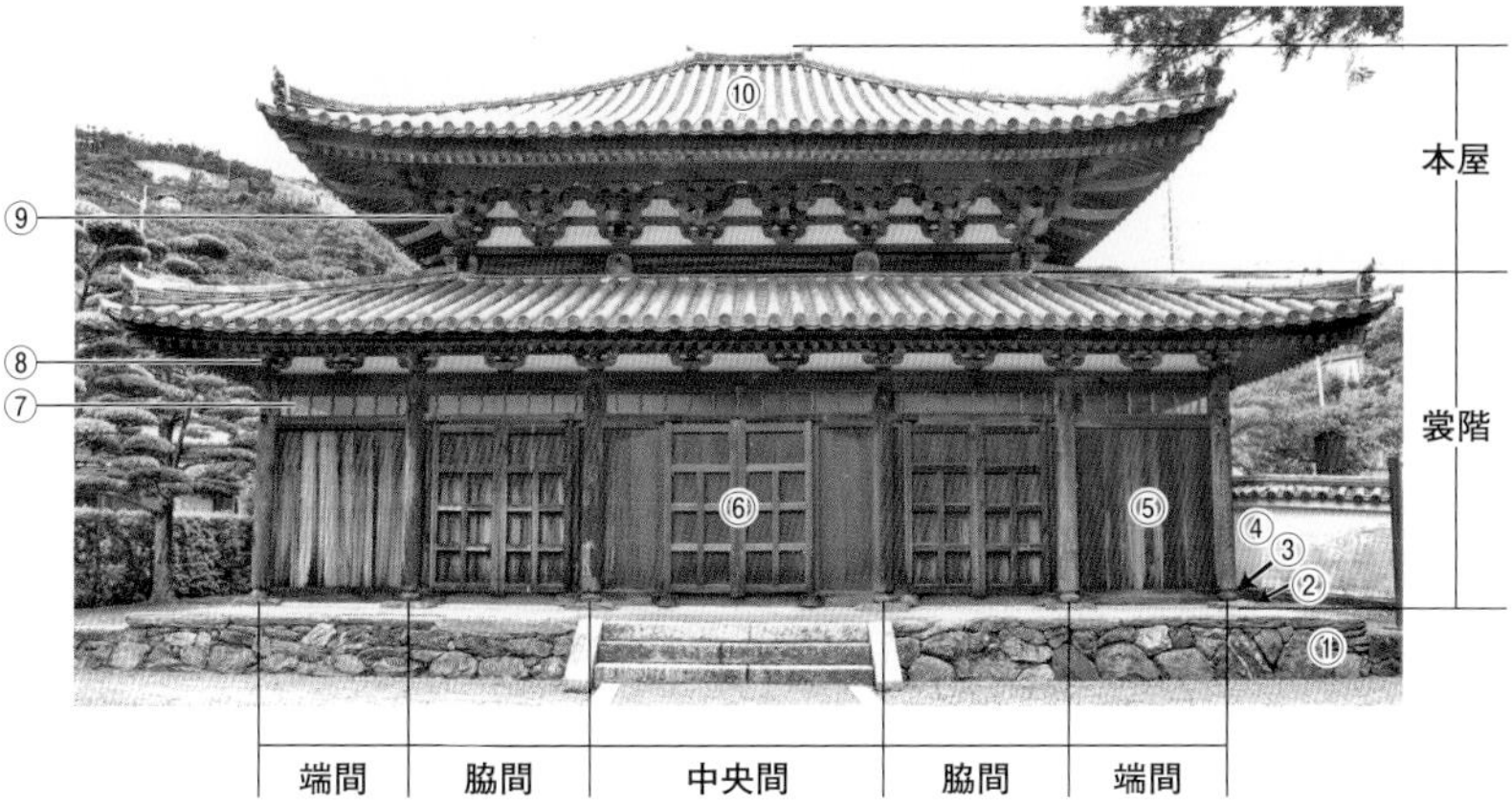

善福院釈迦堂（和歌山県）嘉暦２年（1327）建立　禅宗様仏殿

①野面積基壇《のづらづみきだん》　②礎石《そせき》（野面石《のづらいし》）　③礎盤《そばん》　④裳階柱《もこしばしら》　⑤縦板壁《たていたかべ》　⑥桟唐戸《さんからと》　⑦弓連子《ゆみれんじ》　⑧裳階組物：柱上「出三斗《でみつど》」、中備《なかぞな》え「平三斗《ひらみつど》」の「詰組《つめぐみ》」　⑨本屋組物：「尾垂木《おだるき》付き二手先組物《ふたてさきぐみもの》」の「詰組《つめぐみ》」　⑩寄棟《よせむね》屋根、本瓦葺《ほんがわらぶき》

善福院釈迦堂（和歌山県）　禅宗様尾垂木付き二手先組物

①本屋側柱《ほんやがわばしら》　②粽《ちまき》　③頭貫《かしらぬき》　④台輪《だいわ》　⑤大斗《だいと》　⑥枠肘木《わくひじき》　⑦円弧状木口（禅宗様）　⑧巻斗《まきと》　⑨柱通り通肘木《とおりひじき》　⑩１手先《てさき》目秤肘木《はかりひじき》　⑪１手先２段目秤肘木　⑫重栱《じゅうきょう》（⑩、⑪の秤肘木を２段に重ねる工法）　⑬１手先目通肘木　⑭禅宗様尾垂木《おだるき》：上端を山形に造り、放物線状の曲線となる。下端角に眉欠きをする。　⑮眉欠《まゆか》き　⑯２手先目秤肘木　⑰笹繰《ささぐ》り　⑱実肘木《さねひじき》　⑲繰形《くりがた》　⑳桁《けた》（丸桁《がぎょう》）

善福院釈迦堂（和歌山県）　裳階を見る

①本屋側柱《ほんやがわばしら》　②本屋内法貫《うちのりぬき》　③裳階《もこし》柱　④頭貫《かしらぬき》　⑤台輪《だいわ》　⑥出三斗《でみつど》　⑦中備《なかぞな》え：平三斗《ひらみつど》　⑧通り実肘木《さねひじき》　⑨桁《けた》　⑩根肘木《ねひじき》　⑪海老虹梁《えびこうりょう》　⑫錫杖彫《しゃくじょうぼ》り　⑬眉欠《まゆか》き（２段）

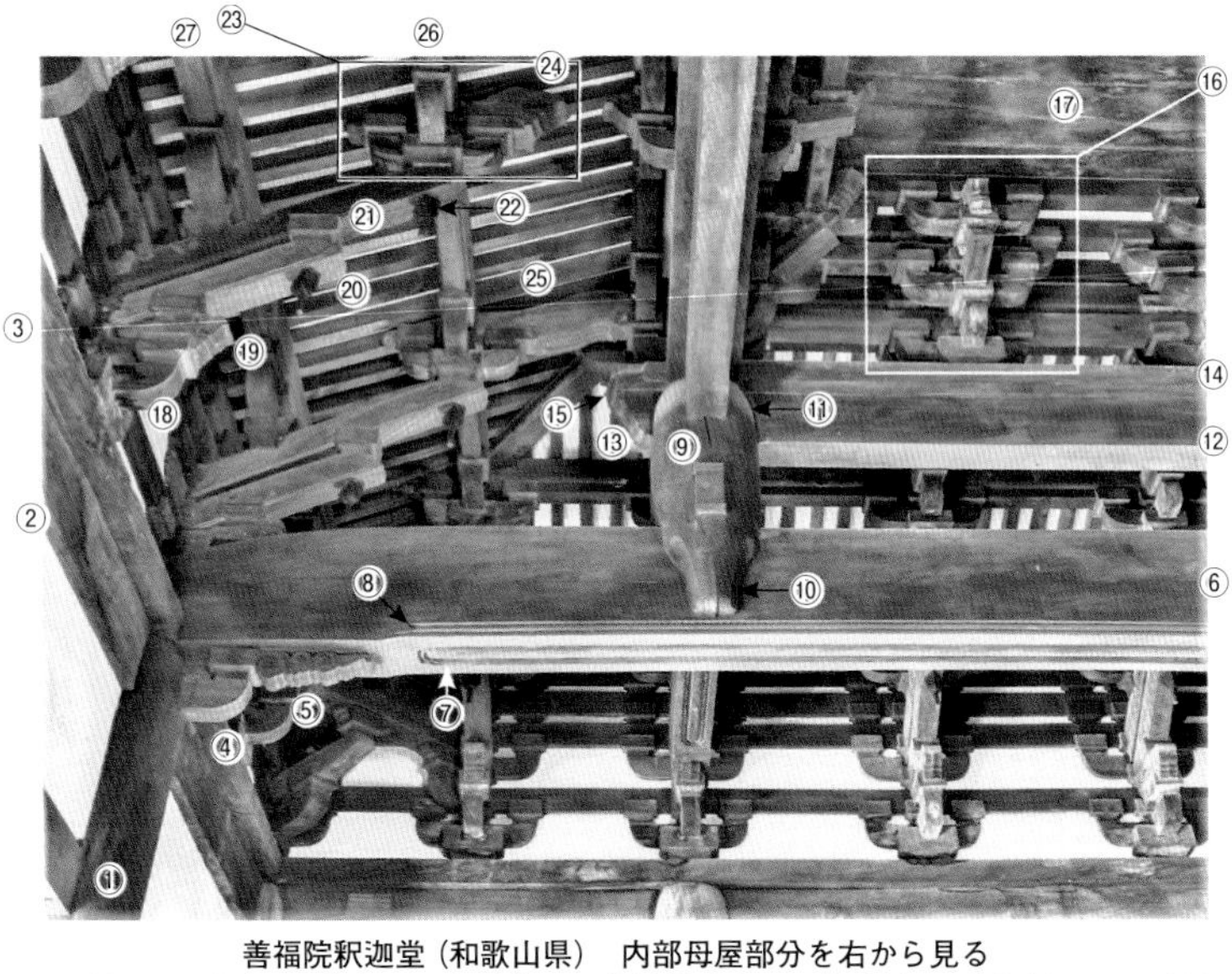

善福院釈迦堂（和歌山県）　内部母屋部分を右から見る

①本屋側柱《ほんやがわばしら》　②頭貫《かしらぬき》　③台輪《だいわ》　④根肘木《ねひじき》　⑤絵様実肘木《えようさねひじき》　⑥大虹梁《だいこうりょう》　⑦錫杖彫《しゃくじょうぼ》り　⑧眉欠《まゆか》き（２段）　⑨大瓶束《たいへいづか》　⑩結綿《ゆいわた》　⑪粽《ちまき》　⑫頭貫《かしらぬき》　⑬頭貫木鼻《きばな》　⑭台輪《だいわ》　⑮台輪木鼻　⑯母屋《もや》（天井受け）二手先組物《ふたてさきくみもの》　⑰鏡天井《かがみてんじょう》　⑱本屋組物：枠肘木《わくひじき》　⑲絵様肘木《えようひじき》　⑳１段目尾垂木《おだるき》尻（正式名称無し：中国では「上昂《じょうこう》」という）　㉑尾垂木　㉒逆蓮《ぎゃくれん》飾り（仮称）　㉓中桁《なかけた》受け組物　㉔手《た》挟《ばさみ》　㉕海老虹梁《えびこうりょう》　㉖中桁（仮称）　㉗内桁《うちげた》（仮称）

安楽寺八角三重塔（長野県）鎌倉後期13世紀後半～14世紀初頭　初重　禅宗様三手先組物

①台輪《だいわ》　②台輪木鼻《きばな》　③大斗《だいと》　④枠肘木《わくひじき》　⑤巻斗《まきと》　⑥枠肘木上２段目肘木：長短の肘木を２段に重ねる工法を中国では「重栱」という　⑦柱通り通肘木《とおりひじき》　⑧１手先《てさき》目秤肘木《はかりひじき》　⑨１手先２段目秤肘木　⑩１手先目通肘木　⑪１段目尾垂木《おだるき》：これは手先肘木を形だけ尾垂木状に作ったもので、中国では「仮昂《かこう》」という　⑫２手先目秤肘木　⑬２手先２段目秤肘木　⑭２手先目通肘木　⑮２段目尾垂木：これも手先肘木を尾垂木状に作った「仮昂」　⑯３手先目秤肘木　⑰拳鼻《こぶしばな》　⑱枇杷板《びわいた》　⑲板支輪《いたしりん》　⑳桁《けた》（丸桁《がぎょう》）

安楽寺八角三重塔（長野県）　裳階

①裳階《もこし》柱　②内法貫《うちのりぬき》　③頭貫《かしらぬき》　④頭貫木鼻《きばな》　⑤台輪《だいわ》　⑥台輪木鼻　⑦桟唐戸《さんからと》　⑧藁座《わらざ》　⑨目《め》板《いた》付き縦板壁《たていたかべ》　⑩弓連子《ゆみれんじ》　⑪中備《なかぞな》え：一手先《ひとてさき》組物　⑫桁《けた》（丸桁《がぎょう》）　⑬桁鼻《けたばな》　⑭地垂木《じだるき》　⑮飛檐《ひえん》垂木《だるき》　⑯繰形《くりがた》付き地隅木《じすみぎ》　⑰飛檐隅木《ひえんすみぎ》　⑱二軒扇垂木《ふたのきおうぎだるき》

東福寺東司（京都府）室町前期14世紀　妻飾り

①母屋柱《もや》　②頭貫《かしらぬき》　③中備《なかぞな》え組物：実肘木《さねひじき》付き平三斗《ひらみつど》　④妻飾《つまかざ》り：二重虹梁大瓶束《こうりょうたいへいづか》　⑤大虹《だいこう》梁《りょう》　⑥大瓶束　⑦二重虹梁　⑧破風板《はふいた》：下角に眉欠《まゆか》き２段　⑨懸魚《げぎょ》（蕪懸魚《かぶらげぎょ》）鰭《ひれ》付き　⑩鰭

清白寺仏殿（山梨県）応永22年（1415）建立　裳階

①礎盤《そばん》　②裳階柱《もこし》　③地覆《じふく》　④腰貫《こしぬき》　⑤内法貫《うちのりぬき》　⑥頭貫《かしらぬき》　⑦頭貫木鼻《きばな》　⑧実肘木《さねひじき》付き出三斗《でみつど》組物　⑨桁《けた》　⑩化粧垂木《けしょうだるき》：一軒《ひとのき》　⑪茅負《かやおい》　⑫桟唐戸《さんからと》　⑬花狭間《はなさま》　⑭藁座《わらざ》　⑮火灯窓《かとうまど》　⑯弓欄《ゆみらん》間《ま》

清白寺仏殿（山梨県）　禅宗様須弥壇

①礎盤《そばん》　②来迎柱《らいごうばしら》　③禅宗様高欄《こうらん》　④禅宗様須弥壇《しゅみだん》　⑤繰形受座（仮称）　⑥腰羽目《こしばめ》　⑦繰形座（仮称）　⑧上框《うわがまち》　⑨下框《したがまち》　⑩貝伏《かいぶせ》形框　⑪鳩胸形框（仮称）　⑫匙《さじ》面形框（仮称）　⑬しのむね形腰羽目上框　⑭しのむね形腰羽目下框　⑮胡麻殻《ごまがら》シャクリ束《つか》　⑯羽目板《はめいた》　⑰猫足《ねこあし》：中国では「亀脚《ききゃく》」という　⑱胡麻殻《ごまがら》シャクリ親柱《おやばしら》　⑲逆蓮頭《ぎゃくれんとう》　⑳地覆《じふく》　㉑平桁《ひらげた》　㉒架木《ほこぎ》　㉓栭束《たたらづか》（込み栭《たたら》束）　㉔握蓮《にぎりはす》（荷葉《かよう》束）　㉕高欄格狭間《こうざま》

浄妙寺本堂（和歌山県）鎌倉後期13世紀後半～14世紀初頭　和様須弥壇

①来迎柱《らいごうばしら》　②擬宝珠高欄《ぎぼしこうらん》　③須弥壇《しゅみだん》（和様）　④上框《うわがまち》　⑤束《つか》　⑥格狭間《こうざま》　⑦下框《したがまち》　⑧反花《かえりばな》（蓮《れん》座《ざ》）　⑨框座《かまちざ》（仮称）　⑩擬宝珠親柱《ぎぼしおやばしら》　⑪地覆《じふく》　⑫平桁《ひらげた》　⑬架木《ほこぎ》　⑭斗束《とづか》　⑮込み栭《たたら》束

東大寺南大門（奈良県）正治元年（1199）建立　大仏様

①柱：隅柱　②貫《ぬき》　③挿肘木《さしひじき》　④隅挿肘木　⑤皿斗《さらと》　⑥繰形《くりがた》付き挿肘木　⑦繰形付き隅挿肘木
⑧３手先《てさき》目通肘木《とおりひじき》　⑨５手先目通肘木　⑩６手先目秤肘木《はかりひじき》　⑪６手先目隅秤肘木　⑫拳鼻《こぶしばな》
⑬実肘木《さねひじき》　⑭丸桁《がぎょう》　⑮３手先目秤肘木　⑯３手先目隅秤肘木　⑰３手先目垂木掛《たるきがけ》　⑱垂木《たるき》
⑲隅扇《すみおうぎ》垂木　⑳八双形隅木《はっそうがたすみぎ》　㉑鼻隠板《はなかくしいた》　㉒布裏甲《ぬのうらごう》　㉓切裏甲《きりうらごう》

日中建築関係年表（４世紀から17世紀まで）

中国建築						日本の建築					日中交流関係等事項	
年代			名称	本書番号	所在地	年代			名称	所在地	年代	出来事
	366	前秦 建元２年	敦煌莫高窟開削		甘粛省 敦煌							
	５世紀	北魏	雲崗石窟39窟		山西省 大同							
	５世紀	北魏	龍門石窟		河南省 洛陽							
											538	百済から仏教が伝来
隋	589	隋統一										
											593	推古天皇即位
						飛鳥時代	596		飛鳥寺建立			
											607	遣隋使の派遣
唐	618	唐建国										
											630	第１回遣唐使派遣
							690頃		法隆寺金堂、五重塔	奈良県		836年まで16回派遣
							694		藤原京に遷都			
							706	慶雲３年	法起寺三重塔	奈良県		
						奈良時代	710		平城京に遷都			
							730	天平２年	薬師寺東塔	奈良県		
							739	天平11年	法隆寺東院夢殿	奈良県		
							747	天平19年	東大寺法華堂	奈良県		
	７世紀頃	唐	敦煌莫高窟217窟画		甘粛省 敦煌							
											753	鑑真和上来日
							760～4	天平宝字頃	栄山寺八角堂	奈良県		
							770頃	宝亀頃	唐招提寺金堂	奈良県		
	782	唐 建中３年	南禅寺大殿		山西省 五台県							
						平安時代	794		平安京に遷都			
											804	最澄、空海が入唐
							830頃		室生寺五重塔	奈良県		

中国建築						日本の建築					日中交流関係等事項	
年代			名称	本書番号	所在地	年代			名称	所在地	年代	出来事
唐						平安時代					838	最後の遣唐使派遣
	857	唐　大中11年	仏光寺東大殿		山西省　五台県							
	907	唐滅亡										
遼	916	遼建国										
五代十国	925	後唐　同光３年	龍門寺西配殿		山西省　平順県							
	940	後晋　天福５年	大雲寺弥陀殿		山西省　臨汾市							
	941	後晋　天福６年	崇妙保聖堅牢塔		福建省　福州							
							951	天暦５年	醍醐寺五重塔	京都府		
北宋	960	北宋建国										
	960	北宋　建隆元年	**霊隠寺石塔**	**21**	浙江省　杭州							
	961	北宋　建隆２年	**雲巌寺磚塔**	**13**	江蘇省　蘇州							
	963	北漢　天会７年	鎮国寺万仏殿		山西省　平遥							
	964	呉越　乾徳２年	**華林寺大殿**	**27**	福建省　福州							
	969	北宋　開宝２年	**霊隠寺経幢**	**22**	浙江省　杭州							
	10世紀	呉越	閘口白塔		浙江省　杭州							
	966	遼　応暦16年	閣院寺文殊殿		河北省　保定市							
	970	北宋　開宝３年	敦煌莫高窟437窟窟檐		甘粛省　敦煌							
	971	北宋　開宝４年	崇明寺中仏殿		山西省　高平市							
	977	北宋　太平興国2年	**龍華塔**	**24**	上海市　徐汇区							
	979	北宋統一										
	980	北宋　太平興国5年	敦煌莫高窟431窟窟檐		甘粛省　敦煌							
	982	北宋　太平興国7年	**羅漢院双塔**	**14**	江蘇省　蘇州							
	984	遼　統和２年	独楽寺観音閣		河北省　薊県							
	984	遼　統和２年	独楽寺三門		河北省　薊県							
							990	正暦元年	法隆寺大講堂	奈良県		
	991	北宋　淳化２年	崇明寺中殿		山西省　高平市							
	996	北宋　至道２年	**梅庵大雄宝殿**	**39**	広東省　肇慶							

10世紀	北宋		**南翔寺双塔**	**25**	上海市	嘉定				
10世紀	北宋		**甲辰巷磚塔**	**17**	江蘇省	蘇州				
1009	北宋	大中祥符２年	**瑞光塔**	**16**	江蘇省	蘇州				
1013	北宋	大中祥符６年	**保国寺大殿**	**4**	浙江省	寧波				
1015	北宋	大中祥符８年	**元妙観三清殿**	**31**	福建省	莆田				
1016	遼	開泰５年	崇慶寺大仏殿		山西省	長子県				
1020	遼	開泰９年	奉国寺大殿		遼寧省	義県				
1030	北宋	天聖８年	南吉祥寺中殿		山西省	陵川県				
1033	遼	重熙２年	開善寺大殿		河北省	新城県				
1038	遼	重熙７年	下華厳寺薄伽経蔵		山西省	大同				
1041	北宋	康定２年	游仙寺大雄宝殿		山西省	高平市				
1052	北宋	皇祐４年	興隆寺摩尼殿		河北省	正定				
							1053	天喜元年	平等院鳳凰堂	京都府
1056	遼	清寧２年	仏宮寺八角五重塔		山西省	応県				
11世紀中	北宋		興隆寺転輪蔵殿		河北省	正定				
1059	北宋	嘉佑４年	**天中万寿塔**	**32**	福建省	莆田				
1068	北宋	熙寧元年	**崇福寺應庚塔**	**34**	福建省	泉州市				
1070	北宋	熙寧３年	正覚寺后殿		山西省	長治市				
1073	北宋	熙寧６年	開化寺大雄殿		山西省	高平市				
1076	北宋	熙寧９年	玉皇廟：成湯殿・玉皇殿		山西省	晋城市				
1080	北宋	元豊３年	法興寺円覚殿		山西省	長治市				
1080	北宋	元豊３年	冶底岱廟天斎殿		山西省	沢州県				
1082	北宋	元豊５年	**涌泉寺千仏陶塔**	**29**	福建省	福州				
1089	北宋	元祐４年	青蓮寺大仏殿		山西省	沢州県				
1086～94	北宋	元祐年間	**興聖教寺塔(松江方塔)**	**19**	上海市	松江				
							1096	永長元年	石山寺本堂	滋賀県
1097	北宋	紹聖４年	二仙観大殿・宮殿		山西省	晋城市				
1098	北宋	紹聖５年	龍門寺　大雄宝殿		山西省	平順県				
1101	北宋	建中靖国元年	九天聖母廟聖母殿		山西省	平順県				

中国建築							日本の建築					日中交流関係等事項	
年代				名称	本書番号	所在地	年代			名称	所在地	年代	出来事
遼	北宋	1102	北宋 崇寧元年	晋祠聖母殿		山西省 太原市	平安時代						
		1103	北宋	『営造方式』									
												1105	宋船が博多に来航
		1112	北宋 政和2年	法興寺大殿		山西省 長子県		1112	天永3年	鶴林寺太子堂	兵庫県		
		1117	北宋 政和7年	三峰寺塔(聖寿宝塔)		福建省 長楽市							
		1119	北宋 宣和元年	龍山祝聖宝塔(水南塔)		福建省 福清市							
		1119	北宋 宣和元年	崇寿寺 釈迦殿		山西省 晋城市							
								1121	保安2年	醍醐寺薬師堂	京都府		
		1124	北宋 宣和6年	三嵕廟正殿		山西省 高平市							
		1125	北宋 宣和7年	少林寺初祖庵大殿		河南省 登封							
								1126	大治元年	中尊寺金色堂	岩手県		
		12世紀初	遼末	善化寺大雄宝殿		山西省 大同							
			遼	開善寺大殿		河北省 新城県							
金		1125	金建国 遼滅亡										
		1126	北宋 靖康元年	司馬遷祠献殿		陝西省 韓城市							
		1126	北宋滅亡										
	宋	1127	南宋再興										
		1128	南宋 建炎2年	関帝廟正殿		山東省 東営市							
		1129	金 天会7年	龍巌寺中殿		山西省 陵川県							
		1131～62	南宋 紹興年間	**万寿宝塔(姑嫂塔)**	**35**	福建省 石獅市							
		1137	金 天会15年	仏光寺文殊殿		山西省 五台県							
		1140	金 天眷3年	上華厳寺大殿		山西省 大同							
		1142	金 皇統2年	真沢二仙廟、梳妝楼		山西省 陵川県							
		1143	金 皇統3年	崇福寺弥陀殿		山西省 朔州市							
		1143	金 皇統3年	善化寺三聖殿		山西省 大同							
		1145	金 皇統5年	則天廟正殿		山西省 文水県							
		1144	南宋 紹興14年	**天封塔地宮殿**	**1**	浙江省 寧波							

1153	南宋	紹興23年	**報恩寺磚塔**	**18**	江蘇省	蘇州
1154	金	貞元2年	善化寺普賢閣		山西省	大同
1157	金	正隆2年	二仙廟中殿		山西省	高平市
1158	金	正隆3年	岩山寺文殊殿		山西省	繁峙県
1163	金	大定3年	文廟大成殿		山西省	平遥
1163	南宋	隆興元年	**六和塔**	**23**	浙江省	杭州
1165	南宋	乾道元年	**広化寺釈迦文仏塔**	**33**	福建省	莆田
1168	金	大定8年	晋祠聖母廟献殿		山西省	太原市
1170頃	金	大定年間	青蓮寺蔵経閣		山西省	晋城市
1172	金	大定12年	二仙宮正殿		山西省	高平市
1176	南宋	淳熙6年	**玄妙観三清殿**	**10**	江蘇省	蘇州
1178	金	大定18年	東嶽廟大斉殿		山西省	晋城市
1180	金	大定20年	大悲院献殿		山西省	曲沃県
1184	金	大定24年	浄土寺大雄宝殿		山西省	応県
1184	金	大定24年	崔府君廟山門		山西省	陵川県

1151	仁平元年頃	豊楽寺薬師堂	高知県		
1157	保元2年頃	浄瑠璃寺本堂	京都府		
1160	永暦元年	白水阿弥陀堂	福島県		
1161	永暦2年	當麻寺曼荼羅堂	奈良県		
1165	永万元年	広隆寺講堂	京都府		
				1167	重源入宋
1168	仁安3年	三仏寺投入堂	鳥取県	1168	栄西入宋、半年で帰国
1168	仁安3年	富貴寺大堂	大分県		
1171	承安元年	一乗寺三重塔	兵庫県		
				1176	重源3度目の入宋、翌年帰国
1177	治承元年	高蔵寺阿弥陀堂	宮城県		
				1182	宋人陳和卿来日
				1187	栄西2度目の入宋、1192年帰国
1192		鎌倉幕府を開く			
1192	建久3年	浄土寺浄土堂	兵庫県		

中国建築							日本の建築					日中交流関係等事項	
年代				名称	本書番号	所在地	年代			名称	所在地	年代	出来事
金	宋						鎌倉時代	1194	建久５年	石山寺多宝塔	滋賀県		
								1199	正治元年	東大寺南大門	奈良県	1199	俊芿入宋、1211年帰国
		1200	金　承安５年	大符観昊天殿		山西省　汾陽		1200	正治２年	東大寺開山堂	奈良県		
												1202	栄西、建仁寺創建
								1210	承元４年	興福寺北円堂	奈良県		
								1210	承元4年頃	東大寺鐘楼	奈良県		
												1219	俊芿、泉涌寺創建
								1223	貞応２年	金剛三昧院多宝塔	和歌山県	1223	道元入宋、1227年帰国
								1227	安貞元年	大報恩寺本堂	京都府		
		1228～37	南宋 紹定元年～嘉熙元年	**開元寺仁寿塔（西塔）**	36	福建省　泉州市							
		1234	金滅亡										
		1238～50	南宋 嘉熙２年～淳祐10年	**開元寺鎮国塔（東塔）**	36	福建省　泉州市							
モンゴル帝国		1239	南宋 嘉熙３年	**陳太尉宮**	30	福建省　福州市							
								1241	仁治２年	厳島神社	広島県		
												1246	蘭渓道隆来日
												1249	心地覚心入宋、1254年帰国
												1251	建長寺創建
												1259	徹通義介入宋、1262年帰国
		1262	元　中統３年	永楽宮三清殿純陽殿		山西省　芮城県							
								1266	文永３年	蓮華王院本堂	京都府		
		1268	元　至元５年	北嶽廟徳寧殿		河北省　曲陽県							
		1271	元を国号とする										
元		1273	元　至元10年	三聖廟献庭		陝西省　韓城市							

1279	南宋滅亡				
1284	元	至元21年	聖姑廟三教殿		山西省　高平市
1305	元	大徳9年	広勝寺上寺弥陀殿		山西省　洪洞県
1308	元	至大元年	九郎廟大殿		陝西省　韓城市
1308	元	至大元年	回鑾寺大殿		山西省　介休市
1309	元	至大2年	広勝寺下寺大殿		山西省　洪洞県
1316	元	延祐3年	永安寺伝法正宗殿		山西省　渾源県
1317	元	延祐4年	**延福寺大殿**	**5**	浙江省　武義県
1318	元	延祐5年	**天寧寺大殿**	**6**	浙江省　金華
1318	元	延祐5年	東嶽廟行宮大殿		山西省　蒲県
1319	元	延祐6年	水神廟明応王殿		山西省　洪洞県
1320	元	延祐7年	**真如寺大雄宝殿**	**7**	上海市
1335	元	元統3年	禹王廟献殿		陝西省　韓城市

1274	文永11年	般若寺楼門	奈良県	1274	蒙古襲来：文永の役
1279	弘安2年	長弓寺本堂	奈良県	1279	無学祖元来日
				1281	蒙古襲来：弘安の役
1299	正安元年	鑁阿寺本堂	栃木県		
1311	延慶4年	長保寺本堂	和歌山県		
1314	正和3年	永保寺観音堂	岐阜県		
1320	元応2年	功山寺仏殿	山口県		
1321	元応3年	明王院本堂	広島県		
				1323	新安沖沈没船：元と交易の「東福寺船」か
				1325	建長寺船を元に派遣
1327	嘉暦2年	善福院釈迦堂	和歌山県		
1327	嘉暦2年	浄土寺本堂	広島県		
1329	元徳元年	浄土寺多宝塔	広島県		
	鎌倉後期	安楽寺八角三重塔	長野県		
1333		鎌倉幕府滅ぶ			

中国建築						日本の建築					日中交流関係等事項	
	年代		名称	本書番号	所在地		年代		名称	所在地	年代	出来事
元	1336	元　至元２年	**六勝塔**	37	福建省　石獅市	南北朝時代 室町時代	1336		室町幕府開く			
	1337	元　至元３年	慈勝寺大雄殿		河南省　温県							
	1338	元　至元４年	**雲巌寺二山門**	12	江蘇省　蘇州							
	1338	元　至元４年	**軒轅宮正殿**	8	江蘇省　蘇州							
							1339	暦応２年	安国寺釈迦堂	広島県		
											1342	天龍寺船を元に派遣
							1347	貞和３年	薬王寺観音堂	和歌山県		
							1352	文和元年	永保寺開山堂	岐阜県		
	1357	元　至正17年	**寂鑑寺石殿**	20	江蘇省　蘇州		1357	正平12年	道成寺本堂	和歌山県		
	1364	元　至正24年	**弥陀岩石寺**	38	福建省　泉州市							
	1368	元滅亡										
明	1368	明成立										
							1392		南北朝統一			
							1397	応永４年	鶴林寺本堂	兵庫県		
							1398	応永５年	鹿苑寺金閣	京都府		
											1404	日明貿易（勘合貿易）開始
							1407	応永14年	正福寺地蔵堂	東京都		
							1408	応永15年	安国寺経蔵	岐阜県		
							1427	応永34年	東福寺三門	京都府		
											1467	雪舟入明、1469年帰国
							1489	長享３年	慈照寺銀閣	京都府		
	16C初 1506～1521	明	**陰亭**	9	江蘇省　蘇州							
							1540	天文９年	不動院金堂	広島県		
		明	**天一閣百鵝亭**	26	浙江省　寧波							
							1573		室町幕府滅ぶ			
							1588頃	天正年間	大徳寺唐門	京都府		

						江戸時代	1603		江戸幕府開く			
	1606	明　万暦34年	瑞雲塔		福建省　福清市							
	1616	清建国										
清	1644	明滅亡					1644	寛永21年	崇福寺第一峰門	長崎県		
											1654	隠元禅師来日
							1668	寛文８年	萬福寺大雄宝殿	京都府		

＊網掛けは江南の古建築
　ゴジック体は本書で取り上げたもの

参考文献　『国宝・重要文化財建造物目録』文化庁文化財保護部参事官（建造物担当）2009年版
『世界美術大全集東洋編５・６・７巻』小学館1987年
「我国現存12世紀之前主要木构建築文化遺産名録」寧波市保国寺古建築博物館の展示パネル

参考文献

『東洋史講座第一一巻支那建築史』伊東忠太（雄山閣、一九三一）
『支那の建築と藝術』関野貞（岩波書店、一九三八）
『中国建築の日本建築に及ぼせる影響―特に細部について―』飯田須賀斯（相模書房、一九五三）
『営造方式の研究』竹島卓一（中央公論美術出版、一九七二）
『関口欣也著作集二　江南禅院の源流、高麗の発展』関口欣也（中央公論美術出版、二〇一二）
『中国建築の歴史』田中淡・訳編（平凡社、一九八一）
『中国建築史の研究』田中淡（弘文堂、一九八九）
『アジア遊学No.122　日本と宋元の邂逅　中世に押し寄せた新潮流』（勉誠出版、二〇〇九）
『聖地寧波』奈良国立博物館特別展図録（奈良国立博物館、二〇〇九）
『中国建築の特質』田中淡著作集一（中央公論美術出版、二〇一八）
『世界美術大全集東洋編』五・六・七巻（小学館、一九八七）
『中国古代建築史』第二版　劉敦楨（中国建築工業出版社、二〇〇九）
『中国古代建築史』第二巻～第五巻（中国建築工業出版社、二〇〇九）

『中国古代建築技術史』張馭寰（科学出版社、一九八五）
『梁思成全集』（中国建築工業出版社、二〇二〇）
『敦煌建築研究』蕭默（中国建築工業出版社、二〇一九）
『中国古建築名詞図解辞典』李釗平（山西科学技術出版社　二〇一七）
『浙江古建築地図』賀従容、他（精華大学出版社、二〇一五）
『江蘇上海古建築地図』賈珺、他（精華大学出版社、二〇一五）
『福建古建築地図』劉暢、他（精華大学出版社、二〇一五）
『広東海南古建築地図』李菁、他（精華大学出版社、二〇一五）

あとがき

私が和歌山で文化財建造物修理の仕事に就いたのは二三歳の時でした。それからおよそ五〇年、様々な出会いがあり、そして仕事を通して日本の沢山の古建築の魅力に触れることができました。

定年も近づいた頃、中国の蘇州と南京を訪れる機会がありました。そこで目にした古建築は、確かに中国の建築で、日本のものとは違う、そう思いつつも、細部の意匠をよくみると、「日本にもありそうだ、それも禅宗様や大仏様という中世に伝わった新様式だ」と思いました。それから七度、取り憑かれたように、浙江省、福建省を中心に古建築を巡りました。鎌倉時代初めに重源が伝えた「大仏様」、禅宗とともに伝わった「禅宗様」という新様式のルーツは、まさに中国の江南にある、と密かに確信しました。

その中国建築の見聞録を、二〇一七年一二月から、和歌山の地方紙『和歌山新報』に「中国古建築散策」と題して連載を始めました。その後、コロナ禍のために訪中できない状況となったので、二〇二一年一二月に九七回で連載の中断を余儀なくされました。

今年二〇二二年は日中平和友好条約締結五十年の記念の年ということもあって、これまでの連載記事を書籍という形に整えようと思いました。

編集に際しては、中国建築の魅力を感じてもらえるように、現地で撮影した写真をできるだけ掲載しました。しかし、今できあがった原稿を見ると、文章と写真はバラバラです。そして一つの書物として通覧すると、各建物の解説に重複する部分が多く、書物としての体裁が全く整っていないことを痛感しました。それというのも、新聞に連載した時点では、各建物ごとに完結する文章を心掛けたことによります。

書物として全く不備ですが、中国の古建築を紹介したい、という著者の思いを理解していただければと思います。

前後七回にわたって訪中した際に通訳兼案内をしていただいた、当時広東商学院の学生さんだった許秀差さん、無錫市の江蘇康輝国際旅行社の張爾声さん、広州飛致信息技術諮詢有限公司の陳慧影さん他社員の皆さんなど、中国でお世話になった方々に感謝いたします。

長い間、連載のために貴重な紙面を割いていただいた『和歌山新報』の津村周さま、今回の出版を快く引き受けていただいた、イマジン出版株式会社の片岡幸三さま、青木菜知子さま、そして拙い文章の補填や校正を担当されたスタッフの皆様に厚く御礼申し上げます。

令和四年（二〇二二）十一月

鳴海　祥博

著者紹介

鳴海　祥博（なるみ よしひろ）

昭和25年（1950）青森県弘前市生まれ

昭和48年（1973）から40年、和歌山県で文化財建造物の保存修理に従事。

主な著作

「社寺建築の中世から近世への転換」1984　『普請研究』7

「建築の自己主張―紀州における展開をみる―」1986　『建築彫刻』INAXブックレット

「金剛三昧院多宝塔」「長保寺多宝塔」「根来寺多宝塔（大塔）」2000　『日本建築史基礎資料集成』十二塔婆Ⅱ　中央公論美術出版

「丹生都比売神社の建築と天野番匠」2003　『和歌山県立博物館研究紀要』

「建造物保存修理の問題と提言　1．寺社建築」2006　『木造建造物の保存と修復のあり方の研究』　奈良文化財研究所

「紀州の建築彫刻は「語る」」2013　『社寺の装飾彫刻』近畿編　日貿出版社

『和歌浦天満宮の世界』和歌山大学紀州経済史文化史研究所編　2009　清文堂　共著

『中世都市根来寺と紀州惣国』同成社中世史撰書13　2013　同成社　共著

『岐阜県近代和風総合調査報告書』岐阜県教育委員会　2015　共著

『和歌山の古建築をたずねて』ウイング出版部　2021

その他

受賞

2013年　日本建築学会賞（建築業績「地域資産継承としての高野口小学校改修における一連の活動」）共同受賞

2013年　ユネスコアジア太平洋州文化財保存賞
「ベトナムドンラム村保存プロジェクト」共同受賞

現 住 所　〒641-0036　和歌山県和歌山市一丁目１番36号

メールアドレス　syohaku2005@yahoo.co.jp

日本の寺社建築―禅宗様式と大仏様式の源流

中国江南の古建築をたずねて

古建築修理技術者の覚え書き

発行日　2022年12月１日発行

著　者　鳴海　祥博©

発　行　イマジン出版株式会社©
〒112-0013　東京都文京区音羽1-5-8
電話 03-3942-2520　FAX 03-3942-2623
HP　https://www.imagine-j.co.jp

印　刷　今井印刷株式会社

ISBN978-4-87299-920-4　C0052　¥3000E